中国精神培育的
历史和现实逻辑

魏泳安　著

西南财经大学出版社
Southwestern University of Finance & Economics Press

中国·成都

图书在版编目(CIP)数据

中国精神培育的历史和现实逻辑/魏泳安著.
成都:西南财经大学出版社,2024.11. --ISBN 978-7-5504-6467-4
Ⅰ.C955.2
中国国家版本馆 CIP 数据核字第 2024SH3957 号

中国精神培育的历史和现实逻辑
ZHONGGUO JINGSHEN PEIYU DE LISHI HE XIANSHI LUOJI

魏泳安　著

策划编辑:邓克虎
责任编辑:邓克虎
责任校对:肖　翀
封面设计:张姗姗
责任印制:朱曼丽

出版发行	西南财经大学出版社(四川省成都市光华村街55号)
网　　址	http://cbs.swufe.edu.cn
电子邮件	bookcj@swufe.edu.cn
邮政编码	610074
电　　话	028-87353785
照　　排	四川胜翔数码印务设计有限公司
印　　刷	郫县犀浦印刷厂
成品尺寸	170 mm×240 mm
印　　张	15
字　　数	281 千字
版　　次	2024 年 11 月第 1 版
印　　次	2024 年 11 月第 1 次印刷
书　　号	ISBN 978-7-5504-6467-4
定　　价	88.00 元

前言

探究民族发展和国家进步背后的动因，不难发现，总有一种一以贯之的、为大多数社会成员所追求和体认的价值取向、审美情趣和道德规范，这是民族共同的德性、心理和品格的集中反映。对于中华民族而言，几千年以来的独特历史沉淀和精神轨迹，形成了中华民族共同的文化基因，其蕴含的强大凝聚力和感召力，使中华文明历经磨难而不衰，千锤百炼更坚强，展现出强大的生命力和创造力；也使得中国人所具有的生命质感、心性本体、民族气节和人格理想等高贵优雅之精神境界得以传承和彰显；更使得中华儿女能够在民族危难关头团结一心，奋勇向前，克服各种艰难险阻，探求国家救亡和民族振兴之道。这种历史的文化传承和精神气节展现为以爱国主义为核心的民族精神和以改革创新为核心的时代精神，凝聚升华为中国精神。

毛泽东曾指出："自从中国人学会了马克思列宁主义以后，中国人在精神上就由被动转入主动。"在近代中国内忧外患的困境之下，一批批先进的仁人志士对救亡图存道路的积极探索，促进了中华民族精神的近代觉醒和转型。十月革命一声炮响，给我们送来了马克思列宁主义。此后，中国共产党领导中华民族和中国人民在争取民族独立解放和国家繁荣富强的伟大奋进历程中，不断将马克思主义基本原理同中国具体实际相结合、同中华优秀传统文化相结合。也正因根植于本国、本民族的历史文化沃土，马克思主义真理之树才能根深叶茂，马克思主义中国化时代化也彰显出了追求真理、揭示真理、笃行真理的独特风貌。正如党的二十大报告中指出的："中国人民和中华民族从近代以后的深重苦难走向伟大复兴的光明前景，从来就没有教科书，更没有现成答案。党的百年奋斗成功道路是党领导人民独立自主探索开辟出来的，马克思主义的中国篇章是中国共产党人依靠自身力量实践出来的，贯穿其中的一个基本点就是中国的问题必须从中国基本国情出发，由中国人自己来解答。"

马克思、恩格斯在《德意志意识形态》中就明确指出："不是在每个时代中寻找某种范畴，而是始终站在现实历史的基础上，不是从观念出发来解释实践，而是从物质实践出发来解释观念的形成。"唯物史观的根本方法论就是从物质实践出发来解释精神观念的形成。同样，新时代的中国精神也有着深厚的现实根基，体现着鲜明的新时代实践特征。党的二十大报告在总结过去五年的工作和新时代十年的伟大变革时就明确指出，过去五年，我们党统筹中华民族伟大复兴战略全局和世界百年未有之大变局，团结带领人民，攻克了许多长期没有解决的难题，办成了许多事关长远的大事要事；过去十年，我们采取一系列战略性举措，推进一系列变革性实践，实现一系列突破性进展，取得一系列标志性成果，中国人民焕发出更为强烈的历史自觉和主动精神。就此而言，新时代的中国精神根生于中国特色社会主义新时代的伟大实践，即中国特色社会主义政治、经济、文化、社会、生态的全方位、历史性的变革与成就。

培育和弘扬中国精神，既是基于历史的积淀与传承，也是基于现实的变革与成就，更需要今后的担当和作为。回首过去、立足当下、放眼未来，我们能更加清晰地认识到，文化自信是更基础、更广泛、更深厚的自信，精神的力量是一个国家、一个民族发展中最基本、最深沉、最持久的力量。新的历史征程中，我们将面临更加严峻复杂的国际形势和国内外各种风险考验，但正如习近平总书记所强调的："共产党人是唯物主义者，是无所畏惧的，怕什么？接受疾风暴雨、惊涛骇浪的考验，我说，'虽千万人，吾往矣'！没什么好怕的。"对于新时代条件下的中国精神培育而言，就更需要深入推进实践基础上的理论创新，把握好、坚持好、运用好习近平新时代中国特色社会主义思想的世界观和方法论，凝心聚力，以更加强烈的历史主动精神和创造精神，增强做中国人的志气、骨气、底气，不断推进马克思主义中国化时代化。

本书是2024年国家社科基金教育学专项"智能算法视阈下的西部边疆高校意识形态安全风险及应对研究"（项目编号：XIA240336）的阶段性研究成果。本书的出版得到四川大学马克思主义学院出版基金资助，同时，也得到西南财经大学出版社邓克虎老师的大力支持和帮助，四川大学马克思主义学院的研究生冯荟帆、李金萍、田鑫妍、莫春睿等同学对本书的出版也做出了贡献，在此一并感谢。中国精神培育研究的议题较为复杂宏大，笔者对该领域的研究尚处于探索和尝试阶段，加之水平有限，书稿中的疏漏与不足也在所难免，也有许多地方需要进一步探究，敬请同行专家和广大读者批评指正。

魏泳安

2024 年 2 月

目录

第一章 中国精神培育的理论基础及内在机理

中国精神包括了以爱国主义为核心的民族精神和以改革创新为核心的时代精神，习近平从实现中华民族伟大复兴的战略高度，系统提出了中国精神的科学内涵，即"实现中国梦必须弘扬中国精神，这就是以爱国主义为核心的民族精神，以改革创新为核心的时代精神。这种精神是凝心聚力的兴国之魂、强国之魂"①。中国精神作为中国的国家精神，是反映中国改革发展的时代境遇与现实需求的思想观念体系，其深植于中国特色社会主义改革发展的实践之中，具有鲜明的时代特色。同时，中国精神也离不开几千年中华历史文化的孕育和发展，正是建立在深厚的历史发展和文化积淀基础之上，中国精神表征着中华民族的精神信仰，内化为中华儿女的精神基因，体现着国家伟大复兴的理想目标。基于中国精神的历史性和现实性的双重属性，培育中国精神，首先需要深入探究其基本原理和内在规律。事实上，中国精神的培育并不是简单的"灌输—接受"，而是一个在中国精神的属性范畴内，与现实实践紧密相关，并在宏观和微观层次上经历着复杂而深刻的精神形成、发展和转化的过程。从马克思关于"精神"的形成和转化的视角出发，能够明确培育中国精神中的精神形成、精神生产、精神交往、精神转化的内在机理，把握培育中国精神的实践规律性。从培育中国精神的宏观与微观视角出发，能够明确中国精神整体性传承和个体性认知内化的特殊机理，为当前培育中国精神的理论与实践提供方法论指导。

---

① 中共中央文献研究室. 十八大以来重要文献选编：上［M］. 北京：中央文献出版社，2014：235.

第一节 马克思关于"精神"的形成和转化理论

马克思基于历史唯物主义和辩证唯物主义的视角，阐明了"精神"形成、发展和转化的实践机理，即"从直接生活的物质生产出发来考察现实的生产过程……阐明各种不同的理论产物和意识形式，如宗教、哲学、道德，等等，并在这个基础上追溯它们产生的过程"[①]。"精神"作为"理论产物和意识形式"中的灵魂和精华，其本质上受制于实践规律，并对现实实践起到能动的反作用。这种"实践决定—精神能动"的过程，其中潜藏着"精神"传承和转化的内在机理，即以精神需要、精神生产、精神交往、精神转化为主要环节，完成了"实践—精神—实践"的内在循环，实现了"精神"的传承、转化和发展。马克思对"精神"形成和转化的实践规律性的探索，奠定了中国精神培育的理论基础。

一、精神需要

在对马克思、恩格斯的"精神"理论进行考察时，往往容易形成一种误解，就是仅仅关注与社会需要相关联的精神活动，即从"由生产本身产生的需要"或者"从社会生产和交换中产生的需要"[②] 中形成的精神活动。事实上，马克思基于历史唯物主义视野对"精神"的探究，并没有停留在社会需要这一层次上，而是从"需要的人的本性"出发，考察人的本性，及人对自身全面占有时的"精神需要"。

马克思、恩格斯首先是从人与动物的区别角度，阐明人的精神特质和精神需要。马克思、恩格斯通过对一些动物的观察，认为在基于自然本能的需要而产生的信息传递、建造住所、繁衍子嗣、改变环境，以及有计划的行动等方面，人与动物的区别并不大。但是人之所以区别于动物，其本质就在于人具有自觉的精神活动和交往。马克思明确指出："动物和它的生命活动是直接同一的。动物不把自己同自己的生命活动区别开来。它就是这种生命活动。人则使

[①] 中共中央马克思恩格斯列宁斯大林著作编译局. 马克思恩格斯全集：第三卷 [M]. 北京：人民出版社，1960：42-43.

[②] 中共中央马克思恩格斯列宁斯大林著作编译局. 马克思恩格斯全集：第四十六卷（下册）[M]. 北京：人民出版社，1980：19.

自己的生命活动本身变成自己的意志和意识的对象。他的生命活动是有意识的。"①恩格斯也指出："一切动物的一切有计划的行动，都不能在自然界上打下它们的意志的印记。这一点只有人才能做到"②。由马克思、恩格斯的论述可以看出，人不仅具有吃、穿、住、行、性行为等的本能需要，更为重要的是，人能够超越物欲需要，具备精神需要和自我意识，这从一定程度上揭示了精神活动和精神需求对人的本体论意义。如果缺少了复杂、奥妙的精神需要和精神活动，人也就仅仅表现为"动物的机能"，正如马克思所言，"吃、喝、性行为，等等，固然也是真正的人的机能。但是，如果使这些机能脱离了人的其他活动，并使它们成为最后的和唯一的终极目的，那么，在这种抽象中，它们就是动物的机能"③。

"需要即他们的本性，以及他们求得满足的方式，把他们联系起来（两性关系、交换、分工），所以他们必然要发生相互关系"④。在马克思、恩格斯看来，人的需要并不是物质需要和精神需要的对立或抽象，而是二者之间的感性统一，"人们在肉体上和精神上互相创造着"⑤。因此，物质在满足人的物欲需要的同时，也促进了人的精神的存在和发展；精神在满足人的精神活动和精神需要的同时，也指引和规约着人的物质需要。正如马克思指出："人不仅像在意识中那样理智地复现自己，而且能动地、现实地复现自己，从而在他所创造的世界中直观自身"⑥。人的精神需要和精神活动不仅包括了思维和交往中的信息发散，而且在更深层次上指涉着人的抽象思维、创造性思维、情感意识、价值理念等。这些精神理念一方面受制于物质活动，另一方面又具有相对的独立性和能动性。"人作为对象性的、感性的存在物，是一个受动的存在物；因为它感到自己是受动的，所以是一个有激情的存在物。激情、热情是人强烈追

---

① 中共中央马克思恩格斯列宁斯大林著作编译局. 马克思恩格斯全集：第四十二卷 [M]. 北京：民出版社，1979：96.

② 中共中央马克思恩格斯列宁斯大林著作编译局. 马克思恩格斯全集：第二十卷 [M]. 北京：人民出版社，1971：518.

③ 中共中央马克思恩格斯列宁斯大林著作编译局. 马克思恩格斯全集：第四十二卷 [M]. 北京，人民出版社，1979：94.

④ 中共中央马克思恩格斯列宁斯大林著作编译局. 马克思恩格斯全集：第三卷 [M]. 北京：人民出版社，1960：514.

⑤ 中共中央马克思恩格斯列宁斯大林著作编译局. 马克思恩格斯全集：第三卷 [M]. 北京：人民出版社，1960：42.

⑥ 中共中央马克思恩格斯列宁斯大林著作编译局. 马克思恩格斯全集：第四十二卷 [M]. 北京：人民出版社，1979：97.

求自己的对象的本质力量"①。正是基于此，恩格斯将人的精神看作"有机物最高精华的运动"②，将思维着的精神看作"地球上的最美的花朵"③。

马克思、恩格斯从人的本性视角所提出的精神需要，并不是一次性的常数，而是一个多样化的、开放性的，具有自我超越性的需要体系。其主要表现为三个层次的精神需要：较低层次的精神需要是一种自然的心理表层的满足，是人的物欲需要的附属品。例如，对一个饥肠辘辘的人而言，一顿饱餐便会使其得到少有的心理满足感，马克思对这种精神需要的分析为："囿于粗陋的实际需要的感觉只具有有限的意义。对于一个忍饥挨饿的人说来并不存在人的食物形式，而只有作为食物的抽象存在……忧心忡忡的穷人甚至对最美丽的景色都没有什么感觉；贩卖矿物的商人只看到矿物的商业价值，而看不到矿物的美和特性。"④ 人的精神需要并不会止步于较低的需求层次，一旦人的物欲的、本能的精神需要得到满足，便会出现较高层次的精神需要。正如马克思所言："由于人类自然发展的规律，一旦满足了某一范围的需要，又会游离出、创造出新的需要。"⑤ 较高层次的精神需要是人"以全部感觉在对象世界中肯定自己"⑥。在这一阶段，人开始将自己的生命活动变成了自我的意志和意识对象，人的精神需要就是人的自我意识，把自我存在和发展的需要转化为在对象世界中肯定自我的需要。较高层次的精神需要超越了物欲层面的直接需要，也超越了心理表层的直接满足，人们为了获得更高层次上的肯定自我的信息，实现自我心理的平衡，以及获得自我的满足感和愉悦感，所展开的精神和意志的追求体现为人们生命奋斗的信心、勇气、慰藉、情感、信仰等。不同类型的精神追求所具有的意义是不同的，它或是一种知识、理念、思考，抑或是一时的兴奋，但其中在人的生命历程中一以贯之的、综合性的精神追求，则是具有稳态性的精神信仰。总体而言，较高层次的精神需要的产生，使人的主体性的精神

① 中共中央马克思恩格斯列宁斯大林著作编译局. 马克思恩格斯全集：第四十二卷 [M]. 北京：人民出版社，1979：169.

② 中共中央马克思恩格斯列宁斯大林著作编译局. 马克思恩格斯全集：第二十卷 [M]. 北京：人民出版社，1971：534.

③ 中共中央马克思恩格斯列宁斯大林著作编译局. 马克思恩格斯全集：第二十卷 [M]. 北京：人民出版社，1971：379.

④ 中共中央马克思恩格斯列宁斯大林著作编译局. 马克思恩格斯全集：第四十二卷 [M]. 北京：人民出版社，1979：126.

⑤ 中共中央马克思恩格斯列宁斯大林著作编译局. 马克思恩格斯全集：第四十七卷 [M]. 北京：人民出版社，1979：260.

⑥ 中共中央马克思恩格斯列宁斯大林著作编译局. 马克思恩格斯全集：第四十二卷 [M]. 北京：人民出版社，1979：125.

存在和发展开始处于种种精神追求的张力之中，所以恩格斯指出："人们已经习惯于以他们的思维而不是以他们的需要来解释他们的行为（当然，这些需要是反映在头脑中的，是被意识到的）。"① 新的更高层次的精神需要是建立在"推翻一切旧的生产关系和交往关系"② 基础上的，即马克思、恩格斯所构想的共产主义阶段。在这一阶段，人的"自主活动才同物质生活一致起来，而这又是同各个人向完全的个人的发展以及一切自发性的消除相适应的。同样，劳动向自主活动的转化，同过去受制约的交往向个人本身的交往的转化，也是相互适应的"③。新的更高层次的精神需要，是人摆脱人的现实局限状态，是人的自由全面发展的价值实现阶段，是人能够真正成为人的精神自由自觉状态。

总体而言，人的精神需要是人区别于动物的本质，也是维系物质生活的精神动因，正如马克思指出的"物质生活的这样或那样的形式，每次都取决于已经发达的需求，而这些需求的产生，也像它们的满足一样，本身是一个历史过程，这种历史过程在羊或狗那里是没有的"④。同时，从人的精神需要的层次来看，当人们的物质生产和生活的水平提升，人的精神需要也会延伸。在不断追求新的更高的精神需要过程中，人在精神层面上开始认识自我、发展自我、超越自我，展现出丰富的生命形式。

二、精神生产

精神生产理论是马克思唯物史观的重要内容。马克思、恩格斯在 1844 年的著作《神圣家族》中第一次论及"精神生产"，即"在直接的物质生产领域中，某物品是否应当生产的问题即物品的价值问题的解决，本质上取决于生产该物品所需要的劳动时间。因为社会是否有时间来实现真正人类的发展，就是以这种时间的多寡为转移的，甚至精神生产领域也是如此"⑤。在 1845—1846 年的《德意志意识形态》中，马克思、恩格斯直接阐述了"精神生产"的概

① 中共中央马克思恩格斯列宁斯大林著作编译局. 马克思恩格斯全集：第二十卷 [M]. 北京：人民出版社，1971：516-517.
② 中共中央马克思恩格斯列宁斯大林著作编译局. 马克思恩格斯选集：第一卷 [M]. 北京：人民出版社，2012：202.
③ 中共中央马克思恩格斯列宁斯大林著作编译局. 马克思恩格斯选集：第一卷 [M]. 北京：人民出版社，2012：210.
④ 中共中央马克思恩格斯列宁斯大林著作编译局. 马克思恩格斯选集：第一卷 [M]. 北京：人民出版社，2012：203.
⑤ 中共中央马克思恩格斯列宁斯大林著作编译局. 马克思恩格斯全集：第二卷 [M]. 北京：人民出版社，1957：62.

念，即"思想、观念、意识的生产最初是直接与人们的物质活动，与人们的物质交往，与现实生活的语言交织在一起的。观念、思维、人们的精神交往在这里还是人们物质关系的直接产物。表现在某一民族的政治、法律、道德、宗教、形而上学等的语言中的精神生产也是这样"①。在此后的《共产党宣言》《资本论》及其手稿等著作中，马克思、恩格斯较为集中地论述了精神生产的概念和内涵，使精神生产这一概念成为渗透并贯穿于马克思、恩格斯的思想著作中的重要组成部分。马克思、恩格斯基于历史唯物主义的视角，以"意识的生产"②为切入点，寻找到了精神生产的实践支点，即从现实实践基础上的社会各因素相互作用中阐发了精神生产的概念和内涵，从而形成了系统完整的精神生产理论。

在马克思、恩格斯看来，精神生产是人类所特有的精神活动，其贯穿和渗透于整个人类的发展历程当中。但是，将精神生产纳入现实的生产和生活实践当中，使其成为一种独立的社会实践形式，则是与人类社会的分工直接相关的，其最早出现于原始社会末期，即人类社会劳动开始分化的阶段。马克思、恩格斯认为，在人类社会早期，由于社会生产力水平低下，人的脑力劳动和体力劳动并未出现分离，物质生产生活和精神生活交织在一起。而到了原始社会末期，随着生产力的发展和社会剩余产品的出现，社会劳动开始出现分化，精神生产逐渐从物质生活的混沌状态中脱离出来，成为一种独立的社会实践形式。正如马克思所指出的："分工只是从物质劳动和精神劳动分离的时候起才开始成为真实的分工……从这个时候起，意识才能摆脱世界而去构造'纯粹的'理论、神学、哲学、道德，等等。"③

在马克思、恩格斯的思想学说体系中，精神生产是属于"全面生产"的范畴。所谓"全面生产"，就是囊括了人类所创造的一切以及人类所从事的生产活动的总称。其主要包括物质生活资料的生产、人口的生产即种族繁衍、精神生产三种不同类型的"生产"活动。其中马克思、恩格斯一般将物质生活资料的生产和人口的生产统称为"直接生活的物质生产"，而精神生产则是与之相对应的，是人的"全面生产"中不可或缺的一个重要组成部分。马克思、

---

① 中共中央马克思恩格斯列宁斯大林著作编译局. 马克思恩格斯全集：第三卷 [M]. 北京：人民出版社，1960：29.

② 中共中央马克思恩格斯列宁斯大林著作编译局. 马克思恩格斯全集：第三卷 [M]. 北京：人民出版社，1960：41.

③ 中共中央马克思恩格斯列宁斯大林著作编译局. 马克思恩格斯全集：第三卷 [M]. 北京：人民出版社，1960：35-36.

恩格斯认为，处于"全面生产"之中的精神生产，其自身也具有完整的精神结构体系，即在自发意义上形成的"思想、观念、意识的生产"①，以及在自觉意义上形成的政治、法律、道德、艺术、宗教、形而上学等社会意识形式的生产。随着经济社会的发展进步，在精神生产体系中自觉意义上的社会意识形式的生产在社会发展中的作用日益重要，成为精神生产的核心。

精神生产作为一种"特殊"的生产，虽然是一种相对独立的社会实践形式，但是始终无法摆脱物质生产生活的"纠缠"，"受生产的普遍规律的支配"②，正如马克思所总结的："物质生活的生产方式制约着整个社会生活、政治生活和精神生活的过程。不是人们的意识决定人们的存在，相反，是人们的社会存在决定人们的意识。"③ 同时，按照历史唯物主义的观点，物质生活和精神生产的关系并不仅限于"决定—被决定"的单向性，而是在人类历史发展过程中二者之间的"生成—能动"的双向互动关系。因此，马克思、恩格斯对精神生产的考察，并没有单纯局限于物质决定论，也没有从纯粹的思维领域探究精神形成和发展的理据，而是从物质生产与精神生产交互中揭示精神的内在规律性。精神生产的发展逻辑，一方面受到"外部事实"的制约，另一方面受其自身发展的相对独立性和能动性的影响，使得精神生产和物质生产之间呈现出一致性、不平衡性和精神能动性的具体相互关系。

首先，物质生产和精神生产的一致性，集中表现为精神生产决定于物质生产。物质生产的决定性作用主要体现为两个方面：一是具体历史条件下的物质生产是精神生产的基础。马克思、恩格斯指出："我们开始要谈的前提……是他们的活动和他们的物质生活条件，包括他们已有的和由他们自己的活动创造出来的物质生活条件。"④ 物质生产作为一种历史活动，其性质决定了精神生产的性质，马克思在揭示资本主义条件下的精神生产时指出："与资本主义生产方式相适应的精神生产，就和与中世纪生产方式相适应的精神生产不同。"⑤ 马克思、恩格斯还从社会发展的视角指出了精神生产的现实根源性，认为随着

---

① 中共中央马克思恩格斯列宁斯大林著作编译局. 马克思恩格斯全集：第三卷 [M]. 北京：人民出版社，1960：29.

② 中共中央马克思恩格斯列宁斯大林著作编译局. 马克思恩格斯全集：第四十二卷 [M]. 北京：人民出版社，1979：121.

③ 中共中央马克思恩格斯列宁斯大林著作编译局. 马克思恩格斯文集：第二卷 [M]. 北京：人民出版社，2009：591.

④ 中共中央马克思恩格斯列宁斯大林著作编译局. 马克思恩格斯文集：第一卷 [M]. 北京：人民出版社，2009：516，519.

⑤ 中共中央马克思恩格斯列宁斯大林著作编译局. 马克思恩格斯全集：第三十三卷 [M]. 北京：人民出版社，2004：346.

物质生产的发展，分工的出现使精神生产逐渐从物质生产中分离出来，"分工使精神活动和物质活动……由不同的个人来分担这种情况不仅成为可能，而且成为现实"①。随着社会分工的发展，纷繁复杂的精神生产活动不断构建出来，但从本质上来看，其始终是以特定社会条件下的物质生产为基础的。二是物质生产生活的发展需求是精神生产的动力。"精神生产随着物质生产的改造而改造"②，特定历史条件下的现实实践，决定了与此相对应的精神生产。精神生产从现实实践中产生并发展，形成了一种与物质生产相对应的崭新生产形式，由此获得了相对独立的外观。但是，从精神生产的本质和内容上来看，其仍然受制于物质生产实践，并从物质实践中获得精神发展的给养和动力。

其次，精神生产与物质生产的发展具有不平衡性。马克思、恩格斯在阐明物质生产在"归根到底"的意义上决定着精神生产的基础上，进一步探讨了物质生产和精神生产的"中间环节"，以及精神生产发展的内在逻辑，揭示了精神生产与物质生产发展之间的不平衡性。马克思、恩格斯认为，在精神生产获得相对独立的外观后，物质生产只是间接的"决定着现有思想材料的改变和进一步发展的方式"③，在物质生产和精神生产之间掩藏着复杂的"中间环节"。恩格斯将居于上层建筑的精神生产划分为两大领域：一是离物质生产较近的政治法律等上层建筑；二是距离物质生产较远的"更高地悬浮于空中的意识形态的领域"④，即宗教、哲学等意识形态。其中距离物质生产较近的政治、法律、道德等，是联结物质生产与精神生产的"中间环节"，在这些"中间环节"之上，精神生产获得了相对独立性的外观，并构建出越来越复杂的精神体系和自我发展逻辑，最终形成思想精神的时代超越性，即精神生产能够在一定程度上超越它所产生的具体时代的历史条件而继续发挥作用。但需要指出的是，精神生产与物质生产之间的不平衡性和物质生产对精神生产的决定性是并行不悖、相辅相成的。只有将二者看成是有机统一的整体，才能够更为深刻地阐释精神生产的本质和规律。

最后，精神生产对物质生产具有巨大的能动作用。精神生产受到物质生产

---

① 中共中央马克思恩格斯列宁斯大林著作编译局. 马克思恩格斯文集：第一卷［M］. 北京：人民出版社，2009：535.

② 中共中央马克思恩格斯列宁斯大林著作编译局. 马克思恩格斯文集：第二卷［M］. 北京：人民出版社，2009：51.

③ 中共中央马克思恩格斯列宁斯大林著作编译局. 马克思恩格斯选集：第四卷［M］. 北京：人民出版社，2012：613.

④ 中共中央马克思恩格斯列宁斯大林著作编译局. 马克思恩格斯选集：第四卷［M］. 北京：人民出版社，2012：611.

的制约，同时，物质生产的发展进步也是和精神生产紧密相关的。恩格斯指出："一个生产部门，例如铁、煤、机器的生产或建筑业等的劳动生产力的发展——这种发展部分地又可以和精神生产领域内的进步，特别是和自然科学及其应用方面的进步联系在一起。"① 从一般意义上来讲，精神生产对物质生产的巨大能动作用主要体现为三个方面：一是精神生产能够生产出一定的精神文化产品，这不仅能够满足人的精神需要，而且也能够为物质生产提供思想智慧；二是精神生产能够改进社会劳动、发明新的生产工具，扩大劳动的对象和范围，提高社会生产率，是物质生产和社会进步的精神动力；三是精神生产能够建构出系统复杂的意识形态，包括政治、法律、宗教、艺术、哲学、道德等，为社会物质生产生活提供精神保障和价值引领。

三、精神交往

亚里士多德曾指出"人天生是城市的市民"，马克思进一步解释道"政治的＝城邦的，政治动物＝城邦市民"②，"人即使不像亚里士多德所说的那样，天生是政治动物，无论如何也天生是社会动物"③。在马克思、恩格斯看来，人作为社会性的存在，在社会性的生产生活中所表现出来的一个显著特征就是交往。交往促成了人与人之间的社会关系，搭建了社会的主要脉络，马克思指出："社会——不管其形式如何——究竟是什么呢？是人们交互作用的产物"④，"社会不是由个人构成的，而是表示这些个人彼此发生的那些联系和关系的总和。"⑤ 交往搭建了一个动态、有机的社会网络组织，正是交往的形成，使人在具备自然本性的同时，展现出更为重要的社会属性。基于血缘、文化、政治、经济等社会因素的交往，使人展现出真正的人的价值，即马克思所指出的"人的本质是人的真正的社会联系，所以人在积极实现自己本质的过程中创

---

① 中共中央马克思恩格斯列宁斯大林著作编译局. 马克思恩格斯全集：第四十六卷 [M].北京：人民出版社，2003：96.

② 中共中央马克思恩格斯列宁斯大林著作编译局. 马克思恩格斯全集：第四十五卷 [M].北京：人民出版社，1985：494.

③ 中共中央马克思恩格斯列宁斯大林著作编译局. 马克思恩格斯全集：第四十四卷 [M].北京：人民出版社，2001：379.

④ 中共中央马克思恩格斯列宁斯大林著作编译局. 马克思恩格斯全集：第二十七卷 [M].北京：人民出版社，1972：477.

⑤ 中共中央马克思恩格斯列宁斯大林著作编译局. 马克思恩格斯全集：第三十卷 [M]. 北京：人民出版社，1995：221.

造、生产人的社会联系、社会本质"①。

历史唯物主义的交往观，认为人的交往发端于物质交往，但并不仅限于物质交往，在人的物质生产生活的基础上总是伴随着人的知识、经验、情感、观念的相互交流和沟通，这种人的内在思想意识的外在表达，就是精神交往。在《德意志意识形态》中，马克思、恩格斯第一次提出了"精神交往"的概念，他们指出"思想、观念、意识的生产最初是直接与人们的物质活动，与人们的物质交往，与现实生活的语言交织在一起的。人们的想象、思维、精神交往在这里还是人们物质行动的直接产物"②。在这段表述中，马克思、恩格斯提出物质交往和精神交往两种不同的人的交往形态，同时也阐明了物质交往与精神交往之间的关系，即精神交往的物质根源性。精神交往强烈而深刻地体现着物质交往，在精神交往形态中，人是社会关系的全息体现者。马克思在《关于费尔巴哈的提纲》中明确指出："人的本质不是单个人所固有的抽象物，在其现实性上，它是一切社会关系的总和。"③ 马克思的这一观点，从精神交往与社会关系的视角来看人是社会的全息。如果将"一切社会关系的总和"比作一面巨大的镜子，那么这面镜子里可以看到一个人，无论将这面镜子碎成多少块，在每一个碎片中，仍然可以看到一个完整的人。就此而言，每一个人不仅是他自己，也是一切社会关系的体现者。人的精神交往，无论采取何种形式，都表征着社会的性质，这就如马克思所言"不仅我的活动所需的材料，甚至思想家用来进行活动的语言本身，都是作为社会的产品给予我的，而且我本身的存在就是社会的活动"④。

在纷繁复杂的社会关系中，人的精神交往是积极的、主动的，但同时又在无形之中受制于现实的社会关系。马克思在《资本论》中提到了一个农民在市场上买卖商品的例子。他认为，这种看似简单平常的物质交往，其实质上是伴随着精神交往的，即买卖商品时的讨价还价，既是一种简单的物质交往，也是商业社会中的社会关系在无形之中规定的一种交往。这种人的交往观念反映了具体时代的社会意识。如果说物质交往是社会交往的外在表现，精神交往则

---

① 中共中央马克思恩格斯列宁斯大林著作编译局. 马克思恩格斯全集：第四十二卷［M］. 北京：人民出版社，1979：24.

② 中共中央马克思恩格斯列宁斯大林著作编译局. 马克思恩格斯文集：第一卷［M］. 北京：人民出版社，2009：524.

③ 中共中央马克思恩格斯列宁斯大林著作编译局. 马克思恩格斯文集：第一卷［M］. 北京：人民出版社，2009：501.

④ 中共中央马克思恩格斯列宁斯大林著作编译局. 马克思恩格斯全集：第四十二卷［M］. 北京：人民出版社，1979：122.

是一个社会的血脉和经络，其贯穿于整个社会关系当中。"人们的观念和思想是关于……人们生活于其中的整个社会的意识。人们在其中生产自己生活的并且不以他们为转移的条件，与这些条件相联系的必然的交往形式以及由这一切所决定的个人的关系和社会的关系。"①

社会关系一方面决定和影响着人的物质交往和精神交往；另一方面，脱离了具体的物质交往和精神交往，纯粹意义上的社会关系也是不存在的。马克思曾就思维这种较高级的精神交往形式指出："只有在人们思维着，并且对可感觉的细节和偶然性具有这种抽象能力的情况下，才可能有人与人之间的社会关系。"② 在这里，马克思揭示了人的思维这一精神交往形式是形成社会关系的前提。同时，历史唯物主义将人看作一切社会关系的总和，人的交往既体现了特定历史阶段的政治、经济生活，也体现了人与人之间相互依存、共同活动的社会生活。由此，人的精神交往不仅体现了具体生产生活中的社会关系，而且在不断复杂的精神交往活动中，人的精神活动、情感体验、思想观念、个性结构等，不断凝结、升华为文化理念、道德观念、知识、价值、信仰等较高层次的精神交往，这种相对独立、复杂的精神交往也会反过来对人的精神活动产生潜移默化的影响。因此，历史唯物主义的精神交往不能仅限于单纯的"物质决定论"。为此，马克思明确指出，研究人的社会交往，仅限于非个性的客观社会关系是不够的，"我们陷入困境，也许是因为我们只把人理解为人格化的范畴，而不是理解为个人"③，"应当避免重新把'社会'当作抽象的东西同个人对立起来"④。

马克思、恩格斯不仅明确了精神交往的现实机理，而且对具体历史条件下的精神交往的条件和方式进行了探讨。马克思在分析资本主义条件下的工人的精神交往时指出："工人必须有时间满足精神的和社会的需要，这种需要的范围和数量由一般的文化状况决定。"⑤ 马克思在这里强调工人的"精神需要"和"余暇"，是因为精神交往是人生产生活的基本保障。实现精神交往的基本

---

① 中共中央马克思恩格斯列宁斯大林著作编译局. 马克思恩格斯全集：第三卷 [M]. 北京：人民出版社，1960：199.

② 中共中央马克思恩格斯列宁斯大林著作编译局. 马克思恩格斯全集：第四十七卷 [M]. 北京：人民出版社，1979：255.

③ 中共中央马克思恩格斯列宁斯大林著作编译局. 马克思恩格斯全集：第四十四卷 [M]. 北京：人民出版社，2001：189.

④ 中共中央马克思恩格斯列宁斯大林著作编译局. 马克思恩格斯全集：第四十二卷 [M]. 北京：人民出版社，1979：122.

⑤ 中共中央马克思恩格斯列宁斯大林著作编译局. 马克思恩格斯全集：第二十三卷 [M]. 北京：人民出版社，1972：260.

条件，就是要发展智力、接受教育、履行社会职责、开展社会交往等，只有按照具体历史条件的要求，满足人的精神需要的"范围和数量"，才能实现这些基本条件，促进人的精神交往。后来，马克思结合资本主义具体的生产生活条件，对工人较高级的精神交往活动进行了概括，即"为自身利益进行宣传鼓动、订阅报纸、听演讲、教育子女、发展爱好等"。① 总结马克思、恩格斯对人的精神交往的条件和方式的论述，其将精神交往主要划分为直接精神交往和间接精神交往两种类型。直接精神交往主要是指人们在直接的沟通过程中，意见、知识、情感、理念等的交流互动，同时也包括了思想批判和思想交锋的精神交往冲突形态；间接精神交往是指通过报刊、书籍、广播等公共媒介所承载的信息进行交流沟通。此外，马克思、恩格斯不仅在现实意义上提出了精神交往的条件和方式，而且也对未来共产主义条件下人的精神交往活动做出了科学构想。在《德意志意识形态》中，马克思、恩格斯指出分工造就了社会活动固化，形成了一种异己的、与人本身相对立的力量。在共产主义社会，随着分工的消失，"任何人都没有特殊的活动范围，而是都可以在任何部门内发展，社会调节着整个生产，因而使我们有可能随自己的兴趣今天干这事，明天干那事"②。由此可以看出，马克思、恩格斯所构想的共产主义阶段的精神交往，是脱离了分工的"异化"，是人的自由自觉状态下形成的。

四、精神转化

马克思、恩格斯在重视认识世界的同时，对如何改造世界的问题尤为关注。因此，在对待物质与精神的关系问题上，马克思、恩格斯不仅重视物质对精神的制约和转化，而且十分关注精神向物质的转化，即精神的物质化问题。马克思对精神如何向物质转化，其经典表述是在《〈黑格尔法哲学批判〉导言》一文中，他指出："批判的武器当然不能代替武器的批判，物质力量只能用物质力量来摧毁；但是理论一经掌握群众，也会变成物质力量。理论只要说服人，就能掌握群众；而理论只要彻底，就能说服人。所谓彻底，就是抓住事物的根本。"③ 在这里，"理论"表征着精神力量，理论被群众所掌握就会变成

①　中共中央马克思恩格斯列宁斯大林著作编译局. 马克思恩格斯全集：第四十六卷（上册）[M]. 北京：人民出版社，1979：246.
②　中共中央马克思恩格斯列宁斯大林著作编译局. 马克思恩格斯文集：第一卷 [M]. 北京：人民出版社，2009：537.
③　中共中央马克思恩格斯列宁斯大林著作编译局. 马克思恩格斯全集：第三卷 [M]. 北京：人民出版社，2002：207.

物质力量，这也就说明了精神可以转化为物质力量。马克思对于精神转化的这段表述，包含着一组严整的精神转化和理论教育的命题。

首先，"理论一经掌握群众，也会变成物质力量"。马克思在这里讨论的是理论转向实践、精神转化为物质的过程和机理，即理论如何为广大人民群众所理解和掌握的问题，亦即精神的宣传和教育问题。在马克思看来，理论不能取代实践、精神亦不能代替物质力量，他认为"批判的武器当然不能代替武器的批判，物质力量只能用物质力量来摧毁"。马克思在这里指出了两种不同的斗争形式，即"批判的武器"和"武器的批判"，前者是以理论和精神的批判为斗争武器，后者是以武器来进行批判。马克思在阐明精神转化时，指明了只有将精神转化为物质力量，诉诸实践，才能够在真正意义上改变世界。马克思认为，理论作为精神力量转化为物质力量是在一定的条件下实现的，这种转化条件从根本上来讲，就是要将精神与人民群众相结合，为人民群众所认知和掌握。精神力量只有为人民群众所掌握，变成人民群众认识世界和改造世界的武器，才能够变成实践的力量。具体而言，精神理论为人民群众所掌握，其中包含着两个方面的转变：一是精神能够内化成为人民群众的目的和理念；二是精神能够转化为人民群众的工具和手段。前者是将精神转化为价值和信仰的形态，后者是将精神转化为工具和手段的形态，这二者之间有序衔接、相互统一。对于精神理论而言，其不仅要内化成为人们的理想和信念，而且也要外化成为人们认识世界和改造世界的具体方法和手段。只有在人们认知和认同精神理论的基础上，它才能够发挥价值引领和现实指导作用。

其次，"理论只要说服人，就能掌握群众"。精神力量并不是直接地被人民群众所掌握，而是通过展现出精神理论的真理性，使人民群众能够深刻理解和信服，这样才能够真正被人民群众所掌握。马克思指出："哲学把无产阶级当作自己的物质武器，同样，无产阶级也把哲学当作自己的精神武器；思想的闪电一旦彻底击中这块朴素的人民园地，德国人就会解放成为人。"① 在这里，马克思揭示了精神只有在击中"朴素的人民园地"时，人才能够真正解放成为人。循着马克思的思维逻辑，对于如何使精神能够为人民群众所掌握，可以从三个方面来分析。一是精神应当具有真理的力量，要以理服人。马克思始终坚持理性主义的立场，反对神秘主义和非理性主义。他旗帜鲜明地批判了某些依靠玄学思辨、神话传说、演讲激情和雄辩口才，以及通过任意许诺来魅惑、

① 中共中央马克思恩格斯列宁斯大林著作编译局. 马克思恩格斯全集：第三卷［M］. 北京：人民出版社，2002：214.

欺骗群众的做法。他认为，只有让群众明确精神理论的规律和价值，掌握科学的方法和手段，才能够使精神得以深入持久地传承发扬。二是要相信人民群众是认理服理的。在马克思的历史唯物主义视野中，一个贯穿始终的观点就是相信人民群众是创造历史的根本力量，相信人民群众具有掌握真理的能力。人民群众在具体的生产生活实践中，通过直接的社会观察和精神体验，能够在具体的实践中感知和印证精神理论的独特魅力和实践价值，使精神理论能够以一种更加接地气的形式焕发出新的活力。三是要积极主动地向人民群众宣讲精神理论。抽象复杂的精神理论，很难在直接意义上为人民群众所理解和掌握，这就需要在宣传教育过程中将精神理论进一步通俗化，使语言、思路和方法更加接近群众。在宣传中要将群众的切身利益和实际需要相结合，抓住精神理论最基本的要点，向群众讲明讲透。同时也要注重运用事实来促进宣传，即恩格斯所讲的"利用雄辩的事实来宣传彻底改造的必要性"①，"使读者确立无可争辩的信念，只有明显的、无可争辩的事实才能做到这一点"②。

再次，"理论只要彻底，就能说服人"。马克思在这里用"彻底"一词，对"说服人"的理论品质做出了回答。"所谓彻底，就是抓住事物的根本。但是，人的根本就是人本身。"③ 马克思所讲的彻底的精神理论，就是必须要抓住事物的本质，从根本上对事物做出科学的、理论的阐释。恩格斯曾就宣传教育工作指出："当你想从事这种宣传……仅仅发表宣言是不够的，而必须探究根据，因而，必须从理论上来考虑问题，也就是说归根到底必须科学地对待问题。"④ 恩格斯在这里揭示了宣传教育不能着力于事物的现象，也不是简单随意的煽动，而是要直面精神理论本身，以深邃的理论眼光和科学的方法探究精神的深层本质。同时，马克思所理解的彻底的精神理论，应当是以人为本的，他指出"德国理论的彻底性……归结为这样的绝对命令：必须推翻那些使人成为被侮辱、被奴役、被遗弃和被蔑视的东西的一切关系"⑤。马克思一方面将以人为本视作衡量精神理论彻底性的关键指标，另一方面却并没有将人视作

① 中共中央马克思恩格斯列宁斯大林著作编译局. 马克思恩格斯全集：第二卷 [M]. 北京：人民出版社，1957：594.

② 中共中央马克思恩格斯列宁斯大林著作编译局. 马克思恩格斯全集：第四十二卷 [M]. 北京：人民出版社，1979：277.

③ 中共中央马克思恩格斯列宁斯大林著作编译局. 马克思恩格斯全集：第三卷 [M]. 北京：人民出版社，2002：207.

④ 中共中央马克思恩格斯列宁斯大林著作编译局. 马克思恩格斯文集：第三卷 [M]. 北京：人民出版社，2009：383.

⑤ 中共中央马克思恩格斯列宁斯大林著作编译局. 马克思恩格斯全集：第三卷 [M]. 北京：人民出版社，2002：207-208.

抽象的人性。马克思明确指出，"人不是抽象的蛰居于世界之外的存在物"①，"我们开始要谈的前提……是一些现实的个人，是他们的活动和他们的物质生活条件"②。

最后，"理论在一个国家实现的程度，总是决定于理论满足这个国家的需要的程度"③。在马克思看来，精神理论的彻底性不仅限于思维和逻辑层面的科学完整性，而且更为重要的是，精神理论能否与现实基础、实践需要相衔接，能否抓住现实实践的根本问题。这是考察精神理论是否具有彻底性，是否能够被人民群众所掌握的关键。马克思所提出的"理论的现实性"的问题，关涉到精神的培育问题，即精神培育的基础和限度问题。一方面，"理论的现实性"表明了精神培育必须要有自己的现实基础，这个基础就是具体历史阶段的经济社会发展所提出的实践课题，以及有效解决这些课题的方式方法。只有在这样的基础上，精神培育才具有了紧迫性、必要性和可能性。另一方面，"理论的现实性"也表明了精神培育的成效是具有限度的，即精神培育的成效受到现实的精神需要和精神本身满足现实需要的程度的限制。在处于特定历史阶段的国家社会中，精神培育所取得的成效，不仅要受到精神培育本身的深度、广度、力度，以及开展培育的方式方法的影响，而且更为关键的是精神理论在多大程度上能够满足国家和社会的需要。由此可见，精神培育本身并不是万能的，也不是普世的，而是在一定的经济社会基础上和一定的历史限度内发挥作用的，在这具体的基础和限度内，精神教育有着很大的能动性空间。

第二节　整体性的中国精神的传承机理

中国精神的培育，既是一个微观命题，也是一个宏观命题。从微观意义上来看，培育中国精神关涉到个体的精神体验和心性修为；从宏观意义上来看，培育中国精神事关国家精神在新的历史条件下的传承和弘扬。因此，考察中国精神培育的内在机理，既要发掘具体培育过程中个体认知和内化中国精神的心

---

① 中共中央马克思恩格斯列宁斯大林著作编译局. 马克思恩格斯全集：第三卷［M］. 北京：人民出版社，2002：199.

② 中共中央马克思恩格斯列宁斯大林著作编译局. 马克思恩格斯文集：第一卷［M］. 北京：人民出版社，2009：516，519.

③ 中共中央马克思恩格斯列宁斯大林著作编译局. 马克思恩格斯全集：第三卷［M］. 北京：人民出版社，2002：209.

理过程，也要明确在整体性层面上中国精神培育对国家精神的传播和弘扬。本部分以宏观的中国精神培育为视角，重点从民族性传承和时代性贯穿两个方面，探讨整体性的中国精神传承机理。

一、民族性的精神传统

意大利哲学家贝内德托·克罗齐（Benedetto Croce）在其著作《历史学的理论和实际》中提出了一个著名的命题，即"一切真历史都是一部当代史"。克罗齐在这里揭示了只有和现实的思索、现实的兴趣、现实的心灵相连贯的过去史，才能在人们的思想活动中得以复苏，才能真正获得它的历史性。同样，中国精神的培育是对"活的传统"的继承和发扬，这里所说的"活的传统"就是中华民族的精神传统在当前新的历史条件下的创造性转化和创新性发展，是在人的新的生命活动和生活观念中的精神觉醒。可以说，认同和弘扬中华民族的文化传统是中国精神培育的逻辑前提。梁漱溟将文化传统看作一个民族生活的"样法"，即民族的文化传统深刻影响着这个民族及其成员追求什么样的理想生活，以及为了追求理想生活而选择的实践道路。由此，中华民族的文化传统是中国的"根"，而精神就是中国的"魂"，中国精神是树了"魂"的文化传统。因此，以中国精神为视角，通过中国精神的培育探讨中华优秀传统文化的继承和发扬，不仅给传统文化注入了现实的精神能动性，而且在真正意义上使文化活在了当下，成为当前中华民族实现伟大复兴的精神力量。

中国精神培育首先面临的一个逻辑问题就是如何对待中国的传统与现代的问题。对于传统与现代关系问题的把握，人们往往按照线性的思维方式，在时序意义上将传统和现代加以区分和衔接。但中国精神培育主要关涉文化的"精神基因"和"活的传统"，是按照文化逻辑的顺序，探讨精神传统与当下生产生活的意义关系，而非单纯地倚重于历史逻辑的时序关系。在中国的精神传统与现代生活的具体衔接问题上，既不是直接地、机械地照搬传统文化，将传统与现代生活的层次和领域一一对应，立竿见影地解决中国社会当前的矛盾和问题，由此证明中国精神的"直接"优势和价值；也不是单纯地依照现代社会的需要，人为地制造中华精神传统中的"新体系"和"新形态"，生搬硬套地实行"现代性转化"。事实上，中华文化精神所形成的天道人德的思想体系，在其历史的连续性和传承的连贯性上有其自在的逻辑，千百年来中国人对文化精神的传承和发扬是在受之于师、习之于己的意义上学习、认知和践行先贤的文化精神，表现出"传不习乎"的精神自觉态度。这种文化精神的传习方式，就是冯友兰所概括的有所领悟、有所发挥、有所创造、有所理解，正是在此意义上才造就了中华民族生生不息、刚健有为的精神特质。

中国精神所具有的民族性的精神传统，是在中华文明几千年的历史发展中生成、传承和创新的。在由经验文化向道德文化转化的古代阶段，民族性的精神传承经历了殷商时期的"天道"向"人道"的文化转变，进而在春秋战国时期奠定了以"德""礼"为核心的民族精神基础；在汉唐之际，在"和""合"的道德文化层面，民族精神又得以发展与创新；宋明时期，以"理""心"为核心的集大成的民族精神传统逐渐形成。在文化冲突和精神自觉的近代时期，民族性的精神传统经历了晚明到清初的坚守与更新，以及到清中期以来民族性的精神传统连续性的消解。晚清时期，在中西文明的冲突与对抗的背景下，一批仁人志士在内忧外患的民族困局中，反思民族的文化和精神传统，借鉴西方文明的科学精神和民主精神，实现了民族精神的近代转型。中国共产党成立以来，坚持马克思主义与中国实际相结合，在中国革命、建设和改革的历程中实现了民族精神的现代转型，开创了新的民族精神境界。由此可以看出，中国精神的传承既是一个时代自觉的命题，也是一个历史自在的命题，只有在传统与现代的精神贯联和文化传承的逻辑视野下，才能够在真正意义上破解中国精神培育这一命题。

在中国精神培育过程中，对民族性的精神传统的把握，需要致思三个前提性的问题。一是对中国传统文化精神的感性直觉式的体悟。古代先贤有云，"为天地立心，为生民立命，为往圣继绝学，为万世开太平"（张载《张子语录·语录中》），"究天人之际，通古今之变，成一家之言"（司马迁《报任安书》）。这些言论体现出古代先贤对中华文化精神的感性直觉和生命体验，这种精神体悟方式是真切感悟中华文化精神的一种直观但异常艰难的途径。二是对中国传统精神的实质性的理解。冯友兰认为，哲学作为文化精神的集中表现，其存在有形式上的系统和实质上的系统两种系统，"中国哲学家之哲学之形式上的系统，虽不如西洋哲学家；但实质上的系统，则同有也"①。因此，对中国文化精神的把握需要从实质意义上进行，这一方面需要从大的文化系统中探究中国文化精神中的世界及人生所立之道理；另一方面通过直接的、具体的生产生活中的观察和实践，体悟世界及人生境界。三是对中国传统文化精神的意象性理解与话语省思。中国文化极富有思想空间和想象力，以中国文化精神中的"道"为例，老子在《道德经》中指出"道可道，非常道；名可名，非常名"，"道"之精髓一旦被形式化以后，就会在无形之中遮蔽其部分内容。

---

① 冯友兰. 中国哲学史 [M]. 北京：中华书局，2014：22.

可以说，"'天道'不争、不言、不骄，没有制物之心，它像无形的巨网那样广大无边，将世界上的一切都囊括在其中"①。由此可以看出，对中国文化精神的精髓的把握，需要具备意象性理解和话语省思的能力，以具有文化穿透力的想象和解释来思考中国精神的思维特质、价值观照、心性结构等根基性问题。

把握民族性的精神传统，是在当前的中国精神培育过程中，依照传统文化精神的自在逻辑，有效地发掘中国人在长期生产生活中所积淀的智慧，寻求当前仍然在中国人生活世界和精神世界中世代相传的"活的传统"。有学者针对当前中国的精神追求指出："究竟什么是'中国精神'？我们需要什么样的'中国精神'？在这些问题上我们充满了迷茫，存在着很多待破译的'密码'。"② 事实上，这里所指出的待破译的"密码"，很大一部分来自中国传统文化精神，即如何从中国的社会历史、文化传统以及在这种文化情境中把握从事生产生活的中国人的存在现实。在学界有一种观点认为，中国的文化传统处于一种"魂不附体"的状态，即认为随着传统的政治社会制度的瓦解，以此为基础和依托的文化精神也将成为"游魂"。这种观点更多的是从制度层面看待文化传统，事实上，文化精神生成的现实基础并非只有制度，而是在很大程度上取决于千百年来中国人的生产方式、生活方式和行为方式。这意味着，文化精神不仅在社会和政治制度中存在，而且在人们的行为和生活中仍然蕴含着丰富的精神传统。这也就解释了中国历史虽然不断地经历着"其兴也勃焉，其亡也忽焉"的"历史周期律"，但是中国的传统文化精神一脉相承，并没有随着历史周期而出现大的跌宕起伏，其原因就在于掩藏在中国人的生活和行为中的文化精神是一以贯之的。在我们生活当中的传统礼仪、生活修为、相与之道，无不体现着国人内心深处的文化认同和精神向往。正是平凡的生产和生活，显现出中华民族独特的文化渊源和宗族性，以及乡土风俗中的精神传承，这是中华民族生命延续和幸福美满的精神源泉。

总体而言，中国精神作为中国文化的精髓，其在历史、现实和未来三重维度中展示着中国的国家形象和中华民族的精神气质，它所折射出来的，是中华民族大写的整体性人格境界。中国精神要对当下以及未来中国的文化、生活和生产发挥其应有的引领力、感召力和凝聚力，就必须要按其本性，找到自足、自主、自洽的方式，这种本性就是中国精神的文化传承，其方式内生于民族性

---

① 张岂之. "道"是中华传统文化中的核心理念 [J]. 学子（理论版），2015（10）：5-6.
② 袁祖社. "中国精神"的文化：实践自觉 [J]. 教育文化论坛，2013（1）：135.

的精神传统。因此，以中国精神为支撑的中华民族伟大复兴不仅是重塑中华民族的历史辉煌，更为重要的是在新的历史条件下如何"辅旧邦以阐新命"，实现中华传统精神的创造性转化和创新性发展，从而持续葆有中华文化精神的优良传统和精神基因。可以说，新的历史条件下，中国能否以特有的方式解决中国问题和世界问题，能否拥有实现中华民族伟大复兴的文化根基和精神力量，其关键在于是否能够葆有中华文化的优良精神传统。

二、时代性的精神贯穿

任何一个时代都具有独属于自己的精神特质。虽然一个时代向另一个时代的转变根源于物质生产和生活，但是考察时代最深刻的变迁却是在精神生活的领域。人类历史的发展在总体上呈现出"合理性"的发展趋向，但这种"合理性"是建立在内在"合法性"的价值认同基础之上的，也就是说，当时代的转型最终体现在精神文化领域时，才是真正意义上的时代转变。可以说，时代的精神标签是一个时代独特的价值符号，同样，从一以贯之的民族文化精神来看，时代精神的"特殊性"与民族精神的"普遍性"又有着内在统一的辩证关系。即民族精神在普遍意义上彰显出时代精神的发展规律和价值朝向，是时代精神的扬弃；时代精神是民族精神的具体显现，其在具体历史阶段的生产生活方式基础上体现着民族精神。因此，从民族精神与时代精神的内在关系可以看出，中国精神既是几千年中华文明的文化积淀和精神彰显，也是当前新的历史条件下时代发展的精神凝练和思想凝聚。在具体的时代条件下，中国精神体现着时代发展的主题，并将时代发展的精神要素整合、凝练、升华为中华民族精神。从这重意义上来看，中国精神有着浓郁的时代色彩，其传承和发扬过程中体现着明显的时代烙印。

黑格尔在《精神现象学》中就精神的时代性指出："我们这个时代是一个新时期的降生和过渡的时代……成长着的精神也是慢慢地静悄悄地向着它的新的形态发展，一块一块地拆除了它的旧有的世界结构。"[①] 黑格尔对精神的时代性的理解，在广义层面上意指时代的精神，其每一时代的精神是"绝对精神"的化身；在狭义层面上特指现时代的精神，即时代精神是"绝对精神"的客观化了的产物，是"贯穿于所有各个文化部门的特定的本质和性格"[②]。马克思、恩格斯基于历史唯物主义视角，对黑格尔的"时代精神"进行了合

① 黑格尔. 精神现象学：上册 [M]. 贺麟，王玖兴，译. 北京：商务印书馆，1997：6.
② 黑格尔. 哲学史演讲录：第一卷 [M]. 贺麟，王太庆，译. 北京：商务印书馆，1959：56.

理的"扬弃"，排除了"时代精神"中的神秘主义和唯心主义成分，科学揭示了"时代精神"的现实实践本性。马克思在《〈科伦日报〉第 179 号的社论》中指出："任何真正的哲学都是自己时代的精神上的精华。"① 在这里，马克思虽然是阐释哲学与现实的关系，但同样也论及了"精神"的时代性。在马克思的历史唯物主义视阈中，历史不再是黑格尔所言的抽象的、理性的历史，也并非概念的思辨运动，而是属于人的现实的实践活动。马克思所讲求的"精神"的时代性揭开了黑格尔式的神秘主义外壳，使"时代"不再是"思想中把握的时代"，而是人类物质生产和生活发展的不同历史阶段。精神的时代性也不再是"绝对精神"自我运动的环节，而是具体历史条件下人们交往和实践过程中所形成的特殊社会意识。

在历史唯物主义视阈下，"精神"的时代性集中体现为时代主题的精神彰显。所谓时代主题，是集中反映了时代的主要矛盾，表征着"一个时代具有全局性和战略性的问题"②。时代主题是一种特殊的社会存在，由于不同的历史阶段具有不同的生产力水平、交往水平、意识形态形式和阶级结构，因此每个时代具有独特的社会形态，这也就决定了人类社会的每一个历史阶段具有不同的时代主题。具体历史阶段的时代主题，是一种客观的社会存在，不以人的意志为转移。但时代主题作为社会存在是具有特殊性的，这种特殊性一方面表现为内容的特殊性。按照历史唯物主义，人类社会的基本矛盾表现为生产力和生产关系、经济基础和上层建筑的矛盾，而这两对矛盾在不同的历史时期具有不同的表现形式，呈现出阶段性的特征，时代主题就是人类社会矛盾运动的特殊性表现形式。另一方面，时代主题的特殊性表现在其存在形式上。时代主题既非实体性存在，也非观念性存在，它不能像自然存在一样被人们所直接感知，也不能像生产力、生产关系的社会存在一样具有直接的现实性，对于时代主题的把握需要从思维观念和精神层面进行概括和体验。正因为如此，时代主题往往容易受到文化、习俗、主观因素的遮蔽和影响，从而导致对时代主题的误判。例如，新中国成立后我们对时代主题的判断一度失误，将"革命与战争"看作社会主义建设的主题，导致"以阶级斗争为纲"的政治生活严重影响了经济社会的发展。由此可以看出，体现时代精神的时代主题是对时代普遍性问题的概括，反映了特定历史阶段各种具体社会存在的时代状况和发展趋向，体现了时代精神的客观内容。

---

① 中共中央马克思恩格斯列宁斯大林著作编译局. 马克思恩格斯全集：第一卷 [M]. 北京：人民出版社，1995：220.

② 邢云文. 时代精神历史解读与当代阐释 [M]. 北京：中央编译出版社，2011：146.

时代精神就是构筑于具有特殊性的时代主题基础之上的社会意识。在形式上，时代精神体现为具体时代的精神"共相"。马克思曾指出："一个时代所提出的问题，和任何在内容上是正当的因而也是合理的问题，有着共同的命运：主要的困难不是答案，而是问题……问题就是公开的、无畏的、左右一切个人的时代声音。问题就是时代的口号，是它表现自己精神状态的最实际的呼声。"① 从这里可以看出，只有那些能够"左右一切个人"的问题，才能够成为时代的声音。即只有那些体现时代的最本质和最普遍的问题，才能够成为时代的精神表征。这种最本质和最普遍的"问题"集中表现为时代主题。马克思、恩格斯在《共产党宣言》中指出："每一历史时代主要的经济生产方式和交换方式以及必然由此产生的社会结构，是该时代政治的和精神的历史所赖以确立的基础，并且只有从这一基础出发，这一历史才能得到说明。"② 马克思、恩格斯在这里揭示了反映时代主题的时代精神，其在根源上受制于具体历史阶段的生产和生活方式，由此，按照历史唯物主义的逻辑，"精神"的时代性可以概括为"现实基础—时代主题—时代精神"，从而揭示了时代精神的现实根源性和形成机理。时代精神作为反映时代主题的"主旋律"，有学者将其概括为"社会的精神生活按照占统治地位的精神方式的要求，在文化整合与阶级权利、意志整合的双重运动中形成的主旋律，是现实生活及其关系赖以维持的、赖以展开的文化基质"③。

由"精神"时代性的"现实基础—时代主题—时代精神"的形成逻辑来看，时代精神与直接反映经济基础的意识形态不同，其对现实基础是间接的反映，是在时代主题的基础上进一步概括、凝练、升华而成的。时代精神是由一定社会思想观念和价值追求构成的有机整体，其对现实基础的反作用是通过意识形态来完成的。但由于社会的实践生活是复杂多元的，意识形态并不能涵盖完整的人的物质生活和精神生活，因此，意识形态必须要紧紧把握时代主题这一关键，因为只有通过时代主题这一具有普遍性和高度凝练性的"精神共相"，意识形态才能够在最大程度上把握时代精神的整体与部分、特殊与普遍。从这重意义上来看，中国精神的培育作为社会主义意识形态教育的重要组成部分，其贯穿和落实的关键就在于对时代主题的判别与把握。

---

① 中共中央马克思恩格斯列宁斯大林著作编译局. 马克思恩格斯全集：第四十卷［M］. 北京：人民出版社，1982：289-290.
② 中共中央马克思恩格斯列宁斯大林著作编译局. 马克思恩格斯选集：第一卷［M］. 北京：人民出版社，2012：385.
③ 胡潇. 意识的起源与结构［M］. 北京：中国社会科学出版社，2004：541.

16 世纪以来，随着地理大发现、思想启蒙和资本主义原始积累，人类的生产和生活方式发生了极大变革，人类的交往范围也不断扩大，不同文明、国家、民族、社会打破了原有的禁锢和隔绝，在全球资本潮流中，交往和联系日益密切，人类历史越来越成为"世界历史"。正如马克思所指出的："资产阶级，由于开拓了世界市场，使一切国家的生产和消费都成为世界性的了……过去那种地方的和民族的自给自足和闭关自守状态，被各民族的各方面的互相往来和各方面的互相依赖所代替了。物质的生产是如此，精神的生产也是如此。各民族的精神产品成了公共的财产。民族的片面性和局限性日益成为不可能。"① 马克思的"世界历史"的预言在全球化和信息化的今天得到了许多方面的印证，世界市场、国际分工、互联网，以及区域经济一体化使不同的国家和地区更加紧密地联结成为"地球村"，尤其是第二次世界大战结束以来，国际社会进入总体和平与发展阶段。正是在这一背景下，邓小平根据世界局势的发展趋势，提出了"和平与发展"的时代主题，正是对这一主题的准确判别，中国开启了改革开放的伟大历程。正如邓小平所指出的："国际上有两大问题非常突出，一个是和平问题，一个是南北问题。还有其他许多问题，但都不像这两个问题关系全局，带有全球性、战略性的意义。"② 邓小平从纷繁复杂的国际局势中概括和提炼出"和平与发展"这一带有全局性和普遍性的问题，在此背景下，中国在改革开放的伟大历程中形成了以改革创新为核心的时代精神。党的十八大以来，以习近平同志为核心的党中央坚持和发展中国特色社会主义，全面深化改革、全面依法治国、全面建成小康社会、全面从严治党，进一步深化和拓展了改革创新的时代精神，从而开拓了中国精神的新境界，为实现中华民族伟大复兴提供了强有力的精神动力。

第三节　个体性的中国精神内化机理

中国精神的培育在宏观层面上表现为民族精神的传承和时代精神的贯穿，在微观层面上则表现为个体的精神体验和心理认知。微观意义上的中国精神培育，需要从社会心理学、教育学和心理学等多学科视角，探讨在中国精神培育过程中个体认知和内化中国精神的一般机理。尤其是在当前经济全球化、信息

---

① 中共中央马克思恩格斯列宁斯大林著作编译局. 马克思恩格斯选集：第一卷［M］. 北京：人民出版社，2012：404.

② 邓小平. 邓小平文选：第三卷［M］. 北京：人民出版社，1993：96.

网络化和经济社会快速变迁的时代背景下，人的精神世界和心灵秩序的嬗变既是中国精神培育所要关注的重点，也是中国精神培育的难点。本部分从个体的中国体验、精神生活、精神成人和精神信念四个方面，从微观层面揭示个体认知和体验中国精神的内在规律，为进一步提出中国精神培育的理论和实践提供基本的方法遵循。

一、中国体验：个体精神的心灵嬗变

中国的现代化转型是一个综合而复杂的过程，其中不仅包括了政治、经济和社会结构等显性的、制度性的现代化转型，而且也包括了文化和心理等隐性的、体验性的时代嬗变。在这一过程中，一方面中国的发展在世界经济全球化、信息网络化和政治民主化的时代潮流下逐渐完成由传统向现代的过渡；另一方面，具有独特历史传统、文化积淀、基本国情的中国现代化也彰显着独特的意义和价值。正如有学者指出："中国式现代化不完全是一个具有地域规定性的概念，它应当包括所有为世界现代化提供不同于西方的新经验的发展道路……中国的现代化说明统一律与多样性完美结合的可能性。"① 尤其是改革开放以来，中国的发展创造了举世瞩目的成就，"中国模式""中国经验""中国奇迹""北京共识"② 等表达中国发展变化的学术话语不断涌现，有效地将中国的现实发展转化成为学术资源。但随着实践和理论的不断发展，人们逐渐意识到，改革和对外开放不仅形成了宏观制度层面的变迁，而且也深刻地影响着微观心理文化层面的嬗变，转型期中国的学术话语建构也需要对人们的精神体验和社会心理予以足够的关注。在这一背景下，"中国体验"这一探究人的社会感受和政治认同的学术话语便应运而生了。

近年来，以周晓虹为代表的一批学者对"中国体验"的概念、研究范畴和理论框架等基本意涵做了专门研究和论述。概括而言，"中国体验"主要包括以下六个方面：一是"中国体验"主要关涉社会发展变迁对个体价值观和精神体验的影响；二是"中国体验"由于独特的文化传统、社会结构和人口规模等因素而赋予了个体社会化研究以全新的意义和价值；三是"中国体验"将转型中国的研究由宏大叙事转向了微观生活世界和情感世界，开启了一个全

---

① 李培林，李强，马戎. 社会学与中国社会 [M]. 北京：社会科学文献出版社，2008：3-22.
② "北京共识"这一概念源于美国高盛公司高级顾问乔舒亚·库珀·雷默（Joshua Cooper Ramo）于 2004 年在英国著名思想库伦敦外交政策中心发表的一篇调查论文中，他指出中国通过大胆创新、勇于实践、艰苦努力，探索出了一个适合本国国情的发展模式，他将这一模式称为"北京共识"。

新的研究领域；四是"中国体验"是特殊历史阶段的国民性，"是十三亿中国人在改革开放这个特殊的社会历史条件下形成的各种心理和行为特征之总和"①；五是"中国体验"是转型期的综合心理反应，既有积极心理体验也有消极心理体验，是社会变迁的独特精神景观；六是"中国体验"关注人的社会体验和生活感知，不仅是认识论和方法论的调整，更是在本体论上对人的现代化的一种重新定位。

　　"中国体验"集中表达了人的精神体验的中国语境。首先，"中国体验"着重强调了特定的地域、特定的阶段和特定的对象，即以中华民族为特定的研究范围，以改革开放的历史进程为特定阶段，以处于这一时期人的精神体验为研究对象。"中国体验"强调民族精神和时代精神在微观个体层面上的价值映照，是特定文化氛围和特定时期人的心灵秩序和价值观的集中体现。其次，"中国体验"作为"特殊历史时代的国民性"②，是一种社会转型背景下社会心态的综合反映，既包括了积极的心理体验，也包括了消极的心理体验，诸如道德冷漠、社会浮躁、诚信缺失、道德焦虑等消极社会现象即属于中国体验的忧伤维度。对"中国体验"两重性的把握，能够增强中国精神培育的时效性和针对性，一方面，培育和弘扬个体中国精神过程中的积极心理体验，实现"物质富足、精神富有""丰富人民精神世界"③的精神文明创建目标；另一方面，"中国体验"所包含的消极心理体验，也正是羁绊个体精神成长的重要因素，通过"中国体验"，中国精神培育能够明确转型背景下国民性的特殊与普遍之所在，准确地找到人的成长体验和政治习得过程中的现实症结，增强理论的解释力和实效性。最后，"中国体验"是全球化的现代性与本土经验的有机结合，这就使得"中国体验"所承载的中国精神并不是纯粹的本土理论范式，而是世界眼光与中国特质的结合。有学者将中国的现代化描述为"现代性全球化的长波推进和本土化社会转型的特殊脉动相结合"④，也有学者称之为"时空压缩"⑤，真正意义上开启中国现代化的不仅是国内改革，而且也包括了对外开放，这也就决定了形成于这一过程中的"中国体验"是一种全球化与

　　① 周晓虹. 再论中国体验内涵、特征与研究意义 [J]. 社会学评论, 2013, 1 (1)：14-21.

　　② 周晓虹. 再论中国体验内涵、特征与研究意义 [J]. 社会学评论, 2013, 1 (1)：14-21.

　　③ 习近平. 高举中国特色社会主义伟大旗帜 为全面建设社会主义现代化国家而团结奋斗：在中国共产党第二十次全国代表大会上的报告 [M]. 北京：人民出版社, 2022：22-23.

　　④ 郑杭生，杨敏. 社会实践结构性巨变对理论创新的积极作用：一种社会学分析的新视角 [J]. 中国人民大学学报, 2006 (6)：55-64.

　　⑤ 吴鲁平，杨巧. "社会互构论"视野下的大学生政治社会化 [J]. 社会学评论, 2014, 2 (1)：36-47.

本土特质相互结合背景下的心理体验。事实上，也正是全球化和现代性，激发了我们对本土经验的反思和重审，使得我们能够获得新的学术思维和话语来研究处于这一情境下的人的生存品性和精神体验。同时，融合全球化和国内转型的"中国体验"为中国精神培育提出了新的研究议。例如：中国特色社会主义市场经济转型背景下的竞争意识和诚信意识；社会主义民主政治改革背景下的民主意识和法治意识；人口结构变化和社会变迁背景下的代沟与亚文化；全球化背景下的文化价值多元多样，思想观念交融交锋；网络新媒体所带来的思想意识、社会参与和认知方式的改变；等等。这些都是社会转型背景下中国人价值观念和精神体验嬗变的时代因素，也是中国精神培育所要关注的议题。

"中国体验"的提出，表征着学界已经认识到，在我国当前全面深化改革的攻坚期，人心的安定和精神世界的"体验"至关重要。与整体性的、制度结构性的"中国经验"相比，"中国体验"从心理和文化层面上提供了观测中国转型发展的新的视角，赋予了中国发展以完整的意义和价值，正如有学者指出："关注'中国体验'，实际上是关注中国人自己的生命历程，也就是创造自身生活的历程，展示生命存在的独特性与丰富性历程"①。作为研究和展示中国人社会认同和心理体验的学术话语，"中国体验"关注人的成长在微观文化和心理层面所产生的影响，从而为研究社会转型背景下中国人的文化和心理的成长和嬗变提供了一个新的研究视野。

从"中国体验"的视角来看个体的中国精神认知和内化，主要有"中国信息"的发散与传播、"中国观念"的认知与内省、"政治态度"的产生与发展、"中国人格"的体认与形成四个方面。

一是"中国信息"的发散与传播。从教育宣传的视角来透视"中国体验"，需要进一步考察"中国体验"的逻辑前提——政治社会的信息发散，即作为"事实"本身的政治社会以何种表现和样态展现在世人面前。这一前提不仅需要教育宣传的组织和群体的传播，而且也需要"事实"本身的"物质势能"，正如有学者就新闻传播的效果所指出的"因事实变动而产生的一种物质势能，与新闻接受者的某种强烈心理状态契合，是新闻能够发挥较大社会作用的原因"②，因此，对于"中国体验"的考察，也需要明确中国发展的"物质势能"。

"中国体验"集中表达了我国改革开放进程中个体的心理体验和社会感

---

① 成伯清."中国体验"的意义和价值 [J]. 学习与探索，2012（3）：37-38.
② 陈力丹. 精神交往论：马克思恩格斯的传播观 [M]. 北京：中国人民大学出版社，2008：232.

知，"体验"的前提和基础就是"中国信息"的发散。概括而言，在改革发展的历史潮流中，能够对国人精神和文化直接产生影响的主要来自两个方面：一是代表传统的民族精神；二是代表现代转型的改革开放经验。这是"中国信息"发散的两个维度。对于传统精神的个人体验，张岱年将其界定为"刚健有为""和与中""崇德利用""天人协调"四个方面，其中"刚健有为"是其他三者的"纲"，其包括的"自强不息"和"厚德载物"是中国人宏大生活原则体系的"核心"；"和与中"解决了个体为人处世的人伦关系；"崇德利用"强调了个体精神修为与物质生活的关系；"天人协调"注重人与自然的关系①。以上四点构成了中国精神体验的传统精髓。对于改革经验，李培林将其归纳总结为十个方面，即经济体制转轨与社会结构转型、渐进式改革、社会稳定、快速增长、劳动力比较优势、低生育政策、大规模减少贫困人口、人力资本投入、国际合作、协调资源环境与发展矛盾。同时，他也指出农民问题、收入差距、就业问题、劳动成本、生态问题发展不均等改革的现实考验②。以上的改革经验构成了"中国体验"的现实来源。

在明确"中国体验"的"物质势能"的基础上，需要进一步明确"中国信息"的传播，即教育宣传组织和群体的信息传播，这也是中国转型的"物质势能"与个体认知的直接接触点。承载着"中国信息"传播的家庭、学校、大众媒介、同侪群体等组织和群体，在向人们展示中国的文化传统、历史命运、发展阶段和政治制度时具有明确的政治主导性和传播优势，即通过对"中国信息"的传播方式、手段和途径的控制，能够有效地供给信息和安排议题，使人们能够关心和关注中国的传统和发展。其中，不同的组织和群体由于功能属性的不同，在展示和传播"中国信息"的过程中，又具有一定的倾向性和针对性。同时从"中国信息"传播的客体——社会公众来看，由于受不同的社会阶层、角色规范、利益诉求等影响，在接受文化传统和社会变迁信息时表现出积极的能动作用，即个体通过不断找寻符合自身期望和素质要求的组织和群体，对"中国信息"传播介体和传播内容进行选择性吸收，通过这一步骤，个体为进一步内化民族精神和现代精神找到了基本的现实素材。

二是"中国观念"的认知与内省。注重感受和内化的"中国体验"，在选择性地吸收"中国信息"的基础上，也形成了接受信息与个体认知图式的相互作用，使得个体认知的内容、结构和规模发生变化，由此，个体对于改革发

---

① 张岱年，陈宣山. 中国文化精神 [M]. 北京：北京大学出版社，2015：14.
② 李培林. 社会转型与中国经验 [M]. 北京：中国社会科学出版社，2013：192-201.

展和社会变迁的心理认知、价值选择和行为导向也随之形成，为进一步形成较为稳态的"中国人格"奠定了基础。

从"中国观念"认知的外向来看，其是一种传统向现代转型的"过渡人"体验。社会学家冷纳（Daniel Lerner）将处于"传统—现代（traditional - modern continuum）的连续体"上的人界定为"过渡人"，旨在明确转型社会中人的性格特质。在"新"与"旧"的冲突与交融中，"过渡人"往往表现出"价值上的困窘"和"情感上的冲突"。金耀基藉此进一步分析了当下中国的"过渡人"特征，指出中国人的价值困窘不仅表现在"新"与"旧"更替，而且也表现在"中"与"西"的交融过程中，在传统与现代、西方与东方的"濡化过程"（acculturation process）中，中国人最大的努力就是一种综合，即企图把不同价值系统中的最好成分融化为一种"运作的、功能的综合"（operative，functional synthesis）①。可以看出，转型期的"中国体验"并不是一种单一的精神状态，而是一种多元复杂的综合性体验。

从"中国观念"认知的内向来看，其是"中国信息"与个体认知图式的互动过程。外向性的"中国观念"认知强调中国的改革发展与现代转型在国民性格上的反映，内向性的"中国观念"认知则强调社会信息在个体认知图式层面上吸收和转化的内在机理。个体认知图式是个体把握社会现象，形成自我观念的"先在的心理意识结构的综合体"②。上文所讲到的个体对社会信息传播介体和传播内容的选择性吸收，实质就是个体认知图式对于具有同质性和同构性信息的选择。即建构于不同利益诉求、个人旨趣、生长环境、阶层状况等因素影响基础上的个体认知图式，对于中国发展变化的"物质势能"的信息吸收和把握，限于具有相同性质、相同内容或结构的范围内，进而通过对掌握信息的分类比较和逻辑整合，不仅使个体认知图式中的"中国观念"发生量的变化，而且也使认知图式的要素关系和认知结构发生了改变或重组，从而形成了认知的质的飞跃。藉此我们可以进一步认识到，转型时期国人认知在"传统""现代"和"西方"的综合背景下，形成了多元、多样化的文化与价值，这打破了传统的认知结构，快速的发展变迁和社会转型使得"过渡性"成为国人的整体性格标签，认知结构的要素重组由于"过渡性"特质并不能在短期内定型，这反映了转型时期"中国观念"认知的矛盾性和复杂性。

此外，个体对于"中国观念"的认知并不是单纯地吸收和转化，而是一

---

① 金耀基. 从传统到现代 [M]. 北京：中国人民大学出版社，1999：81.

② 李元书，杨海龙. 论政治社会化的一般过程 [J]. 政治学研究，1997 (2)：14-22.

种能动的反应，这主要表现在个体以特有的知识结构和认知方式，形成对民族精神和改革发展的建构性认知，同时，通过对民族发展、社会本质和社会现象内在规律的把握，形成对民族文化、社会规范和国家精神的新的认识和体悟，这是个体的延展性认知。由此可以看出，"中国体验"并不是被动的信息接收和转化，而是能动的认知和建构的过程。

三是"政治态度"的产生与发展。"态度"在政治社会学理论中是主体对于政治对象所表现出来的稳态的心理倾向，是主体认知、情感和意向的有机结合。政治社会学理论认为，个体通过自居和泛化作用①，形成个别的政治态度，在此基础上，通过认识、情感和意向三个因素的相互协同与作用，个体的政治态度群先后形成、分化和重组，政治态度趋于理性化，由此形成的政治态度体系达到了新的平衡。与政治社会学理论相同，"态度"在"中国体验"的形成过程中也表现为一种稳态的情感聚合，与上述的信息发散与传播、观念认知与内化阶段不同，在"态度"的形成和发展阶段，个体的情感和意向发挥着十分重要的作用。

从"中国体验"的视角来看，一方面，个体"态度"的产生和发展集中表现为爱国主义的情感表达，正如有学者指出："当人们在其生命和生活的历程中，渐渐了解到自己与祖国生死相依、血脉相连的依存关系时，逐渐体认到祖国的政治、文化、经济、社会、环境是自己生存、发展、完善的必要条件时，就会对自己的祖国产生一种归属和认同意识，形成一种眷恋、依赖和忠诚的思想感情。"②"中国"作为一个综合性的概念，一般来讲包括了三个方面的内容：一是自然要素，即国土资源；二是社会要素，包括了传统、文化、生活和社会心理等要素；三是政治要素，即国家。个体对于祖国的情感和态度主要也是来自以上三个方面，例如，民族自尊心、自豪感和自信心都是对国家和民族的一种积极心理体验和心理态度。同时，传统文化中的刚健自强、义以为上、修身为本、以政为德、天人和谐等价值观念，以及社会主义革命、建设和改革进程中的革命精神、开拓精神和创新精神都是积极的情感态度。另一方面，有学者指出中华民族在个人与社会的价值关系中，也有着局限性和阶段性的特点，例如，传统社会中的宗法和血缘至上掩蔽了个体价值，小农经济结构

---

① "自居"是指个体通过模仿和扮演他人社会角色，形成自我意识、态度和人格的方式；"泛化"是指个体对待不同事物时，情感态度的转移和投射，新的政治态度也在这一过程中形成。

② 吴潜涛，杨峻岭. 全面理解爱国主义的科学内涵 [J]. 高校理论战线，2011（10）：9-14.

的内循环封闭特征，催生了求稳、保守的社会心态①。在当前社会中，也有学者提出在快速的现代化转型过程中，中国人的精神世界呈现出"世俗化""多样化"和"趋异化"的特质，但同时也指出，这一阶段中国人的情感态度积极性变化趋向明显，即道德观念走向整合阶段、信仰信念的需要开始形成、人们思维方式逐渐现代化等②。

此外，从"态度"产生的一般原理中，也能够发现中国人"政治态度"形成和发展变化的内在机理。"态度"的产生和发展，是主体在已有的认知基础上，情感和意向因素趋向明显的过程。"政治态度"的形成和发展，有内在和外在两个方面，从外在方面看，中国变化发展的"物质势能"所产生的新信息和新知识，使得个体对国家发展、社会变迁和文化氛围有了新的了解，形成新的认知；从内在方面看，个体通过思维内省或者其他的认知方法，对所吸收的信息的性质、要素关系等进行分析整合。这一阶段逐渐触及个体的思想意识和价值观层面，个体认知中的民族情结、中国评价、理想信念等因素不断增加，情感性和意向性趋向明显。可以看出，"政治态度"的产生既是理性化的社会认知，也是感性化的情感聚合，作为一种稳态的情感表达，"政治态度"在价值层面上强化了个体社会化的目的性和选择性，表现为个体成长在文化传统和社会变迁的整体氛围中的调适能力不断增强，自我表征的人格特质也逐渐形成。

四是"中国人格"的体认与形成。人格因素在"中国体验"过程中表现为一种稳定的心理结构，是个体所呈现出来的体现中国文化特质的性格特征和精神气质。"中国体验"中的人格特质也是在文化传统和时代发展的整体氛围中形成自我认同和自我呈现。

辜鸿铭在《中国人的精神》中形象地描绘了中国人的精神体验，他指出："中国人热衷于过一种心灵的生活，纤细而丰富的情感触角伸展到中国人的心灵深处，锻造了大多数生命的品性和意义。"③ 在此基础上，他将中国人的人格总结为"深刻、广阔、单纯"三大特性。美国汉学家亚瑟·莱特（Arthur Wright）将中国传统人格总结为十三种典范，即服从权威、服从礼法、尊重过去、好学、循例重器、君子不器、渐进改革、中庸之道、与人无争、任重致远、自尊自重、不妄自菲薄、中规中矩。在当前的社会结构转型背景下，在中

---

① 唐凯麟，李培超．民族生存与发展的深层透视：中华民族爱国主义的历史观照和现代价值审思［J］．北京大学学报（哲学社会科学版），2001（3）：5-11.
② 张健．论人的精神世界［M］．郑州：河南人民出版社，2011：164.
③ 辜鸿铭．中国人的精神［M］．南京：译林出版社，2012：28.

国人的人格结构中，平等性、自尊性、竞争性、进取性、法治、民主等价值观念逐渐占据了重要地位，并随着社会转型，现代人格与传统人格逐渐由二元化走向融合，形成现代化过程中独特的"中国人格"特质。

无论是传统型的政治人格，抑或是现代市场经济和民主化条件下的人格，从"中国人格"的形成机理来看，都是通过自我认同和实践体认的形式表现出来的。自我认同表现为一种对民族文化和国家精神的向心力和归属感，是"中国人"的身份认同和心灵归属，自我认同的形成标志着个体人格独立，以及在此基础上对文化传统和发展变化的观念，对自我和他人、社会、国家关系的认识，对社会生产生活方式的体认，使得个体能够在快速的社会转型过程中强化自我意识和主体意识，增强个体社会活动的能动性和方向性。实践体认是个体经过长时间的观念内化后，行为外化的体现，是主观见之于客观的过程，这一环节也充分说明了"中国体验"是内化与外化的有机统一。实践体认不仅是个体观念内化的延展，而且通过实践体认，个体对于中国的文化理念、历史传统、时代境遇等有了更强烈的意识和体验。通过实践体认，个体加深了对社会变化的规律及其诸现象的理解，检验了个人理想和社会信念，最终形成了一个稳定的心理特质，"中国体验"也得到进一步的发展和完善。

二、精神生活：个体精神的现实展现

如果说"中国体验"是个体认知和内化中国精神的内在过程，那么"精神生活"就是个体精神世界和精神活动的外显与表征。在现实生产和生活中，人的精神生活是能够直接观察和体验到的。个体精神生活的样态，是通过人的知识状况、价值观念、幸福感受、精神追求、公共文化生活等直接体现出来的。可以说，精神生活作为人的精神活动的现实展现，其直接关切人的精神体验和价值观念，是中国精神培育的现实场域。只有在准确把握人的精神生活的现实状况基础上，才能够有效地开展中国精神培育活动。

何谓精神生活，有学者从人的精神需要的视角，指出"人的精神生活包括人的全部心理活动，作为人的生活的一部分，特指为了满足个人精神需要的种种活动"[①]；也有学者基于历史唯物主义的物质与精神辩证关系的视角，认为人的精神生活是"与物质生活相对应……是指人在处理自我、他人与人类关系过程中的思想倾向、情感态度和价值意识"[②]。同样，有学者从精神能动

---

① 黄楠森. 人学原理 [M]. 南宁：广西人民出版社，2000：71.
② 王坤庆. 精神与教育一种教育哲学视角的当代教育反思与建构 [M]. 上海：上海教育出版社，2002：20-21.

性的视角，认为精神生活是"在一定社会条件与物质生活基础上，人们在改造客观世界过程中选择、向往和创造精神资源以满足精神需要并不断推进自身发展、超越的状态与方式"①。

从对精神生活的界定来看，精神生活既离不开物质生活，又区别于物质生活。马克思在《德意志意识形态》中指出："'精神'一开始就很倒霉，受到物质的纠缠。"② 在这里，马克思指出物质生活对精神生活有着决定性和基础性作用。与马克思物质生活与精神生活二分法相类似，梁漱溟在其著作《东西文化及其哲学》中提出了物质生活、精神生活和社会生活三分法的观点，他认为，"所谓一家文化不过是一个民族生活的种种方面。总括起来，不外有三个方面：①精神生活方面，如宗教、哲学、科学、艺术等是……；②社会生活方面，我们对于周围的人——家族、朋友、社会、国家、世界——之间的生活方法都属于社会生活一方面，如社会组织、伦理习惯、政治制度及经济关系；③物质生活方面，如饮食、起居种种享用，人类对于自然界求生存的各种条件"③。无论是物质生活与精神生活的二分法，还是物质生活、社会生活、精神生活的三分法，都能够看出人的精神生活离不开一定的现实基础、社会环境和表现媒介，因此，精神生活并不是抽象的或是孤立的，相反，人的精神生活内嵌于主客体之间的物质、能量、信息的交换，体现在主体之间的思想交流、语言交际和社会交往当中。此外，精神生活并不是单向性地受制于物质生活，而是对物质生活具有能动作用。正如马克思、恩格斯所指出："外部世界对人的影响表现在人的头脑中，反映在人的头脑中，成为感觉、思想、动机、意志，总之，成为'理想的意图'，并且以这种形态变成'理想的力量'"④，"理论一经掌握群众，也会变成物质力量。"⑤ 从物质生活与精神生活的区别来看，物质生活与精神生活是人类在认识世界和改造世界过程中，对客观对象的两种形式的把握。即物质生活侧重于对象物质性把握，精神生活侧重于思想和观念性把握。当然这两种把握并非纯粹物质性或精神性的，而是物质性的

---

① 郑永廷，罗珊. 中国精神生活发展与规律研究 [M]. 广州：中山大学出版社，2012：7.
② 中共中央马克思恩格斯列宁斯大林著作编译局. 马克思恩格斯选集：第一卷 [M]. 北京：人民出版社，2012：161.
③ 梁漱溟. 梁漱溟全集：第一卷 [M]. 济南：山东人民出版社，1989：339.
④ 中共中央马克思恩格斯列宁斯大林著作编译局. 马克思恩格斯选集：第四卷 [M]. 北京：人民出版社，2012：238.
⑤ 中共中央马克思恩格斯列宁斯大林著作编译局. 马克思恩格斯选集：第一卷 [M]. 北京：人民出版社，2012：9.

"实在"活动中包含着精神性的因素，精神性的"非实在"活动中需要物质因素的承载。由此，物质活动作为"实在性"的活动，需要借助物质性的劳动工具、物质条件来完成，而精神活动作为"非实在"的活动，需要借助观念性的想象、思维、语言符号体系等来完成。

从精神生活的内涵来看，首先，精神生活的承担者是现实的个人。"我们的出发点是从事实际活动的人，而且从他们的现实生活过程中还可以描绘出这一生活过程在意识形态上的反射和反响的发展。"① 精神生活是人之所以为人的基本特质，而人的现实性又决定了精神生活必须是在一定历史条件下的人的精神活动。以特定的时代条件为背景，人的精神生活既表现出动态的精神活动，也表现出静态的精神状态。其次，精神生活的内容由精神状态和精神活动构成。其中，人的精神状态包括了精神气质、精神面貌、道德水准、思想观念、心理健康等；精神活动包括了精神交往、精神生产和精神消费活动等。在一定意义上，人的精神状态是人的精神生活的静态呈现，精神活动是人的精神生活的动态呈现。精神生活表征着动态与静态、过程与结果的有机统一。再次，精神资源是精神生活形成和发展的重要条件。精神资源既是有形的，也是无形的。有形的精神资源包括了文化遗产、学习教育活动、文化景观、文化产品、社会关系、闲暇娱乐等；无形的精神资源正如诺贝尔奖得主罗伯特·威廉·福格尔（Robert William Fogel）所总结的，包括了目的感、集体感、仁慈观、劳动观、纪律性、认识机会能力、感到自己是工作和生活中的主人、一种强烈的家庭观念、有能力与各种各样的群体和谐相处、能够使自己的精神高度集中、能够抵御享乐主义的诱惑、自我教育的能力、对知识的渴望、品质鉴赏力、自信心②等。无论是有形的精神资源，还是无形的精神资源，都是人们选择、追求、获取和创造自身精神生活的内容和方式，直接影响着人们的精神生活质量。最后，人的精神需要促动着精神生活的形成和发展。马克思指出："任何人如果不同时为了自己的某种需要和为了这种需要的器官而做事，他就什么也不能做。"③ 人的精神需要在本质上是一个不断满足的递进过程，这种特性有力地推动着人的精神生活的发展。

---

① 中共中央马克思恩格斯列宁斯大林著作编译局. 马克思恩格斯选集：第一卷［M］. 北京：人民出版社，2012：152.

② 黄雪霞. 储备未来的"精神资源"［N］. 齐鲁晚报，2012-4-10（A21）.

③ 中共中央马克思恩格斯列宁斯大林著作编译局. 马克思恩格斯全集：第三卷［M］. 北京：人民出版社，1960：286.

精神生活作为人的精神状况的现实展现，其直观的表征总是伴随着好与坏、对与错、是与非等价值评价，而对精神生活做出何种的价值评价，根源于两个方面的判别标准：一是精神生活能够满足人的精神需要的客观程度；二是个人对精神生活满足自身需要的主观感受。这种对精神生活水平的高与低、品质的好与坏的价值评判就直接关涉到了精神生活领域的一个重要概念——精神生活质量。事实上，理论层面上的精神生活质量测评并非仅限于人们主观感受中的好坏、对错、是非等绝对化的价值评判，而是具有一套完整、复杂、严密的测评指标体系。精神生活质量测评，其根本评判标准就是满足人的精神需要的客观程度和人的主观感受两个方面。在具体的衡量标准量化方面，有学者将精神生活特性、精神生活需求、精神感受、精神发展程度作为具体的衡量指标[①]，也有学者从生产劳动与实践活动、客观环境、人际交往、休闲活动、家庭生活等方面具体提出了精神生活质量测评指标体系（见表 1.1）[②]。可以看出，精神生活质量既是一个属于主观范畴的关涉人的心灵世界的问题，也是一个属于客观范畴的关涉人的生产生活的现实条件的问题。对于精神生活质量的把握需要从主客观相结合的视角来确定精神生活的评判标准和效果。以精神生活和精神生活质量测评为理论视角，能够对当前中国人的精神生活状态做出基本的评判。

表 1.1　精神生活质量测评指标体系

个人在生产劳动与实践活动过程中的精神生活质量指标	1. 对工作（或劳动、学习）岗位的感受
	2. 个人智慧禀赋、知识能力发挥施展的满意度
	3. 自己认为在生产劳动与实践中理想抱负形成和实现的程度
	4. 在实践活动中价值实现的快乐程度
	5. 自己的工作成就、劳动、研究成果在单位和社会受到重视时的愉悦程度
	6. 在工作（或劳动、脱产学习）过程中因竞争受挫或失败时的心态
	7. 在获取经济利益过程中遵纪守法、道德规范的认识与表现
	8. 对自己未来事业发展前景与职业理想实现的信心

---

① 廖小琴. 精神生活质量指标体系研究 [J]. 学术交流，2005（12）：160-164.
② 郑永廷，罗珊. 中国精神生活发展与规律研究 [M]. 广州：中山大学出版社，2012：225-226.

表1.1(续)

客观环境制约与影响下的精神生活质量指标	1. 国家安定团结政治环境对自己精神生活质量作用的认识 2. 民主集中制的贯彻执行对发挥主观能动性的程度 3. 个人民主权利保障、使用的效果与满意度 4. 主导社会舆论环境对自己精神生活质量的影响程度 5. 竞争环境对自己精神生活质量的正面或负面影响 6. 社会良好风尚对自己精神生活质量影响的状况 7. 对以权谋私、假冒伪劣、污染环境现象的态度 8. 对当代社会风险危机频发的心理反应 9. 对文化环境的认识和期盼
人际交往过程中的精神生活质量指标	1. 社会交往对自己精神生活质量作用的认识 2. 处理竞争与合作关系时的感受与方式 3. 与同事、同行、同学交往相处时的满意度 4. 个人痛苦、快乐是否愿与别人分享和诉说 5. 对上下级关系的理解和满意程度 6. 思想、情感交流在人际交往中所占的比重 7. 认识和处理人际隔阂、冲突的基本态度
休闲活动中的精神生活质量指标	1. 对休闲活动的目标与价值认识 2. 对享受和消费物质产品的满意程度 3. 享受和消费精神文化产品的快乐程度 4. 个人的业余爱好和主要休闲方式 5. 个人和家庭的文化教育支出占总消费支出的比重 6. 个人用于休闲时间与工作时间的大致比例 7. 健康休闲对促进有效工作的感受
家庭生活过程中的精神生活质量指标	1. 家庭物质生活的丰富程度和满意程度 2. 夫妻互敬互爱、历久弥新、和衷共济的程度 3. 孝敬父母、恪尽子职、尊老爱幼的程度 4. 家庭成员充分就业、经济收入、勤俭持家对精神生活质量的影响 5. 家庭成员身体健康、有序生活、正当娱乐对精神生活质量的影响 6. 家庭教养、子女成长对精神生活质量的影响 7. 互相尊重、邻里和睦、热心公益对精神生活质量的影响 8. 家风淳朴、家规严明、知足常乐的幸福体验

改革开放以来,在中国经济社会快速发展变迁的背景下,人的生存和发展也发生了重要变化,这主要表现在扩大了的市场交换,极大地提升了人的物质需要和精神需求;社会公共领域的崛起重塑了人与人之间的交往模式;国家领

域的复归确立了公众在社会发展中的主体地位①。人的生存和发展方式的改变，必然会对人的精神世界产生影响和改变。事实上，中国最深层次的改革开放体现在人的思想观念和精神生活领域，当前随着我国社会主义改革发展的全面深化，人们逐渐认识到人的心灵秩序和思想观念的和谐稳定，与显性制度改革和物质发展同等重要。在此背景下，中国人在改革发展过程中的精神状态和精神生活这一问题受到学界的普遍关注。2005年，华东师范大学"当代中国人精神生活调查研究"课题组分别对中国20个省份的20个城市进行了问卷调查，调查主要围绕着人的愉悦度、生活烦恼影响程度和个体的自我认知状况②，分别从知识状况、精神健康、价值观念、幸福感受、公共文化生活、宗教信仰、文艺作品和人文学术等方面对中国人的精神生活状况展开了全面系统的调查研究，最终认为"我们的时代是一个传统神圣价值受到严重挑战的时代，也是精神生活空间高度开放的时代；是一个精神生活越来越等同于文化消费的时代，也是一个人们越来越有条件过一种不受日常的物质生活和社会生活拖累的精神生活的时代"。进而分析出中国人的精神生活的特征，即物质享受不等于主观幸福、文化消费不等于文明生活、物质匮乏的缓解不等于意义匮乏的缓解、现代化程度的提高不等于世俗化程度的提高③。

2010年，郑永廷主持的教育部重大招标项目"现代人的精神生活质量与规律研究"课题组在广东、广西、湖北、上海、黑龙江等地开展实证调研，调查涉及高校教师、高校学生、党政干部、企业职工和农民等群体。其中，对自己的精神生活"很满意""比较满意""有点满意"的比例占到78.1%，反映了大多数人思想情绪、精神面貌积极、进步；在被调查的群体中，人们对于精神生活的评价比较具体、实在，注重"家庭美满""身体健康""有知心朋友""有满意工作"等生活要素。此外，调查也发现，当前中国人的精神生活中存在着道德生活缺失与功利倾向、精神生活的物欲倾向、工具理性对精神生活的挤压倾向、精神生活感性动荡倾向等问题④。

中国人在改革开放历程中的精神生活和思想观念的变化，是人的意识对现实实践能动反映的结果。改革开放打破了原有的单一化的经济体制局，释放了巨大的发展能量，极大地改变了中国人的物质生活和生产条件。由此，人的

① 张健. 论人的精神世界 [M]. 郑州：河南人民出版社，2011：146.

② 衡量心理健康的主要因素就是个体的心理能力，其主要体现为"知""情""意"三个方面，研究通过理性、愉快、自主三个操作指标，分别代表个体心理能力的知、情、意。

③ 童世骏. 当代中国人精神生活研究 [M]. 北京：经济科学出版社，2009：390-391.

④ 郑永廷，罗珊. 中国精神生活发展与规律研究 [M]. 广州：中山大学出版社，2012：68-85.

思想观念和精神体验也随之发生变化，实现了对计划经济时代人的精神世界内容的超越。这种进步和超越具体体现在人的社会心态、思维方式、道德观念、信念信仰等方面。在社会心态的发展变化方面，中国人的社会心态被逐渐变得理智而成熟，社会心理承受能力大大增强；随着中国经济社会发展和国际地位的提高，国民的社会心态变得主动、积极，对国家的信心极大增强；经济社会的发展，使得国民社会心态变得开放、多元，对外来文化和亚文化接受能力不断增强。在思维方式方面，随着国际交流和市场经济的不断发展，国人的风险意识、环保意识、诚信意识、平等意识、主体意识、生态意识等现代思想观念逐渐增强。同时，在人们的生产生活中，创新意识的培养，逐渐成为人们自觉追求的目标，改革创新成为时代潮流。在道德观念方面，社会主义核心价值观所倡导的"爱国、敬业、诚信、友善"等个人基本道德观念深入人心，人们开始意识到富有意义的精神追求的必要性和价值。在信念信仰方面，人们在享受物质生活的同时，开始意识到人生信念的重要性，注重在信念和信仰层面上寻求心灵秩序的安定和精神世界的富足。另外，也应当看到，改革开放历程中，中国人的精神生活在发展进步的同时，也表现出一些消极的方面，例如，较为普遍的心理和精神问题、某些精神内容的偏执化和极端化认知与实践、盲目性和非理性问题等。对于国人精神生活的积极和消极两个方面，我们需要科学辩证地看待。对于积极的精神状态和精神生活，需要继续大力培育和弘扬；而对于消极的精神体验和思想问题，需要及时地、科学有效地进行引导和矫正。中国精神培育的理论和实践就是实现这一目标的有效途径。

三、精神成人：个体精神的发展成熟

英国教育学家约翰·亨利·纽曼（John Henry Newman）在其著作《大学的理想》中提出了著名的"博雅教育"（Liberal Education）的命题，他认为青少年阶段是人的生命中的"灵魂发育季节"。一个生理成熟的青少年，并不等于已经达到了精神和心智上的成熟。一个人的成长成熟的标志就是在实现生理成人的同时也能够达到精神成人。因此，纽曼提出了知识的两重性，即一方面是将知识作为获得世俗功利的手段，使知识能够以"实用"的方式成为技艺；另一方面则是注重知识赖以发生或者构成知识的哲理要素以及人的心智本源，从而体现知识的"价值自足"[①]。纽曼最终指出，人的教育不仅包括"实用"

---

① 约翰·亨利·纽曼. 大学的理想 [M]. 徐辉，顾建新，何曙荣，译. 杭州：浙江教育出版社，2001：32-33.

知识教育，而且更为重要的是要通过教育体现知识的"价值自足"，这种教育方式就是"博雅教育"。如若缺少"博雅教育"，人的精神缺失将会伴随终身，无论是对个体的心智健全，抑或是民族的精神提升，这都将是莫大的悲哀。与纽曼所主张的"博雅教育"相一致，中国精神培育主要是从"价值自足"的层面，通过民族精神和时代精神的培育和弘扬，"培养大写的人、舒展的人，使人的生命经教育而更加情韵悠长，光明磊落"①。因此，中国精神培育之于个人，就是实现个体的精神成人，由此人才能够成为一个和谐发展的"大写的人"，从而能够达到更加完美的人生境界。

所谓"成人"，其意涵并不能用"成熟的人"来完整概括，而是需要用"人是成长为……"来表达。一般意义上来讲，人成长为人需要具备三个方面的条件。一是生理学层面上成人。生理方面的生长成人是人的外貌体能等身体条件逐渐成长为成年人的标准，其表征着人的身体机能的发育成熟。二是法学层面上的成人。法学层面上的成人以个体获得法律上的公民身份资质为标志，这意味着个体将获得国家法律所规定的公民基本权利和义务，在享有公民权利的同时，也需要履行基本的公民义务和社会责任。三是精神层面上的成人。个体在生理学层面的成人和法学层面的成人，并不意味着实现了精神和心智的成人，生理和法学层面的成人更多的是个体按照自然规律和社会规律发展，所形成的具有"被动性"色彩的成人方式。而精神成人体现了个体对人与人、人与社会、人与国家，以及人与自然的理解和体悟，更加注重对美好精神生活的追求，其体现出浓厚的"主动性"色彩。精神成人是一个人的价值根基，体现和规约着个体的思想和行为。精神成人使个体能够时刻做到将自我价值标准渗透到日常的生活、学习和工作当中，并且使个体开始懂得如何自律，懂得承担家庭和社会责任，懂得积极主动地追求理想目标，努力掌控自己的命运。

精神成人就是人能够在"实用"知识的增进和物质生活的追求之外，对美好的精神理念和精神生活展开矢志不渝地追求，以实现人的主体价值的张扬与超越。学者夏中义明确提出精神成人的鉴别尺度，即"当时看其在学业之余，能否认真且持续地向自己追问'如何做人'这一终极命题，以及在何种价值水平上思索乃至践履此命题"②。精神成人意味着人的生存不仅是"活"，而且是一种超越生存意义的，对和谐优雅的精神生活的追求和体验。实现精神成人，是伴随着人的不断成长和自我实现而不断探索的过程。精神成人意味着

① 夏中义. 大学人文读本 人与自我 [M]. 桂林：广西师范大学出版社，2002：1.
② 夏中义. 大学人文读本 人与自我 [M]. 桂林：广西师范大学出版社，2002：1-3.

人在认识和改造世界的过程中，不断激发自身的内在潜能，并通过自己的价值追求和精神秉持，逐渐形成一个稳定、完整、健全的人格精神。可以说，精神成人的实现并不是一种状态，而是一个持续性的过程；其表征着一种生命奋斗和价值追求的精神轨迹，而不是人的精神成长的结果。由此可以看出，中国精神培育作为促进人的精神成人的重要途径，是一个持续的价值实现的过程，是将中国精神所蕴含的文化成果和精神理念，通过多种途径传承和熏陶，使之能够内化为相对稳定的人格、品性、气质和修养，从而使人的精神素质普遍提高，实现政治和社会发展的道德要求与个体的思想品德和心理素质成长规律的有机统一。

个体能否对自我和现实展开系统的反思和追问，是考察人的精神成人的关键。在这里，自我和现实可以区分为人与自我、人与国家、人与世界三重关联。由此，可以从人的"自我—国家—世界"三个维度来进一步考察精神成人。具体而言，人与自我强调的是人的"主体角色"，是人如何为日常的生活注入意义，使生物学意义上的人的生命活动能够转化为精神和文化层面的"价值自足"。精神文化层面的"自我"建构，首先表现为"创造意义的自我"。人的生存和生活，首先是要具备物质基础，这是"全部人类历史的一个前提"①。但为了满足人的物欲需要，单纯地追求财富、地位，并将之确立为自己的最高目标就是错误的。因为人的欲望是永无止境的，单纯追求物欲满足，只会陷入更大的无止境的欲望陷阱。事实上，人的幸福体验并非完全来源于物质财富，良好的精神状态和快乐感可以来源于对物质的超越。冯友兰将人生境界划分为四个层次，即自然境界、功利境界、道德境界和天地境界，人只有超越物质和功利的境界，释放自己的心灵，以惊奇和敬畏的哲学追问方式，思考人生意义和价值，确认良知对人类的重要作用，才能够树立博大而深沉的人生情怀。其次，精神文化层面的"自我"表现为"升华青春自我"。青春是个体由青少年的懵懂状态转变为身体和心智的成熟的阶段。青春阶段人的成长由自然状态向社会状态急剧转变，人的欲望、迷茫、焦灼、欢乐、幸福、激情等共同涌现。同时与青春阶段相伴的还有情爱、婚姻、亲情、友情等社会联系，共同构成了人的青春自我向社会的必然延伸。这些延伸在为青春自我提供更大展现空间的同时，也设置了障碍，例如代沟、失恋、友情破裂等问题，这就需要个体在青春成长过程中积极肩负社会的责任和对未来的承担，以包容、

---

① 中共中央马克思恩格斯列宁斯大林著作编译局. 马克思恩格斯选集：第一卷 [M]. 北京：人民出版社，2012：146.

仁爱、开放、理想和热情的人生态度铸就美好的青春自我。最后，精神文化层面的"自我"表现为"沉思苦难自我"。人的成长成才过程中充满着困难挑战，这也就意味着苦难是人生当中无法避免的。失意、挫折、病痛、打击、逆境等人生苦难，是对人的自我心智的一次次极限挑战。但苦难之于成长并非只有折磨和煎熬，相反，苦难铸就辉煌，从这一角度来看，苦难对人生具有重要意义，即让人有了更多的体验和感悟，使生命更加丰富；为战胜苦难积累了一定的生活经验；在苦难的磨砺中，逐渐获得应对生活变化和挑战的本体性力量。由此，可以说，人的苦难、成就、幸福和人生意义，是在人的生命历程中相互交织、相互关联的。正是如此，学者夏中义就人的自我展现总结道："意义自我叫人超越世俗的拘束而达到精神自由的高度，青春自我叫人守住生命的热情，苦难自我叫人延展情志的深度和广度，如此，人的生命既光彩夺目，又平淡温柔，它才达到了最佳状态的超常发挥。"①

人与国家强调的是个人的"人民主体"意识。在实现精神成人的过程中，不仅需要面对个体自我的种种问题，而且不可避免地需要处理个人与社会、国家之间的相互关系。马克思曾指出："人的本质不是单个人所固有的抽象物，在其现实性上，它是一切社会关系的总和。"② 因此，人的生存生活不能脱离一切社会关系和社会组织而存在，而是必然地生活在各种环境当中。这也就决定了个人与社会、国家之间总是存在着复杂而直接的关联。但从整个人类文明的发展历程来看，个人与社会、国家之间关系的构成原则有着传统与现代、落后与先进之分。在传统封建社会的专制体制下，个人与社会、国家之间往往是绝对服从与被服从的关系，其造就的是"子民""顺民""良民"，而非具有主体性的现代国民。事实上，从近代中国遭受外侮内乱以来，觉醒的先进知识分子就开始通过传统国民性批判，尝试重塑国人的民主科学意识和独立人格。尤其是此后中国共产党在领导中国革命、建设和改革历程，创造性地将马克思主义与中国实际相结合，从而极大地促进了中华民族的精神觉醒和中国人的现代民主科学观念。但由于传统社会所遗留的封建糟粕根深蒂固，在当前文化转型的过程中，传统的思想桎梏仍然存在，这也就决定了我们在中国精神培育过程中既要注重中华优秀传统文化的继承和转化，也要坚决摒弃传统的文化糟粕，实现传统文化的创造性转化和创新性发展。从基于传统与现代的国民意识分析基础上可以看出，当前我们所强调的个人与国家的关系，是现代民主和科学意

---

① 夏中义. 大学人文读本 人与自我 [M]. 桂林：广西师范大学出版社，2002：3.

② 中共中央马克思恩格斯列宁斯大林著作编译局. 马克思恩格斯选集：第一卷 [M]. 北京：人民出版社，2012：135.

义上的国民关系，强调人民在国家政治生活中的主体地位。当前在中国特色社会主义改革发展中，需要在中国精神培育中贯穿"人民主体"意识，即注重社会主义民主政治的宣传教育，促进人民民主专政的国体、人民代表大会制度的政体、中国共产党领导的多党合作与政治协商、民族区域自治、基层民主等社会主义人民当家作主的制度安排和政治理念深入人心，使个体对社会主义条件下的个人与社会、国家的关系有深刻的理解和掌握，从而在现代国民层面上实现精神成人。

人与世界强调的是个体的"世界公民"意识。在21世纪的今天，随着经济全球化和信息网络化的不断发展，全球视野已经成为人的一种具体实在的素质。马克思在一百多年前就预见了"世界公民"的发展趋向，他指出，"每一个单独的个人的解放的程度是与历史完全转变为世界历史的程度一致的……仅仅因为这个缘故，各个单独的个人才能摆脱各种不同的民族局限和地域局限，而同整个世界的生产（也包括精神的生产）发生实际联系，并且可能有力量来利用全球的这种全面生产（人们所创造的一切）"[1]。在全球交往和信息交流普遍、频繁的今天，任何人都无法孤立于世界潮流之外。国际社会的科学发现、技术创新、文艺创造、体育赛事、文娱事件，以及金融风波、生态污染、恐怖事件、疾病传染等都和我们息息相关。因此，在全世界日益成为一个"地球村"的今天，在每个人的身份意识中，也应当具备"世界公民"的意识，能够理性、清醒地认识人类文明的发展，以及作为"世界公民"应当肩负的责任与使命。从中国精神培育的视角来看，中国精神不仅是中国的，也是世界的。中国精神是在中国文化和历史的滋养中生成和发展的，体现了中国人在几千年文明发展中处理人与人、人与社会、人与自然关系的智慧和理念，这同样能够对人类其他文明的发展进步提供思想启迪。同样，中国精神的深化和拓展也离不开吸纳和借鉴其他文明的思想智慧成果。因此在中国精神培育中，需要注重个体精神成人过程中的"世界公民意识"，以和而不同、兼容并蓄的精神文明交流态度，促进文明的交流与传播，提高国民对于个人与世界相互关联的认识与感悟。

精神成人是人在反思和追问"自我—国家—世界"三重关系的过程中不断提升和不断创造的精神成长轨迹，其最终目标是确立高尚的人生境界。在精神成人的最终目标的指引下，个体确立自觉的主体精神、强烈的家国情怀、独

---

① 中共中央马克思恩格斯列宁斯大林著作编译局. 马克思恩格斯全集：第三卷 [M]. 北京：人民出版社，1960：42.

立的人格精神、理性的批判精神是实现精神成人的具体衡量指标，也是实现人的高尚人生境界的桥梁纽带。首先，树立自觉的主体精神。要在认识和改造自然的生产生活实践中，积极发挥自我的主体能力为内部动力，主动适应和改造自然社会，主动认识和完善自我的心理结构和思维观念，在现实实践过程中表现出人的能动性和超越性。正如有学者指出，人之所以为人"就是因为人没有完全顺从大自然对人的安排，……始终对未来怀有憧憬、希望，因而总是在那里寻找自己的'家园'。这种超越现实，追求理想的精神，也是人的本性"①。其次，树立强烈的家国情怀。家国情怀是构成中国文化精神的一个核心要素。在中国人心目当中，家国不可须臾离，家中有国，国中有家。家国是一种价值体系，中国人的文化血脉、生活方式、亲朋交往，以及每个人的奋斗、苦难、幸福、磨砺、希望都是根植于家国这一坚实根基。因此，中国人的家国情怀表征着认同和归属，是在不断地体验、交往和认知过程中生长出来的一种情感，这种情感深沉而执着、强烈而持久。再次，独立的人格精神。独立人格就是人作为一个独立的主体，获得人之所以为人的应有的尊严和自由的精神力量。人的独立的人格精神就是在自我的心性修为方面能够忠于理想、解放思想、胸襟坦荡、身心和谐，不依附于权贵、不委曲求全、不随波逐流。另外，"独立"的心性并不是妄自尊大、不谙世事、拒绝合作，而是一种和而不同、兼容并蓄的精神品质。最后，理性的批判精神。人的理性精神也是一种反思和批判的能力，精神成人的一个重要指标就是是否能够具有一个思想成熟的人所应该具有的理性精神，这种理性精神包含了反思精神和批判精神。人对"对象"的理性思考，能够发现其中的不足，并对之进行反思和批判，能够发掘克服不足、走向完善的新的方法，从而完成一个循环的超越。在这一过程中，人的本能需要受到了理性意识的支配，实现了精神性对生物性的超越。正如卡西尔（Ernst Cassirer）所指出的："人被宣称为应当是不断探究他自身的存在物——一个在他每时每刻都必须查问和审视他的生存状况的存在物。人类生活的真正价值，恰恰就在于这种审视中，存在于这种对人类生活的批判态度中。"②

四、精神信念：个体精神的价值追求

精神信念是一种特殊的人类精神，主宰着人的精神追求和心灵秩序，制约

---

① 贺来. 现实生活世界：乌托邦精神的真实根基 [M]. 长春：吉林教育出版社，1998：221.

② 卡西尔. 人论 [M]. 甘阳，译. 上海：上海译文出版社，1985：8.

着人的价值取向和行为选择，是人的人生观、价值观和世界观的集中体现。如果说人在不断成长和体验的过程中，通过"中国体验"促进了个体的心灵嬗变，在精神生活中实现了人的精神理念的现实展现，并由精神成人实现了人的精神的发展成熟，那么人的精神信念形成阶段，则表征着个体在更为长远的人生意义、价值选择和精神追求等方面具备了成熟的思考和规划。精神信念的形成是个体精神成长的最稳态的阶段，这也是中国精神培育过程中，促进个体对中国精神认知和内化所要最终达到的阶段。只有形成稳态的精神信念，才能够在真正意义上实现人的心灵秩序和精神世界的安定和谐，才能够真正意义上体现中国精神的价值和意义。

精神信念是人类在一定的认知基础上确立的对某种理想或思想坚信不疑，并能够为之身体力行的精神状态。在人的生产和生活实践中，当人们对某种思想或理论深入理解和掌握，并被其科学性和真理性所感染和触动，能够以这一思想理论为指导，在思想观念上将之确立为自己努力奋斗的目标，在行为上付诸实践时，便形成了一定的精神信念。精神信念中包含着认知，如果人们对一定的思想和理想缺乏深入了解而对之产生信任，则是一种听信和盲从，而非信念。同时，仅有认知也不等于信念，信念只有和人的思想和情感紧密联系时，才能够真正成为信念。正如英国哲学家罗素（Russell）指出的，信念"是由一个观念或意象加上一种感到对的情感所构成的"①。在这里，"感到对的情感"是作为主体的人对某一对象的认同和信任，但这种信任并非盲从，而是建立在"观念或意象"基础之上的。同时，精神信念并非单纯的希冀或信赖，而是在内心相信的基础上，进一步能够为某一相信的对象付诸行为和实践，是一种持续身体力行的心理信任状态。由此可以看出，精神信念是一个复合性整体，是人的情感、认知和意志的统一体。从中国精神培育的视角来看，在构成人的精神信念的主客体关系中，中国人是精神信念的主体，中国精神是精神信念的客体，作为接受主体的国人与作为客体的中国精神构成了一对价值关系。由于"'价值'是客体的存在、属性、变化对于主体人的意义"②，在构成精神信念的价值关系中，一方面表现为中国精神对个体人生意义和精神成长的效用和意义，另一方面表现为个体为追求中国精神所蕴含的理想生活和精神境界所倾注的情感与实践。具体而言，个体对中国精神所具有的精神信念表现为四个方面，即对民族共有精神家园的信守、对中国共产党的信任、对中华民族伟大

---

① 罗素. 人类的知识 [M]. 张金言，译. 北京：商务印书馆1983：183.
② 李德顺. 价值论：一种主体性的研究 [M]. 北京：中国人民大学出版社，2013：6.

复兴的信心、对共产主义的信仰。

首先，对民族精神家园的信守。一般意义上讲，"家园"包含着三层含义：一是物理意义上的"家园"，是指个人日常生活的住宅；二是社会组织意义上的"家园"，是由两个以上的基于亲缘关系的人组成的共同体，即"家庭"或者"家族"；三是精神文化意义上的"家园"，我们将这种"家园"称为"精神家园"。精神家园是人们在心理上信赖、追求和认同的寄托和归宿，是由人的理想、信念、信仰等构成的精神系统。精神家园不仅每个个人需要，而且由个人组成的社会共同体也需要。在中华民族几千年的发展历程中，多民族大杂居、小聚居，民族文化汇合交融，形成了一种富有凝聚力和包容性的"家园"共同体，它就是"中华民族共有家园"。民族家园作为中华民族生产和生活的共同体，不仅表现为一个种族实体，更是一个政治实体、文化实体和精神实体。其中，最为深层和稳态的就是精神实体，即"中华民族共有精神家园"。精神家园是中华民族的地域、环境、文化意识、历史和语言等的思想沉淀和精神凝聚，是中国人生命智慧凝结而成的生命精神和人生价值的精神体系，也是中华民族生命有机体的精神展现。可以说，无论是中华民族还是中国人，其都需要共同的民族精神家园，这是民族和个体生命的精神寄托和情感皈依。

每一位中华民族的成员，其与中华民族整体之间有着紧密的生命关联，千百年来共同信守和捍卫着中华民族共有精神家园。马克思曾指出："个体是社会存在物。因此，他的生命表现，即使不采取共同的、同他人一起完成的生命表现这种直接形式，也是社会生活的表现和确证。"[1] 马克思在这里将个体看作个体生命，将社会总体看作类生命，民族共有精神家园就是民族的类生命与个体生命之间的相互交织。"一个民族的精神是个人生命的抽象，一个民族的意志是个体生命在行动中的集中体现。"[2] 民族精神家园映照在个体的生命历程中，就展现了个体应有的生命状态和精神理想。个人只有将自己对民族精神的理解和追求化作生命的骨肉溶于血液之中，我们的民族才能够展现出应有的精神活力，才能够凝练出民族的灵魂。千百年来，正是无数中华儿女对民族精神生活和生命精神的信守与捍卫，才使得中华文明百折不挠、源远流长。同时，在这一过程中也塑造出了中国人特有的"家园"意识和情感。在中国人的生产生活中，"家生活""家情感""家文化""家观念""家国一体""保家卫

---

[1] 中共中央马克思恩格斯列宁斯大林著作编译局. 马克思恩格斯文集：第一卷 [M]. 北京：人民出版社，2009：188.

[2] 欧阳康. 民族精神：精神家园的内核 [M]. 哈尔滨：黑龙江教育出版社，2010：103.

国"等情志，是中华文明根本性的、连贯性的、生命性的生活观念，这也正是中国俗语中的"落叶归根""寻根"的生命意蕴所在。总体而言，在民族共有的精神家园中，中国人拥有了丰盈的生命精神，并不断追求更高层次的生命境界和生活状态，由此实现了个人对民族共有精神家园的建构与信守。

其次，对中国共产党的信任。所谓信任，英国哲学家吉登斯（Giddens）给出了答案，信任就是"对一个人或一个系统之可以依赖性所持有的信心，在一系列给定的后果或事件中，这种信心表达了对诚实或他人的爱的信念，或者，对抽象原则（技术性知识）之正确性的信念"①。中国共产党作为一个系统或组织，个人对其所持有的信任是"可依赖之信心"和"正确性之信念"。科学考察个人对中国共产党的信任关系，包含着两重含义：从作为执政党的中国共产党视角来看，表现为中国共产党所具有的公信力，是中国共产党赢得民众满意、认可和信任的一种能力；从民众的视角来看，表现为民众对中国共产党执政能力的一种主观评价，表现为民众对中国共产党的认可程度、满意程度和信赖程度。有学者从政党公信力的视角，分别对执政党公信力的影响因素和基本状况进行了研究，从而揭示了政治信任的内在机理（见图1.1）②。这也为考察民众对中国共产党的信任提供了基本的研究视角。

图 1.1　执政党公信力的影响因素和基本状况

民众对中国共产党的信任是建立在深厚的历史和现实基础之上的。革命战争时期，人民群众之所以能够与中国共产党同甘共苦，是因为中国共产党是一个拥有坚定信仰的政党，能够始终站在人民立场上的政党。信任是建立在共同利益基础之上的，人民群众之所以对中国共产党信任，就是因为中国共产党始终能够以"实现劳苦大众翻身当家作主人"为利益追求，从而赢得了人民的信任和支持。在现实生活中，中国共产党的公信力又是生动鲜活的。中国共产党的公信力来源于每个党员干部的具体行动，来源于党员干部站在人民群众的

①　安东尼·吉登斯. 现代性的后果 [M]. 田禾，译. 南京：译林出版社，2011：30.
②　吴家庆. 中国共产党公信力建设研究 [M]. 北京：人民出版社，2013：101.

切实需要的立场上为人民谋利益。人民大众正是通过每一个党员干部的思想和实践来评价这个政党的，进而决定对其的态度。在新中国的发展历程中，正是以雷锋、焦裕禄、王进喜、郭明义等为代表的广大党员干部在自己的岗位上以实际行动践行着为人民服务的理念，才真正使人民群众信任和支持中国共产党。总体而言，正是中国共产党始终坚持马克思主义指导思想，坚持将改善民生作为执政的根本目的，坚持将解放生产力、发展生产力作为执政的根本任务，坚持将改善党群关系作为执政的坚实基础，坚持科学执政、民主执政、依法执政的执政方式，才能够获得人民群众对中国共产党的信任。这从个人角度来看，政治信任的获得是个体政治社会化的一个重要方面，这为具体时代条件下个人与政治社会的有效互动奠定了坚实的基础。由此，政治信任和政治信仰成为个人理想信念的一个重要组成部分。

再次，对中华民族伟大复兴的信心。2012 年，习近平总书记在参观《复兴之路》时指出："中华民族伟大复兴，就是中华民族近代以来最伟大的梦想。这个梦想，凝聚了几代中国人的夙愿，体现了中华民族和中国人民的整体利益，是每一个中华儿女的共同期盼。"① 中华民族的伟大复兴的梦想映衬着中华民族的"昨天"，展示了中华民族的"今天"，更宣示了中华民族的"明天"。近代以来，中华民族在外侮内乱的困境之下，遭受了极大的苦难，做出了极大的牺牲，但是中国人民并未因此而屈服，而是为了争取民族独立解放和国家的繁荣富强，前赴后继、奋起抗争，最终掌握了自己的命运，开启了社会主义建设的伟大进程，这充分体现了以爱国主义为核心的民族精神。中华民族的"今天"，就是在改革开放历程中，总结历史经验，艰辛探索，勇于创新，实现了"我国经济实力、综合国力大大增强，人民生活显著改善，实现从温饱不足到总体小康再向全面小康迈进的跨越。国际地位和国际影响力空前提升"②。中华民族的"明天"就是经过中华民族和中国人民的不懈奋斗，中华民族伟大复兴展现出光明前景，正如习近平总书记指出："今天，我们比历史上任何时期都更接近、更有信心和能力实现中华民族伟大复兴的目标。"③

实现中华民族伟大复兴，既是整个中华民族的百年夙愿，也是每一位中国人的信念。这种对民族伟大复兴的信念并不是无本之木、无源之水，而是建立

---

① 习近平. 习近平谈治国理政 [M]. 北京：外文出版社，2014：36.
② 中共中央宣传部. 习近平总书记系列重要讲话读本 [M]. 北京：学习出版社，2016：6-7.
③ 习近平. 高举中国特色社会主义伟大旗帜 为全面建设社会主义现代化国家而团结奋斗：在中国共产党第二十次全国代表大会上的报告 [M]. 北京：人民出版社，2022：27-28.

在对中国特色社会主义的道路自信、理论自信、制度自信和文化自信①的基础上。道路自信就是能够始终坚持"一个中心，两个基本点"的社会主义初级阶段党的基本路线，坚持发展生产力的社会主义根本任务，坚持"五位一体"的社会主义建设格局，从而坚定中国特色社会主义发展道路"是实现我国社会主义现代化的必由之路，是创造人民美好生活的必由之路"②的信念。理论自信就是在认真学习领会马克思列宁主义、毛泽东思想、邓小平理论、"三个代表"重要思想、科学发展观和习近平新时代中国特色社会主义思想的基础上，理解中国特色社会主义理论的科学性、真理性和正确性，从而坚定中国特色社会主义理论揭示社会主义发展规律、人类发展规律和中国现实发展规律的信念，坚定社会主义理论对实现民族伟大复兴、创造美好生活的信念。制度自信就是能够理解和认同中国特色社会主义的根本政治制度、协商制度、民族区域自治制度和基层民主制度，以及中国特色社会主义的政治、经济、文化、社会和生态制度，从而坚定对社会主义制度优越性的信念，坚定社会主义制度对促进经济社会发展和保障人民生活安定和谐的信念。文化自信"是更基础、更广泛、更深厚的自信……积淀着中华民族最深层的精神追求，代表着中华民族独特的精神标识"③，坚定文化自信的信念，就是要激发中国人民的历史和文化自豪感，坚定对中国共产党领导中华民族实现文化强国和民族伟大复兴的信念。总体而言，只有在坚定中国特色社会主义的道路自信、理论自信、制度自信和文化自信的基础上，才能够树立广大人民对中华民族伟大复兴的信念，才能够在当前全面深化社会主义改革发展的过程中实现全民族的凝心聚力、精诚协作。

最后，对共产主义的信仰。信仰是人生的一种需要。其表现为人对一种主张、宗教、主义或者是对某人、某物的信奉与尊崇。信仰之于人，并非一种可有可无的或者是细小的需要，而是一种根本性的需要，信仰直接关系到人的存在的根基，关系到人生的意义。在人的生命历程中，信仰虽不像一些基本生活需要那样时时刻刻被人们所感知，但却是人的现实存在不可或缺的、更为深层

---

① 2012年，党的十八大报告中首次提出中国特色社会主义"三个自信"，即"道路自信、理论自信、制度自信"；2016年，在庆祝中国共产党成立95周年大会讲话中，习近平总书记首次在"三个自信"的基础上增加了"文化自信"，由此以"道路自信、理论自信、制度自信、文化自信"为内容的"四个自信"有机统一体，形成了系统完整的中国特色社会主义信念体系。

② 习近平. 紧紧围绕坚持和发展中国特色社会主义 学习宣传贯彻党的十八大精神：在十八届中共中央政治局第一次集体学习时的讲话 [M]. 北京：人民出版社，2012：4.

③ 习近平. 在庆祝中国共产党成立95周年大会上的讲话 [N]. 人民日报，2016-07-02（002）.

次的精神需要。共产主义信仰作为信仰的一种具体形态，其表征着人对崇高精神境界和理想信念的追求。"共产主义信仰是一种现世的信仰，主张在世俗的社会生活中追求生活的意义和幸福。"①

共产主义信仰首先表现为人类解放的情怀，即共产主义所追求的并非"个人解脱"，而是"人类解放"；其主张的不是精神解脱和信仰疗法，而是实际行动改变人的生存状态，提升人的生存境界；共产主义之于人的解放并非依靠某种神秘力量或者神灵，而是依靠人的现实力量，依靠组织起来的人的力量。其次，共产主义信仰表征着一种人生进取的境界。共产主义主要指社会理想，但同时也关涉人生理想和人生追求。从人的理想追求来看，共产主义信仰不只是一种政治信仰，也是一个完整的价值观，是一个全面的信仰体系。与宗教信仰不同，共产主义信仰之于人的理想追求，并不是脱胎换骨或者成仙得道，而是人对于自身更加完善、完美的追求，即人的自由全面发展。再次，共产主义信仰表征着道德奉献的情操。唯物主义并非追求物质享乐，恩格斯曾指出："庸人把唯物主义理解为贪吃、酗酒、娱目、肉欲、虚荣、爱财、吝啬、贪婪、谋利、投机，简言之，即他本人暗中迷恋着的一切龌龊行为。"② 事实上，唯物主义是一种本体论的观点，是对世界本源的认识，认为世界是物质的和客观的，精神现象来源于物质实践。同时，共产主义信仰不仅体现在轰轰烈烈的社会革命运动中，而且也体现在个人道德修为和人际交往的社会日常生活中，尤其是在社会主义和平稳定的建设时期，就更加需要有理想、有道德、有文化、有纪律的社会主义新人。因此，共产主义信仰在现实生活中最基本的要求就是道德精神。最后，共产主义信仰具有社会历史视野。在不同的人的信仰体系中，有的关涉"自然世界"，有的关涉"精神世界"，有的关涉"神秘世界"，也有的关涉"人生世界"，而马克思主义信仰所关注的是"社会历史的世界"。社会历史观是马克思主义世界观和历史观的核心内容，同时，社会历史观也是马克思主义人生观所探求和确证人生意义和人生价值的核心领域。马克思主义将社会进步与人生理想有机结合，并不主张克服现实的弊端，追求更好的生存和生活境界。因此，共产主义信仰并不是虚无缥缈的空中楼阁，而是深深地根植于社会历史当中，个体只有融入社会发展进步的事业，才能够体验人生的价值和意义。

---

① 刘建军. 论共产主义信仰的崇高境界 [J]. 思想理论教育导刊，2013，171 (3)：50-54.
② 中共中央马克思恩格斯列宁斯大林著作编译局. 马克思恩格斯选集：第四卷 [M]. 北京：人民出版社，2012：239.

第二章　中国精神培育的历史经验

恩格斯指出"世界不是既成事物的集合体，而是过程的集合体"①，同样，培育和弘扬中国精神，作为传承、转化和发展中国精神的重要途径，是与中国精神同在的命题，有着深厚的历史和文化传统。在当前时代条件下探讨中国精神培育问题并不能将之看成"既成事物的集合体"，而是要将其看成传统中国传承和弘扬中国精神的"过程集合体"。即从动态和发展的视角将培育中国精神理解为"活的传统"。一般而言，历史中的培育既是"传统培育"，也是"培育传统"。"传统培育"是一种具体的客观实在，是作为历史陈迹的静态凝固体，其属于过去；而"培育传统"是一种"活的传统"，将"传统看作是饱含生命智慧的文化精神，从历史中获得了相对独立的形态，并超越了历史的羁绊，积极参与到现实当中，在现实中获得生命力"②。可以说，"培育传统"既属于过去，更属于现在和未来。因此，从这重意义上来看，对传统中国精神培育的考察，需要从"培育传统"的视角出发，即着眼于现实中国，与传统中国精神培育的历史史实相衔接，以开放、动态和联系的思维方式，探求隐藏在具体历史现象之后的独特精神和永恒智慧，高度自觉地审思和探究培育中国精神的历史经验。

第一节　家国同构：古代的中国精神培育

家国同构是古代中国社会的重要特征。学者金耀基曾就传统中国"家"

---

① 中共中央马克思恩格斯列宁斯大林著作编译局. 马克思恩格斯选集：第四卷［M］. 北京：人民出版社，2012：250.

② 丁钢. 历史与现实之间中国教育传统的理论探索［M］. 桂林：广西师范大学出版社，2009：7.

的角色与功能指出："整个社会价值系统都是由家的'育化'与'社化'作用以传递给个人……在传统中国，家不仅是一生殖的单元，并且还是一社会的、经济的、教育的、政治的，乃至宗教、娱乐的单元。中国的家是高度特殊性的与'功能普化的'。"① 古代中国精神的培育不仅限于家庭范围，从更广意义来看，整个社会构成了一个大的培育系统，其中包括了学校教育、选士制度、教育思想、帝王训谕、循吏德政、乡规民约等。整个培育系统体现出大一统的培育主线，道统与政统相结合的培育机制，吏、士、长相结合的培育格局，心性修为的教化理念等特点。

一、大一统的培育主线

在古代中国精神培育中，大一统既是培育的主脉，也是儒家文化的核心思想。大一统"追求的是确立政治上的一尊、思想上的一道、道德上的同风、疆域上一统的永恒理念"②，其构成了中国社会文化的深层结构，反映了中国传统政治哲学的核心指向。大一统之于中国传统社会，首先表现为一个系统完整的政治体系，在中国传统的政治治理逻辑中，大一统是首要的和处于最高层级的，一定意义上具有超民族性；其次，大一统是一套思想体系，这套思想体系是以儒家文化为主体，以君权为核心，逐渐形成的价值的和伦理的文化秩序，最初系统构建这套体系的就是以董仲舒为代表的汉代儒学；最后，大一统也是一种尊重差异的文化体制，中国古代文明以华夏文明为主体，即是以汉民族文化为主体的文明结构，但同时中华民族也是一个多民族国家，这也就决定了中华文化的族别性差异很大，在长期多民族文化交流交融过程中，就必然形成一种尊重差异的文化体制，这也表征着中国古代的大一统文化体制具有"华夷一体""共为中华"的思想特点。

大一统的理念和制度中包含着对"统一性"的追求，这在文化认同方面必然创造出"有教无类"的教化方式。孔子最早提出的"有教无类"③ 是基于学识方面的教育理念，后来逐渐演化为一种治国方略，属于意识形态教育和思想统治范畴。"有教无类"的教化方式是将"教"与"类"分出层次，其在承认文化多样性的同时，灵活运用大一统的文化来培育和教化出共同价值。这种通过文化引导和思想教化的方式减少文化差异、培育社会共识，对形成中国

---

① 金耀基. 从传统到现代 [M]. 北京：中国人民大学出版社，1999：24.
② 张世欣. 中国古代思想道德教育史 [M]. 杭州：浙江大学出版社，2010：329.
③ 杨伯峻. 论语译注 [M]. 北京：中华书局，1980：170.

传统社会"超稳定结构"① 起到了关键作用。可以说，大一统塑造出了中国传统社会的政治认同和文化归属，从个体的视角来看，大一统的理念和制度在人们头脑中折射出来的一个印象就是中华文明博大精深的文化传统和广阔无垠的疆域，以及由此而心生的自豪之情，这成为凝聚社会共识、弘扬爱国主义的最直观的心理源动。同时，在国家和社会层面上，大一统也塑造出中国人对于政治稳定和社会和谐大于其他因素的强烈的认同心理，尤其是近代以来中华民族在抵御西方列强入侵时，大一统成为中国近代民族主义最可依赖的政治文化源泉。

中国古代社会的大一统教化凸显了传统的"天下观"，塑造的是以天下为整体，以天下为己任，乐以天下，忧以天下的开阔教育胸襟和培育空间。大一统的教化理念追求"黔首改化，远迩同度"，培育范围包括四极、八荒，培育对象涉及东夷、南蛮、西戎、北狄，要泽及天下，流德四方，实现四海归心、六合同风。同时，古代大一统的教化理念也凸显了培育的整体性和整合性。"人有恒言，皆曰天下国家。天下之本在国，国之本在家，家之本在身"（《孟子·离娄上》），可以看出，天下、国、社会、家、个人形成一个整体，政治、道德、思想、文化的培育融为一体，形成了一个思想开阔、精神刚健，具有高度整合力和包容力的文化培育体系。中国古代大一统教化的整合力与包容力并非一蹴而就的，而是伴随着整个中华文明的漫长历程逐渐萌芽、形成和发展的，最终成为中国人思想行为中根深蒂固的部分，同时也形成了中华文化多元一体、共为中华的国家观念。在这一过程中，一以贯之的大一统教育发挥着极其重要的作用。

中国古代大一统教化的思想萌芽于先秦时期。早在上古时期，黄帝战胜炎帝、蚩尤，结束了蒙昧野蛮的时代，庄子言："黄帝之治天下，使民心一。"（《庄子·天运》）在《韩诗外传》中也指出"黄帝继位，施惠承天，一道修德，惟仁是行，宇内和平"。可以看出，黄帝通过"一道""修德""行仁"等一系列大一统教化的方式，实现了"宇内和平""天下大治"的目标。尧舜禹时期，尧帝"克明俊德，以亲九族。九族既睦，平章百姓。百姓昭明，协和万

---

① 中国传统社会的"超稳定结构"是在由金观涛和刘青峰合著的《兴盛与危机论中国社会超稳定结构》中提出的。中国传统社会能够形成超稳定结构，不仅源于环境因素、价值观念、生产生活方式等因素，而且大一统的理念和制度也发挥了重要作用。中国传统社会的大一统并非纯粹的单一化，而是承认文化的多样性和民族的多样性，这种多样性只要有利于国家统一，就会得到承认。大一统在营造较为宽松的社会环境的同时，也能够有效地降低国家管理和交易的成本，有利于维护国家的稳定。

邦"（《尚书·尧典》）；《礼记·大学》中也有记载"尧舜帅天下以仁，而民从之"。夏商周时期，随着统一王朝的建立，统"天下"于一尊成为这一时期大一统教育的主题。《诗经·小雅·谷风之什·北山》有云："溥天之下，莫非王土；率土之滨，莫非王臣。"这一时期的教育也是"官守学业，皆处丁一，而天下以同文为治"①。及至西周时期，由夏商延续下来的天命观的大一统教育受到了质疑，代之而来的是"尊礼尚施""近人而忠""吉凶由人""天道远、人道近"的"人道"观念，完成了由神权政治教化向人权政治教化的转变。王国维对此评价道"中国政治与文化之变革，莫剧于殷周之际"。春秋战国时期，王室衰微、礼崩乐坏，在政治上是大分裂时期，但这一时期诸子百家争鸣和思想启蒙，使得大一统思想及其教化得到了进一步发展。孔子在《论语》中提到大一统的政治理想，即"大卜有道，则礼乐征伐自天子出"②。在主张"华夷之辨"的同时，认为"远人不服，则修文德以来之，既来之，则安之"，可以看出，儒家以礼乐为标准，在夏夷关系上是要统一于以礼乐文明为核心的周礼。孟子主张通过"仁政"求得天下的安定统一，认为为政的基本原则就是"以德服人"，"以德服人者，中心悦而诚服也"③。孟子认为实现大一统需要通过"善教"，即"以善养人"，需要以"乐以天下，忧以天下"的同情心来爱民，只有这样才能"以德行仁者王"。

在 2 000 多年的封建时期，大一统思想及其教育形成和发展。秦汉时期，随着统一多民族国家的建立，大一统思想逐渐确立和完善，成为中华民族精神的重要组成部分。秦统一六国后，实行书同文、车同轨、行同伦，强化了对全国政治经济文化社会等各个方面的控制，使一统由理想变为现实。西汉时期，为了进一步强化思想和法度的统一，董仲舒正式提出大一统的理念，"《春秋》大一统者，天地之常经，古今之通谊也"④。东汉何休进一步解释道："统者，始也。总系之辞。夫王者，受命改制，布政施教于天下，自公侯至于庶人，自山川至于草木昆虫，莫不一一系于正月，故云政教之始。"⑤ 同时，汉代在教育中也十分重视大一统，例如在汉代著名启蒙教材《急就篇》中有云："汉地广大，无不容盛。万方来朝，臣妾使令。边境无事，中国安宁。百姓承德，阴阳和平。风雨时节，莫不滋荣。灾荒不起，五谷孰成。"这些通俗易懂的儿童

① 章学诚. 校雠通义（四部备要本一卷）[M]. 北京：中华书局，1925：3.
② 杨伯峻. 论语译注 [M]. 北京：中华书局，1980：174.
③ 杨伯峻. 孟子译注 [M]. 北京：中华书局，1960：74.
④ 班固. 汉书（卷五十六）[M]. 北京：中华书局，1962：2523.
⑤ 佚名. 春秋左传正义（卷二）[M]. 北京：中华书局，1980：77.

启蒙诗歌中蕴含着丰富的大一统理念。魏晋南北朝时期，虽是中国历史上的大分裂、大动乱时期，但也是民族大迁徙、大融合时期，这客观上促成了中华民族的交流联系和民族融合。隋唐宋辽金时期，在多民族格局下，大一统思想及其教育进一步发展。例如隋文帝实行民族怀柔政策，指出"溥天下之下，皆曰朕臣，虽复荒遐，未识风教，朕之抚育，俱以仁孝为本。……望使一切生人皆以仁义相同"（《隋书》卷83，《吐谷浑传》）。唐太宗也将"抚九夷以仁"作为"君之体"（《帝范》卷1，《君体》）。宋时期，欧阳修在名篇《正统论》中指出："曰'王者大一统'。正者，所以正天下之不正也；统者，所以合天下之不一也。"王安石在《慈溪县学记》中也明确指出了大一统教化的重要性，他认为"天下不可一日无政教，故学不可一日而亡于天下也"。在《上仁宗皇帝言事书》中，他进一步指出"学士所观而习者……其材亦可以为天下国家之用，苟不可以为天下国家之用，则不教也"。在元明清时期，随着大一统思想的发展，中华文明的整体观念进一步升华。元时期统一的大帝国的形成，突破了民族间的政治界限，促进了民族文化的交流融合，进一步强化了大一统的理念与实践。在明时期，朱元璋也明确宣称"朕既为天下主，华夷无间，姓氏虽异，抚字如一"（《明太祖实录》卷53）。及至清时期，为了树立大一统的政统王朝形象，清王室大力提倡尊孔崇儒，清康熙帝颁行"圣谕十六条"，明确规定"黜异端以崇正学"，雍正又在"十六条"基础上补充发挥，形成"圣谕广训"，弘扬理学的伦常观和社会政治学说。总体而言，正是大一统的理念和实践所塑造的中华民族强大的民族凝聚力，使中华民族在几千年历史中虽经历朝代兴亡和分裂格局，但总体发展趋势却呈现出越来越巩固统一、民族间越来越团结紧密的特点。可以说，大一统塑造出了中华民族百折不挠、刚健有为、恢弘包容的民族精神。

二、道统与政统相结合的培育机制

中国精神既是一个属于意识形态范畴的命题，也是一个属于学术思想范畴的命题。在意识形态范畴，中国精神及其培育侧重于从现实实践的层面构建良好社会精神风尚，凝聚国家精神力量；在学术思想范畴，中国精神及其培育偏重于在思想文化层面传承文化精神，探究民族生生不息的本体精神。处于意识形态范畴的中国精神和学术思想范畴的中国精神殊途同归，其共同在几千年的中华文明历程中培育和弘扬着中华文化精神，维系着中华民族的稳定团结。在古代，不同范畴的中国精神又衍生出不同的教化机制。意识形态领域的中国精神表现为政统的教化方式，学术思想领域的中国精神则表现为道统的教化方式。古代教化将道统与政统有机结合，有效地构建了中国精神培育的运行机制。

所谓道统，韩愈解释道："博爱之谓仁，行而宜之之谓义，由是而之焉之谓道，足乎己而无待于外之谓德。……'斯道也，何道也?'曰：'斯吾所谓道也，非向所谓老与佛之道也。尧以是传之舜，舜以是传之禹，禹以是传之汤，汤以是传之文、武、周公，文、武、周公传之孔子，孔子传之孟轲，轲之死，不得其传焉'。"① 虽然韩愈的观点并没有完全涵盖整个儒家的道统谱系，但阐发了自尧舜禹以来的儒家传道的基本源流，揭示了发轫于先秦并为历代儒学者所秉承的"统"（或曰"教统"）的文化脉络。此后，朱熹又将尧舜禹时期所传的儒学道统具体化为"十六字心传"，即"人心惟危，道心惟微；惟精惟一，允执厥中"（《尚书·大禹谟》）。总体而言，道统就是自先秦以来，由孔孟一脉相传，所开创的中国文化所特有的"道之统绪"，并逐渐成为中华民族以心性修养为核心的价值系统。其具体包括了中华文明博大精深的本体哲学、民胞物与的仁爱情操、天人合一的心性修为、礼乐教化的社会伦常、天下为公的家国情怀等，由此凝聚出了系统完整的"道"的体系和传统。因此，道统之于古代中国精神培育，就是通过"道"的体认和传承，实现个人对中国精神的认知和内省。

与道统相对应，政统之于中国精神培育，则属于意识形态的范畴。其中的"政"，主要是指政治、政事。古语有云"其政不获"（《诗·大雅·皇矣》），"荆国之为政"（《吕氏春秋·察今》）。古代的政统尤其强调"正"，孔子在《论语·颜渊》中指出"政者，正也。子帅以正，孰敢不正"②。从"正"的视角来看，古代的政统是"政"与"道"的合一，在儒家典籍中，尧、舜、禹、汤、文、武、周公等先贤都是政道合一的理想化身。政统表现为圣王的"王政"或者"王道"，《尚书·洪范》对其阐述道："无偏无陂，尊王之义；无有作好，遵王之路；无有作恶，尊王之路；无偏无党，王道荡荡；无党无偏，王道平平；无反无侧，王道正直。"其中揭示了古代道统的三重境界，即"王道荡荡"指出统治者必须优荣宽大；"王道平平"指出统治者必须无偏、无党、无私、无陂；"王道正直"指出统治者必须以身作则，维护公平正义。同时，政统强调为政以德、政德合一。孔子在《论语·为政》中就明确指出："为政以德，譬如北辰，居其所而众星共之。"③ 古代政统中所强调"正"的理

① 韩愈. 韩愈全集·原道 [M]. 上海：上海古籍出版社，1997：120.
② 杨伯峻. 论语译注 [M]. 北京：中华书局，1980：129.
③ 杨伯峻. 论语译注 [M]. 北京：中华书局，1980：11.

念和"正"的方略，表征着政统所包含的法天、安民、无为、修身、无私等精神理念，其构成了中华民族精神的重要内容。

道统和政统殊途同归，从二者之间的区别和联系中可以探究古代中国精神培育的基本方式和价值指向。在中国传统儒学中，道统主要关涉知识、真理和价值系统，政统则主要关涉权力、秩序和制度系统。道统侧重于"内圣"之学，政统侧重于"外王"之学①。这也就说明了道统的核心就是追求至高的道德标准和精神力量，而政统则表征着世俗的政治王权，其核心是对王道和善治的追求。道统主张精神和道德的"自律"，而政统主要是依靠政治统治的"他律"。由此，在发展途径上，道统是通过"内在超越"实现理想目标，而政统则是通过"外在规范"实现统治目标。从二者之间的关联来看，道统和政统之间的"差异互补"共同构成了完整的古代中国精神培育路向。中国传统的文化精神中十分注重"内圣"而"外王"的心性修为，因此，道统在价值层面就是政统的理想目标和价值参照。道统作为现实的治国安民的具体实践，则是道统的秩序规范和外在实现。从中国的历史实践来看，道统在很大程度上是政统的构建者、解释者、维护者、批判校正者以及精神力量的来源。正是道统与政统之间的"差异互补"，使道统能够在理想和价值的层面上，倡导心性修为、人格修养、崇德尚礼、政治清明、文化中和，其倡导的中国精神培育核心就是社会文明；也使得政统能够在权力意志和世俗权威的层面上，促动民心安定、社会和谐、四海归心、天下归一，其主导的中国精神培育核心就是政治有序。由此可以看出，在中国精神培育方面，道统和政统虽有不同侧重，但都以天下有道、四海归一为己任，这是二者同向的和互为支撑的，正如康熙所言"万世道统所传即万世政统所系"。

道统与政统在不同历史时期的"互补"，形成了一以贯之的中国精神教化传统。在春秋以前，道统和政统是合一的，即所谓"政教合一""学在官府"。中华文明早期的尧、舜、禹、汤、文、武、周公等既是掌握王权的统治者，也是示范和践行礼仪的圣人，是"圣王一体"。在夏商周时期"学在官府"，学者黄绍箕指出："古代惟官有学，而民无学。……学术既为官有，故教育亦非官莫属。"② 这一时期的"政教合一"和"学在官府"形成了道统与政统一体化的初始形态，中国精神也在这种一体化的教化形态中得以传承。春秋之后，礼崩乐坏，诸子百家争鸣，随之道统与政统逐渐分离，其最直接的表现就是上

---

① 牟宗三. 道德的理想主义 [M]. 台北：学生书局，1985：6.

② 黄绍箕. 中国教育史 [M]. 上海：华东师范大学出版社，2010：14-15.

古时期的"圣王合一"不再，"圣"与"王"、道德理想和现实政治、真理和权力一分为二。在这一背景下，儒家开始探讨"内圣外王"的道统与政统融合之道。例如在《论语·宪问》中孔子提出"修己以敬""修己以安人""修己以安百姓"，其中"修己"为内圣之道，"安人""安百姓"为外王之道，体现了道德修为与社会政治的直接统一。荀子也指出："圣也者，尽伦者也；王也者，尽制者也；两尽者，足以为天下极矣，故学者以圣王为师。"（《荀子·解蔽》）荀子认为"圣"是人伦道德的承担者，"王"是政治统治的践行者，只有将"圣"与"王"结合，才是儒家的理想人格。此外，《大学》中的"三纲八目"也体现了古代融合道统与政统的教化思想①。

　　此后，汉代董仲舒提出著名的"天人感应"论，认为实施政统的君主必须"法天"行"德政"，"为人君者，其法取象于天"（《春秋繁露·天地之行》），并提出"有道伐无道"变革史观，即"夏无道而殷伐之，殷无道而周伐之，周无道而秦伐之，秦无道而汉伐之。有道伐无道，此天理也。所从来久矣，宁能至汤、武而然耶"（《春秋繁露·尧舜不擅移汤武不专杀》）。可以看出，"道"是历史发展的最高原则，检验政统的标准就是是否符合"道"。唐时期，韩愈、柳宗元等人通过"求圣人之志""明先王之道"，力图重建儒学道统。韩愈在《原道》中指出："博爱之谓仁，行而宜之之谓义，由是而之焉谓之道，足乎已待外之谓德。仁与义为定名，道与德为虚位。"柳宗元认为儒者应当"谨守而中兮，与时偕行，万类芸芸兮，率由以宁……配大中以偶兮，谅天命谓何"。在韩愈、柳宗元等人看来，道统虽由上古圣王开创，但由孔、孟、荀等人传承发扬，道统并不限于君王，也集中体现在儒者身上，强调"道之所存，师之所存也"，这改变了帝王道统的传统观念，"师儒"成为社会教化的重要途径。宋明理学时期进一步强化了"道"或"理"对一切自然和社会存在的最高原则性。学者认为"天下唯道理最大，故有以万乘之尊而屈于匹夫之一言，以四海之富而不得以私于其亲与故者"（《中兴两朝圣政》卷47）。明末时期吕坤提出"以理抗势""法高于势""势之尊，惟理能屈之"的观点，认为在代表政治权利的"势"和代表理性原则和天下公意的"理"之间，应当以"理"为最高原则。总体而言，在古代教化中，道统和政统之间的"差异互补"，既在文化和哲学的层面上阐发了中国智慧的精髓和中华民族

---

　　① 《大学》中的"三纲"是"明明德、亲民、止于至善"；"八目"是"格物、致知、诚意、正心、修身、齐家、治国、平天下"。其中"明明德"对应"格物、致知、诚意、正心"，通过"知、止、定、静、安、虑、得"，实现"修身"和"内圣"；"亲民"对应"齐家、治国、平天下"，是"外王"的途径；"止于至善"是总体目标，"明明德于天下"是最终的价值理想。

的精神特质，也在政治和现实的层面上彰显了中国精神凝聚人心和社会治理的功能。道统与政统的结合，有效地培育和传承了中国精神。

三、吏、士、长相结合的培育格局

古代中国精神培育可以说是全员教化，"自天子以至于庶人，壹是皆以修身为本"（《礼记·大学》），在这一教育潮流中，官吏、士人和族长三支培育力量发挥了极其重要的作用。官吏的教化活跃在政治生活领域，士人的教化活跃在教育文化领域，族长的教化活跃在社会生活领域。其中，官吏是古代中国精神培育的主导性力量，士人是中坚性力量，族长家长是基础性力量。虽然不同的培育力量具有不同的培育任务、培育对象和培育方法，但其在培育的价值和理念层面上是一致的，即共同致力于个人的成长成才和国家社会的稳定和谐。可以说，吏、士、长三支培育力量层次分明、各有分工、相互衔接，形成了系统完整的古代中国精神培育格局。

首先，官吏教化是古代中国精神培育的主导性力量。西周时期"学在官府"，官吏教化表现为"学术官守、官守学业""官师合一""政教合一"等特点。清代学者章学诚指出："有官斯有法，故法具于官。有法斯有书，故官守其书。有书斯有学，故师传其学。有学斯有业，故弟子习其业。官守学业，皆出于一。"① 晚清学者黄绍箕在其著作《中国教育史》中也指出："古代惟官有学，而民无学。其原一则惟官有书，而民无书也。典、谟、训、诰、礼制、乐章，皆朝廷之制作……一则官有其器，而民无其器也。……在官者以肄习而愈精，在野者以简略而愈昧，此学术之所以多在官也。"② 这一时期的培育过程和内容主要是"八岁入小学，学六甲、五方、书计之事，始知室家长幼之节。十五入大学，学先圣礼乐而之朝廷君臣之义"（《汉书·食货志》）。春秋战国时期，儒家荀子主张"贤吏导民"，提出"顺周里，定廛宅，养六畜，闲树艺，劝教化，趋孝弟，以时顺修，使百姓顺命，安乐处乡，乡师之事也"，"本政教，正法则……冢宰之事也"，"论礼乐，正身行，广教化，美风俗……辟公之事也"③。在这里，"乡师""冢宰""辟公"均为地方官吏，荀子将礼乐教化均列入地方官吏政事之中。

秦时期，秦始皇统一六国后，推行了极端的"以法为教""以吏为师"的政策。这一方面强化了官学教化的一统性，加强了中央集权；但另一方面也禁

---

① 章学诚. 校雠通义（四部备要本一卷）[M]. 北京：中华书局，1925：3.
② 黄绍箕. 中国教育史 [M]. 上海：华东师范大学出版社，2010：14-15.
③ 王先谦. 荀子集解·儒效篇 [M]. 北京：中华书局，1954：107.

锢了思想文化，摧毁了春秋战国时期"百家争鸣"的良好文化氛围。较早提出"以法为教、以吏为师"的是韩非子，其在《韩非子·五蠹》中明确指出"故明主之国，无书简之文，以吏为师；无先王之语，以法为教"；此后，李斯进一步提出"若欲有学法令，以吏为师"。秦时期的"以吏为师、以法为教"将传统吏教推向极端，不仅阻碍了中华文化精神的传承，而且也直接导致了秦王朝的短祚。与秦朝的"禁诗书，仅以法律为师"不同，自汉时期以来，"以吏为师"主要是道德教化，其主要是社会主流的观念、价值、法令、规范等，在很大程度上促进了中国精神的传承。例如汉代专门设立执掌教化的官员——三老。《汉书·高帝纪》记载："举民年五十以上，有修行，能帅众为善，置以为三老，乡一人；择乡三老一人为县三老。"[1]《汉书·文帝纪》有载："孝悌，天下之大顺也。力田，为生之本也。三老，众民之师也。廉吏，民之表也。"汉代三老专司道德教化，并赋予其"非吏而得与吏比"的特殊身份，使三老成为带有浓厚官方色彩的地方道德权威，其强大的示范效应和号召力，能够将社会主流价值理念传播到普通民众当中，具有不可替代的特殊教化功能。此外，汉时期的"循吏"[2]，能够发挥良好的社会教化作用。《汉书·循吏传·序》中提到："循，顺也，上顺公法，下顺人情也。"所谓"循吏"，就是能够对上奉公守法，秉承儒家文化的政治理念和道德要求；对下能够体恤民情，躬行教化。在"循吏"的莅官实践中，其承担着"吏"与"师"的双重功能，起到了独特而颇具实效的教化作用。除上述途径之外，"训谕"和政策教化在古代官吏教化中也具有十分重要的作用。例如，清代顺治《钦定六谕卧碑文》中指出"孝顺父母，恭敬长上，和睦乡里，教训子孙，各安生理，毋作非为"。此后颁布的《圣谕十六条》《圣谕广训》等进一步阐释和颂扬了儒家传统的"孝""和""礼"等思想，有效促进了"风俗醇厚，家室和平"，培育和传承了中华文化精神。

其次，士的教化是古代中国精神培育的中坚力量。西周末年，王室分裂，礼崩乐坏，"学在官府"的教育制度被彻底打破，"天子失官，学在四夷"（《左传·昭公十七年》）。由此，士阶层及其所代表的私学教化崛起。郭沫若指出："春秋年间有所谓'士'的一种阶层出现。人民分化为四民，所谓士农工商，而士居在首位。……我们如果把这层忽略了，不仅周秦之际的社会变革

---

① 徐天麟. 西汉会要（下）[M]. 上海：上海人民出版社，1977：557.
② 例如汉时期"循吏"的典型代表魏霸，"临郡，终不遣吏归乡里，妻子不到官舍。常念兄嫂在家勤苦，己独尊乐，故常服粗疏，不食鱼肉之味。妇亲蚕桑，子躬耕，与兄弟同苦乐，不得自异。乡里慕其行，化之"。

我们得不到正确的理解，那种变革之在周秦诸子的意识形态上的反映，不用说是更得不到正确的理解的。"① 士阶层的出现极大地改变了教育的格局，从此私学和官学共同致力于中华文化和道德的教育。其标志就是孔子创办私学并"有教无类"，积极向民众教授文化道德。《史记·孔子世家》有载："孔子以诗、书、礼、乐教，弟子盖三千焉，身通六艺者七十有二人。"在培育内容方面，私学突破了传统的"六艺"教育，结合各派的思想主张，采取了更为系统全面的培育方法，同时私学的培育形式和培育机构更加灵活多样；在施教对象方面，私学使受教育权利惠及更多的社会群体，如孔子"有教无类"（《论语·卫灵公》），墨家学派也是以"农与工肆之人"为主体的学术团体。培育对象的扩展冲破了"礼不下庶人"的社会樊篱，打破了贵族受教育的垄断。

战国时期，私学进一步分化和扩散，促进了受教育权的普及，如当时最大的私学学派——孔墨学派在战国时期"儒分为八，墨离为三"（《韩非子·显学》），道家学派也分为稷下黄老学派和以庄子为代表的另一学派。另外，政治分裂的加剧导致了养士之风的兴盛，各诸侯国对人才的尊重和思想学术的鼓励，形成了这一时期百家争鸣的学术氛围，促进了私学的发展。战国养士之风主要表现为学宫教育，"从教育意义上说，养士用士的公室或私门，都像一所私学或一些私学的集合体，而真正影响巨大的机构当属齐国的稷下学宫"②。由于养士之风的盛行和齐国的现实需要，稷下学宫应运而生。稷下学宫采取不治而议，自由辩论，来去自由，学无常师的办学方式，在此讲学的学术流派囊括了儒家、道家黄老学派、墨家、兵家、阴阳家、纵横家、杂家、名家等。齐湣王前期是学宫发展的最高峰，学众"多至数万人"（《荀子·富国》），推动了教育的大众化和思想文化的繁荣。稷下学宫创办之早、规模之大、历时之长以及独立的办学模式，堪称中国古代教育的典范。

自汉唐以来，以士阶层为代表的私学教育围绕着儒家典籍，对个体如何修身、养性、处世等进行了全面系统的教育和引导。例如，西汉私学教育中除了开设官学的二十多种经学教学科目外，还包括了论语、周官、尔雅、孝经、天文图谶、钟律、月令、兵法、史篇、历算、小学、本草、脉经、难经、方术等十多种科目，内容涉及儒家经学、诸子学说、史学、文学、自然科学等多种知识和理论。除此之外，私学自主办学、自选科目、自编教材、自主招生、自主安排教学时间，具有极大的灵活性③。古代封建时期，士的教化最为典型的就

① 郭沫若. 十批判书 [M]. 北京：科学出版社，1956：61.
② 俞启定，施克灿. 中国教育制度通史：第一卷 [M]. 济南：山东教育出版社，2000：168.
③ 熊明安，熊焰. 中国古代教学活动简史 [M]. 重庆：重庆出版社，2013：71.

是书院教育。书院在唐时期"仅为官府修书之地"（袁枚《随园笔记》）。自宋初形成以来，延续至清末，在 1 000 余年的历程中，书院教育对培育和弘扬中国传统文化精神发挥着极其重要的作用。书院教育继承了儒家文化的"利人济世，博爱大众"的精神传统，提出了"仁民爱物"的教化思想，"仁者，爱之理；爱者，仁之事……亲亲、仁民、爱物"①。王阳明进一步对"亲亲""仁民""爱物"的思想进行了阐述，"及至吾身与至亲，更不得分别彼此厚薄；盖以仁民爱物皆从此出，此处可忍，更无所不忍矣"②。古代书院教育不仅注重"仁民爱物"培养学生的利人济世、厚德载物的情感认同，而且也注重"经世致用""笃于务实"的教化。例如，岳麓书院将"通晓时务物理""学者欲通世务，必须看史""原治乱""考时势"作为学院的学规。同时，书院教学在内容上除儒学"五经""四书"之外，还包括道学、佛学、史学、文学、刑法律令、侦查断案、书、画、乐、舞、戏剧、军事、战略等，自然科学包括数学、天文、历算、医学、气象、农耕、水利等，还有弓、马、骑、射、金、木、石工等技艺，形成了百科全书式的教学体系。由上述可以看出，通过专门的"士"的教化，中国传统的文化的价值体系及其理念、认知、态度和信仰等传播到社会各个层面和角落，成为中国人的基本情感认同。

最后，族长家长是古代中国精神培育的基础性力量。"在人类学的术语上，中国的社会是典型的父居与父权的社会"③，在父权的社会结构形态下，"家长"对社会伦常的建构及其人的教化发挥着十分重要的作用。可以说，在微观层次上，家庭（族）中的家长族长是古代中国精神培育的基础性力量。第一，家庭（族）的教化体现在"孝"文化和家训家范中。古代由家庭（族）长幼关系衍化出来的"孝"，逐渐在儒家文化中扩及"父子、君臣、夫妇、长幼、朋友"五个基本的伦理关系，"孝"文化也成为儒家所提倡的中心价值。正如金耀基指出的："孔孟儒家整个理想的道德世界落实到社会上来，便是一以孝为基础的伦理世界。"④ 从家训家范方面来看，古代著名的《颜氏家训》《温公家范》《袁氏世范》《朱子家训》等著作，内容简约、琅琅上口、韵白相宜，在民间广为流传，成为古代教化的重要方式。第二，家庭（族）的教化体现在宗族制度中。宗族制度是古代民间教化中最具有代表性的非正式教化形式。一般而言，完整的宗族制度包括了族长、祠堂、族谱、族规以及宗族活动

---

① 黎靖德. 朱子语类 [M]. 长沙：岳麓书社，1997：416-418.
② 王守仁. 王阳明全集（卷3）[M]. 上海：上海古籍出版社，1992：108.
③ 李亦园. 文化与行为 [M]. 台北：台湾商务印书馆，1992：64.
④ 金耀基. 从传统到现代 [M]. 北京：中国人民大学出版社，1999：26.

等。以古代修族谱为例，其是宗族的头等大事。福建《陈氏家谱》中言："盖闻家之有谱，无异于国之有史者也，所以重王章，正纲常，而为千古治国之源，谱也者，所以序长幼，别亲属，而为百世齐家之本。"由此可以看出，通过家谱不仅可以教化家族成员社会伦常的基本知识，而且也可以教导家族成员如何处理与社会其他成员及国家的关系。第三，家庭（族）的教化体现在乡规民约中。"乡约者，一乡之人共同订立，以劝善惩恶为目的，而资信守之一种具文规约也。"① 乡约既是一种政治约束，也是一种教化约束。宋《吕氏乡约》记载："人之所以赖于乡党邻里者，犹身有手足，家有兄弟，善恶利害皆与之同，不可一日而无之。"正是基于此，《吕氏乡约》提出规约四条，即"德业相劝、过失相规、礼俗相交、患难相恤"。明清之际，乡规民约一般由地方官提倡，是地方教化的重要措施。例如，王阳明颁布的《南赣乡约》，其主旨就是"孝尔父母，敬尔兄长，教训子孙，和顺乡里，死丧相助，患难相恤"。总体而言，古代家庭（族）教化作为官方和学校教化的基础和补充，其在生活伦常中"化民成俗"，对传承和培育中华文明精神起到了十分重要的作用。

四、心性修为的教化理念

中国精神的培育是一个双向互动的过程，这一方面需要培育者以适宜的培育方法、培育内容、培育载体等对中国精神的理念和知识进行传承和教化；另一方面，也需要受培育者以积极主动的姿态认知、接受、内化和践行中国精神。事实上，个体如何内化和践行中国精神，是中国精神培育中极为关键的一部分，直接决定着培育的效果和反馈。在中华文明几千年的文化精神传承过程中，十分重视文化精神的"内化于心，外化于行"的问题，并形成了丰富的理论和实践方法，这些理论和实践方法的核心就是"心性修为"，即个体如何通过道德修养、道德自律来实现内圣外王，从而达到理想的人格和精神境界。在中国传统教化中，只有个体通过道德修养，达到"君子"的理想人格，才能够有效地肩负起治国、平天下的责任使命，在这一自我提升和自我实现的过程中，心性修为是一以贯之的。

中国古代系统阐述心性修为思想的著作就是《大学》一书，其系统提出中国古代如何做到道德修养的"三纲""八目"和"六证"。"三纲"就是"明德、亲民、止于至善"；"八目"就是"格物、致知、诚意、正心、修身、齐

---

① 黄强. 中国保甲试验新编 [M]. 南京：南京中正书局，1935：21.

家、治国、平天下";六证就是"止、定、静、安、虑、得"。"三纲八目"强调修己是安人的前提,修己的目的就在于实现家齐、国治、天下平,这一过程中需要通过"止、定、静、安、虑、得"的心性修为来提升自己的精神境界,从而实现修己安人的目标。在儒家思想中,修己是个人实现内圣外工的前提,其直接目标就是实现"内圣",即君子的理想人格。在《论语·宪问》中,子路问何以成为君子,孔子答曰"修己以敬""修己以安人""修己以安百姓"[①]。具体而言,孔子对如何成为君子,有着详细完整的论述,有学者对《论语》中53处主要关涉"君子"的语句进行了整理分析,归纳出君子理想人格应当具备四个方面的品质,即对仪表的注重,如严肃、庄严等;对仁、义、礼、智、信等内在修养的注重;对好学、慎言、行恭等言行方面的注重;对合群、择友、谦逊、求己、孝亲等人伦关系的注重(见表 2.1)[②]。

表 2.1　君子理想人格内容分类表

君子	要做到	不要做
品德	务本、弘道、守道、存仁、守礼、怀德、刑、讲义、改过、尊圣人之言、知天命、多才、气节	不仁、背礼、被夺志、才华单一、没才能、勇而无礼、怀私利、重小利
言行	温和、言逊、慎言、行恭、事敬、施惠、尊贤、赞赏、看明、听清、疑问、好学、学文、行重于言、言行一致、坦荡	抱怨、放肆、夸口、傲慢、争执、轻信、以言举人、以言废人、谋食忧贫、不慎重、贪厌、恋田土、重女色
仪容	威严、肃容、庄严、安宁	忧愁、惧
关系	求己、择友、以文会友、合作、团结、协调、不争、和气、同情、容众、尊大人、成人之美、宁被人误解、留美名	求人、交友不如己、勾结、附和、怠慢亲人、揭人短、求全责备、有污点被夸大、成人之恶、借口掩饰

在通过修己达到君子的理想人格过程中,古代教化尤其强调个人的道德自律意识。孔子在《论语》中阐述了个人实现道德自律的三个环节,即"学""思"和"行"。在"学"的环节,孔子在《论语·阳货》告诫道:"好仁不好学,其蔽也愚;好知不好学,其蔽也荡;好信不好学,其蔽也贼;好直不好

　　① 杨伯峻. 论语译注 [M]. 北京:中华书局,1980:159.
　　② 翟学伟. 中国人的脸面观形式主义的心理动因与社会表征 [M]. 北京:北京大学出版社,2011:166.

学，其蔽也绞；好勇不好学，其蔽也乱；好刚不好学，其蔽也狂。"① 孔子指出如果没有好学和修身，则仁、智、诚、勇、直、刚等品质就会流入弊端；在"思"的环节，孔子在《论语·季氏》中指出："君子有九思，视思明，听思聪，色思温，貌思恭，言思忠，事思敬，疑思问，忿思难，见得思义。"② 这里的"思"即是思考、反悟，是人的内省的思维方法；在"行"的环节，孔子在《论语·公冶长》中指出："始吾于人也，听其言而信其行；今吾于人也，听其言而观其行。"③ 从道德修为的视角来看，孔子在这里所指的"行"，即言行合一，是人的道德践履的活动。儒家经典《中庸》分别从博学、审问、慎思、明辨、笃行五个方面提出个人自我修为方法，即"博学之，审问之，慎思之，明辨之，笃行之。有弗学，学之弗能，弗措也；有弗问，问之弗知，弗措也；有弗思，思之弗得，弗措也；有弗辨，辨之弗明，弗措也；有弗行，行之弗笃，弗措也"。此外，《中庸》还指出"慎独"的道德自律之途，"君子戒慎乎其所不睹，恐惧乎其所不闻。莫见乎隐，莫显乎微，故君子慎其独也"，即"慎独"主张即使在一个人独处时，其思想和行为也应当符合道德规范，谨慎小心，这是体现个人道德修为水平的一个重要方面。孟子也十分重视"内省"，提出"存心养性"的道德修养方法。在《孟子·尽心上》中，孟子指出："尽其心者，知其性也。知其性，则知天矣。存其心，养其性，所以事天也。夭寿不贰，修身以俟之，所以立命也。"在《孟子·公孙丑上》中，孟子指出："我善养吾浩然之气。"此外，孟子也提出"独善其身"与"兼善天下"的修身之道，即"得志，泽加于民；不得志，修身见于世。穷则独善其身，达则兼善天下"（《孟子·尽心上》）。

在宋明理学中，张载提出具有代表性的心性修为和道德自律思想。他认为"变化气质……但拂去旧日所为，使动作皆中礼，则气质自然全好"（《经学理窟·气质》），人的气质之性禀受阴阳二气，出现不同的善恶，张载主张通过变化气质，即养气，做到以德性克制戾气，其气质变化之途就是学和行。同时期的二程（程颢和程颐）也提出"敬""损人欲复天理"的道德修养方法。"所谓敬者，主一之谓敬。所谓一者，无适之谓一"（《河南程氏遗书》卷十五），二程所主张的"敬"就是思想专一，内心有所坚持，不二用，不涣散，敬守不失。"损人欲复天理"即"人心私欲，故危殆。道心天理，故精微，灭私欲则天理明矣。"（《河南程氏遗书》卷二十四）在这里，私欲是指人心，天

① 杨伯峻. 论语译注 [M]. 北京：中华书局，1980：184.
② 杨伯峻. 论语译注 [M]. 北京：中华书局，1980：177.
③ 杨伯峻. 论语译注 [M]. 北京：中华书局，1980：45.

理是指道心，二程主张要损灭人性之私欲，彰显天理之道，使人为善。此后的朱熹继承了二程的观点，提出"革尽人欲、复尽天理"和"持敬"的修养方式。他认为："言明明德、新民，皆当至于至善之地而不迁，盖必其有以尽夫天理之极，而无一毫人欲之私也。"（《四书章句集注·大学章句》）"持敬是穷理之本。"（《朱子语类》卷九）朱熹认为"持敬"是穷尽天理的重要途径，其主要指涉人的心性和行为的一种谨慎状态，要时刻敬守勿失，不能放纵私欲。陆王心学与程朱理学的"灭私欲"不同，主张通过"修心"提升道德境界。陆九渊指出"仁义者，人之本心也"（《象山全集·与赵监》），"复其本心"（《与曾宅之书》），即仁义道德是人之本心，受个人成见所蔽，需要通过有效的心性修为，使人的本然善心不至于遮蔽或丧失。与陆九渊的观点相一致，王阳明认为"至善是心之本体"[《传习录》（上）]，必须要保持心境清澈，不为欲念干扰，才能够秉承心之本体，即其所主张的"克己要扫除廓清"[《传习录》（上）]。

在中华民族几千年的文化传承中，心性修为的思想构成了中国文化哲学的核心，展现了中国传统社会的人伦特质，在其一以贯之的思想秉承和实践教化中，体现了中国人对崇高精神境界的矢志不渝的追求。有学者从个人道德修为的视角提出中国 5 000 年传统教化的基本内容，认为中国传统教育有"五教"和"五学"。"五教"就是"父子有亲、君臣有义、夫妇有别、朋友有信、长幼有序"；"五学"就是"博学、审问、明辨、审思、笃行"，其中"笃行"又可以具体化为"修身、处事、接物"（见图 2.1），这些教化方式回答了中国人追求高尚精神境界"如何为"和"为什么"的问题。即通过自身的心性修为和道德践履，加之适宜的教化和引导，能够实现理想的精神境界，这种理想的精神境界就是"圣人之德"，其核心就是"仁"。孔子认为以仁为核心的"恭、信、敏、慧、宽"是圣人之德，这些仁德就是个人道德修为所要追求的精神境界。孟子进一步将仁和义结合，提出仁义为个人道德修养的精神境界，认为"仁，人之安宅也；义，人之正路也"[《孟子·离娄》（上）]。宋明理学继承并发展了先秦孔孟对于道德修为的理想精神境界的观点。北宋二程在"天人合一"的理论基础上，提出"仁者，以天地万物为一体"[《河南程氏遗书》卷二（上）]的观点，即个人心性修养只有达到融天地万物为一体的精神境界时，才能实现至仁的理想境界。此后，明代王守仁进一步提出"夫圣人之心，以天地万物为一体，其视天下之人，无外内远近，凡有血气，皆其弟昆赤子之亲，莫不欲安全而教养之，以遂其万物一体之念"[《传习录》（中）]，认为人的道德修养达到一心之理秉承万物之理时，方能实现圣人的理想精神境界。明清之际，王夫之提出"尽人道而合天道"的观点，认为"'立人之道，曰仁与义'，在人之天道也"（《思问录·内篇》）。总体而言，中华优秀传统文化中关于修身的教化思想底蕴深厚、影响深远，历代思想家关于个人心性修养的探讨，为中国精神的培育奠定了思想基础，秉承和发扬这些文化精神，能为我们提供安定有序的心灵秩序，也能够为国家和社会凝聚强大的精神力量。

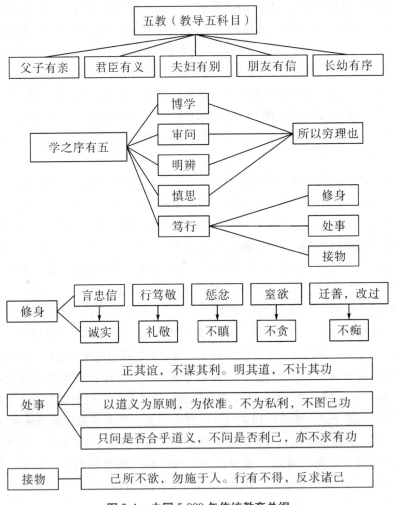

图 2.1　中国 5 000 年传统教育总纲

资料来源：钟茂森. 中国精神：四千五百年前的先祖如何教导后裔 [M]. 北京：中国华侨出版社，2011：1.

第二节　中体西用：近代的中国精神培育

一个民族和国家的生命力和前途主要体现在其是否具有自我反思能力和忧患意识。正如鲁迅指出的："多有不自满的人的种族，永远前进，永远有希望。多有只知责人不知反省的人的种族，祸哉祸哉。"① 中华民族自古以来就有"反求诸己"的文化精神传统，是一个有着强烈忧患意识和自我反思精神的民族。自19世纪中期以来，西方殖民者以坚船、利炮、鸦片和商品打开了晚清政府封闭的国门，中国逐渐沦为半殖民地半封建社会，中华民族遭遇了深重的民族危机和国家危机。在内忧外患的困境中，近代先进仁人志士开始重新审视民族文化传统和国民性，于是有了声势浩大的近代"民族反省"的思潮。在此背景下，建构在中国传统封建社会基础之上的价值观念及教化思想也随之发生动摇，由此，这一时期中国精神的培育已不再是单纯地继承和发扬传统文化精神，而是在"中学为体，西学为用"的基础上，倡导"国民性之改造""国民新灵魂之铸造"。总体而言，这一时期中国精神的培育体现出"反思—重构—新塑"的发展逻辑，即以西方文明为参照，反思和批判中国传统文化的弊端和国民劣根性；改进培育结构，在国民教育中融入民主和科学精神；倡导"新人"塑造。

一、传统反思：国民性的价值批判

所谓国民性，梁启超在《国民心理学与教育之关系》中指出："取族中个人之心理特征而总合之，即所谓国民性，即一民族之平均模型也。"美国哲学家艾历克斯·英格尔斯（Alex Inkeles）也指出："国民性是指一个社会成年群体中具有众数特征的、相对稳定持久的人格特征和模式。"② 由此可以看出，国民性是一国国民或者民族成员在特定社会历史条件下形成的各种心理和行为的总和，是多数国民所具有的稳定的心理特质。传统中国的国民性体现了以儒家为核心的纲常伦理，其表征着传统中国的精神特质，是中国精神在国民心理和社会意识层面上的沉淀。近代以来，在西方殖民掠夺的残酷现实面前，以救国救民、安抚天下为己任的中国知识分子开始思索解救民族于危难的方略，其

---

① 鲁迅. 鲁迅全集：第1卷 [M]. 北京：人民文学出版社，1981：359.
② 艾历克斯·英格尔斯. 国民性：心理—社会的视角 [M]. 王今一，译. 北京：社会科学文献出版社，2012：14.

不约而同地开始审思中国封建传统，并对传统国民性的弊端进行激烈批判。总体而言，这种以国民性批判为核心的近代民族反省思潮，是在民族危难关头，中国先进知识分子在认识到"不如夷"的情况下对国民性格和民族精神的自我觉醒和体认，它浸透着中华民族深沉的民族忧患意识和强烈的社会变革意识。这一时期国民性的价值批判成为推动民族觉醒和国家进步的精神动力。

近代最早对传统中国的儒家主流价值提出异议的是魏源、龚自珍、郭嵩焘等人。他们开始从中国鸦片战争的惨败中吸取经验教训，严厉地批评了传统国民性的虚伪、浮躁、粉饰作伪、闭目塞听和妄自尊大等陋习。正如龚自珍诘问道："道德废，功业薄、气节丧、文章衰、礼义廉耻何物乎？不得而知。"① 与之相对应，魏源也进一步尖锐地指出："自画封域，而不知墙外之有天，身外之有地者，适如井蛙蜗国之识见，自小自蔀而已。"② 郭嵩焘也深切意识到中国文化已落伍，他在日记中指出："自汉以来，中国教化日益微灭，而政教风俗，欧洲各国乃独擅其胜，其视中国，亦犹三代盛时之夷狄也。中国士大夫知此义者尚无其人，伤哉。"③ 正是认识到中国传统文化的弊端和不足，魏源将这一时期道德沦丧和价值迷失的根源归结为"人心之积患"，即"'伪''饰''畏难''养痈'等卑劣和堕落的社会心理"。需要指出的是，近代在中西文明的较量中，作为封建开明士大夫代表的魏源、龚自珍、郭嵩焘等人认识到了中国传统之不足，这种脱胎于时代转型的怀疑论，为此后的中国精神的转型和升华开启了思想先河。

伴随着洋务运动和资产阶级的发展，以康有为、梁启超、严复为代表的资产阶级维新派以西方近代文明为价值参照，对中国传统国民性的弊端展开了更为猛烈的批判。首先，遭到质疑和批判的是古代"三纲五常"的教化传统。在传统中国，"三纲五常"作为传统教化的核心，经过汉代董仲舒、宋代朱熹等人的反复论证，成为中国传统社会中神圣不可侵犯的主流意识形态。但在近代中西文明的对抗中，这一"天经地义"的传统教化思想受到了西学的强烈冲击，被康、梁等人所批判。康有为指出："中国之俗，尊君卑臣，重男轻女，……至于今日，臣下跪服畏威尔不敢言，妇人卑抑不学而无所识，臣妇之道，抑之极也，此恐非义理之至也。"④ 其直言传统"三纲"有悖于"几何公理"。梁启超进一步指出，"三纲"与"自由"相悖，认为"言自由者无他，

① 龚自珍. 龚自珍全集 [M]. 上海：上海人民出版社，1975：32.
② 魏源. 魏源集：上 [M]. 北京：中华书局，1983：66.
③ 郭嵩焘. 郭嵩焘日记（三）[M]. 长沙：湖南人民出版社，1981：439.
④ 康有为. 康有为全集：第一卷 [M]. 上海：上海古籍出版社，1987：189.

不过使之得全其为人之资格而已。质而论之，即不受三纲之压制而已，不受古人之束缚而已"①。谭嗣同更是尖锐地指出"三纲五常"压抑着人性，严控着社会，使人与人之间"名势相制""否塞不通"②。其次，维新派对中国传统教化之下的国民性也展开了猛烈批判。梁启超在《论中国国民之品格》一文中，总结出中国传统国民性的四个缺陷，即"爱国心之薄弱""公共心之缺乏""独立性之脆弱""自治力之欠阙"。在《论私德》一文中，梁启超认为封建专制统治下的国民性形成了一种"贪鄙之性，偏狭之性，凉薄之性，虚伪之性，谄阿之性，暴戾之性，偷苟之性"③。总体而言，维新启蒙思想家指出的麻木、怯懦、惰性、虚荣、保守等国民性弊端，有其过分夸大和失真的一面，但能够看出，启蒙思想家对国民劣根性的解剖，反映了中国人在民族危机和祖国危难之际的一种超越于自卑的痛苦反省，其目的是"揭出病苦，引起疗救的注意"，以期治愈民族心灵的创伤。

与晚清士大夫和维新派不同，革命派对传统教化下的国民性的批判更是直接剑指其背后的封建制度和儒家文化。革命派基于"道德革命"的立场猛烈地抨击传统儒家的纲常名教为"伪道德"，认为"所谓三纲，出于狡者之创造，以伪道德之迷信保君父等之强权也"④。在这一时期的《民族精神论》一文中指出："自治力之薄弱也，公德心之缺乏也，共同心之短少也，宗教心之冷淡也，此数者皆吾祖国近来腐败之横观历史也。"⑤ 章太炎更是批评儒家道德在普世化的同时愈益功利化、虚伪化和工具化，认为"用儒家之道德，故艰苦卓厉者必绝无，而冒没奔者皆是"⑥。总而言之，革命党人基于资产阶级的立场，主张彻底推翻封建统治，由此，其对依附于封建统治的儒家文化和传统国民性便持有彻底否定和批判的态度。毋庸讳言，资产阶级革命党人在揭示中国传统文化和国民性弊端的同时，也过分地夸大了传统中愚昧和落后的一面，但与维新思想家相一致的是，其通过对传统尖锐的反思和批判，能够使更多的国人思想觉醒，也能够使民族精神在批判和反思过程中进一步得到转型和升华。

辛亥革命取得成功之后，以李大钊、陈独秀、鲁迅、胡适等为代表的思想

① 梁启超. 梁启超选集 [M]. 上海：上海人民出版社，1984：138.
② 谭嗣同. 谭嗣同全集：下 [M]. 北京：中华书局，1981：348.
③ 梁启超. 梁启超全集 [M]. 北京：北京出版社，1999：699.
④ 胡伟希. 民声：辛亥时论选 [M]. 沈阳：辽宁人民出版社，1994：148.
⑤ 佚名. 民族精神论 [M]. 北京：生活·读书·新知三联书店，1977：22.
⑥ 章太炎. 章太炎选集 [M]. 上海：上海人民出版社，1981：366.

家开始认识到仅仅在政治上批判传统国民性并不能从根本上找到救国救民的出路，而是需要一场更大规模的思想启蒙和解放运动，于是著名的近代新文化运动爆发。新文化运动之于中国精神的现代转型，其重大影响是不言而喻的。事实上，新文化运动及至五四运动的爆发，已经成为中华民族追求进步和解放、批判专制和愚昧的精神图腾。这一时期的思想启蒙者对传统文化弊端的批判，是中华民族实现精神涅槃的基本前提。鲁迅作为思想启蒙的先驱，被称为"针砭民族性的国手"，他的文章深刻地剖析和批判了中国传统国民性的痼疾。有学者对鲁迅杂文中提到的国民性弊端进行了梳理总结，主要有自私、敷衍、卑怯、守旧、昏乱、迷信、调和、麻木、折中、凶残、自欺欺人等①。同样，陈独秀也指出国民性弱点有"缺乏国家观念""无爱国心""怯懦苟安""卑劣无耻""一盘散沙"等，并且进一步指出产生国民性弱点的根源，即"吾国社会恶潮流势力之伟大，与夫个人抵抗此恶潮流势力之薄弱……乃以铸成今日卑劣无耻退葸苟安诡异圆滑之国民性"②。李大钊也分析道"黎庶之患，不患无护权之政制，患在无享权之能力"③，进而明确指出国民性弱点"皆专制政治之余毒，吾人久承其习染而今犹未能涤除者"④。此外，胡适从中西国民性的比较中，指出中国国民性的缺点，他认为："知足的东方人自安于简陋的生活，只求乐天安命，故不求物质享受的提高；自安于愚昧，自安于'不识不知'，故不注意真理的发现与技艺机械的发明；自安于现成的环境与命运，故不想征服自然，只求乐天安命，不想改革制度，只图安分守己，不想革命，只做顺民。"总体而言，近代思想先驱者以西方文明为价值参照，对中国传统制度、风习、思想文化的深刻反思和批判，为建构与新的社会形态和生产生活方式相适应的文化、价值系统、民族精神奠定了思想基础，在完成了对文化传统"破"的基础上，进一步在中国精神中融入了民主和科学的元素，培育和构建与中国现代化相适应的"新人"，由此推动了中国新的文化精神的"立"。

二、精神重构：科学和民主精神的本土迁移

以西方文明为参照，近代思想启蒙者在对中国传统展开深刻反思和批判的基础上，进一步引入了科学和民主精神，并将其融入中国精神培育当中，实现

---

① 教军章. 中国近代国民性问题研究的理论视阈及其价值 [M]. 北京：中国社会科学出版社，2009：47.

② 陈独秀. 陈独秀文章选编：上 [M]. 北京：生活·读书·新知三联书店，1984：93.

③ 李大钊. 李大钊文集：上 [M]. 北京：人民出版社，1984：40.

④ 李大钊. 李大钊文集：上 [M]. 北京：人民出版社，1984：332.

了培育结构的转型和升级。科学精神和民主精神也在新的培育结构中不断萌生，并逐渐发展成为现代中国的主流价值，也成为中国精神的核心要素。由此，中华文明在近代"民族反省"的思潮中实现了自我更新和发展，中国精神也在科学和民主精神的促动下实现了觉醒和转型。

首先，近代科学精神的培育和弘扬。中华民族在几千年的历史文化进程中形成了独具特色的儒家伦理文化，这种文化理念虽能够产生科学技术，但终究没能发展出近代意义上的科学技术。鸦片战争后，认识到中西文明的差距，尤其是在科学技术发展的差距时，中华民族开启了艰苦卓绝的科学探求历程。林则徐、魏源作为首批"睁眼看世界"的传统士大夫，提出了"师夷长技以制夷"的救国之道，他们批驳了视西方科技为"奇技淫巧"的僵化保守观念，认为"有用之物，即奇技非淫巧"（魏源《海国图志》卷2《筹海篇三·论战》）。洋务运动时期，他们更是强调对西方"技"与"器"的照搬和依赖，认为只要"访幕覃思之士，智巧之匠"，"智者尽心，劳者尽力"（曾国藩《覆陈购买外洋船炮折》），便可以仿造出西方的利器。但后来随着仿造"不甚得法"，其结果以失败告终。由此，中国人才逐渐认识到"技"和"器"背后有着"科学原理"，正如李鸿章在奏折中指出的，"论泰西之学，派别条分，商政、兵法、造船、制器，以及农、渔、牧、矿诸务，实无一不精，而皆导其源于汽学、光学、化学、电学"[1]。但需要指出的是，这一时期科学仍然是在"技""器"层面上附庸于中学，尚未对中国固有的思想观念和价值体系产生深刻冲击。新文化运动时期，随着《科学》和《新青年》的先后创刊，国人对科学的认识进一步加深。《科学》杂志创刊号开篇指出："世界强国，其民权国力之发展，必与其学术思想之进步为平行线。"陈独秀在《新青年》创刊号中也指出："近代欧洲之所以优越他族者，科学之兴，其功不在人权说下，若舟车之有两轮焉。"而对于何谓科学，陈独秀认为："凡是用自然科学方法来研究、说明的都算是科学，这乃是科学最大的效用。"[2]《科学》杂志的代表人物胡明复也指出：科学之范围大矣，若质、若能、若生命、若性、若心理、若社会、若政治、若历史，举凡一切之事变，孰非科学应及之范围？虽谓之尽宇宙可也[3]。由此可以看出，近代中华民族对科学的认知经历了"认识了解—学习照搬—认知体悟"一个由浅入深的过程，正是在这一过程中，科学及其所蕴含的精神理念逐渐为中国人所了解和接受，最终促进了中国精神的觉醒和

---

① 中国近代工业史资料：第一辑（上）[M]. 北京：科学出版社，1957：262.
② 陈独秀. 陈独秀文章选编：上 [M]. 北京：生活·读书·新知三联书店，1984：512.
③ 胡明复. 科学方法论一 [J]. 科学，1915（7）（页码不详）.

转型。

近代以来，中华民族艰辛探求科学技术的过程，也是一个黜伪崇真、广泛培育和弘扬科学精神的过程。洋务运动时期，在"自强"和"求富"的时代口号下，洋务派兴办了一批洋务学堂，专门培养军事制造和工业制造的技术人才。从 20 世纪 60 年代至 90 年代，洋务学堂共培养科技人才 2 980 人，其中外文类 628 人、军工类 1 596 人、医学类 218 人、工程技术类 538 人，对促进中国近代早期科学技术发展和国人科学精神养成发挥了重要作用。在开办学堂的同时，洋务派开创了中国最早的官费留学教育。从 1872 年开始，清政府连续四年共派出 120 名幼童赴美留学；从 1877 年开始，共分三批派出船政学堂学员赴欧留学。此外，京师同文馆、广东实学馆也先后派出学员赴洋留学①。20世纪初，清政府先后颁布了《钦定学堂章程》和《奏定学堂章程》，首次将实业学堂②纳入正规教育体制，并在从初等教育到高等教育的学制中，纳入了自然科学科目。由此，科技知识和理念由少数精英教育发展为面向普通大众的国民教育，逐渐为更多的人学习和掌握。20 世纪 20 年代，国民政府颁布的新学制——壬戌学制的实施，进一步提升了科学技术教育在国民教育中的地位。例如，学制规定中等教育实行选科制和分科制，使得科技教育能够得到更为普遍化和精细化的实施；同时，规定中等教育文科组学生必须研习自然科学课程或数学，以防止学生因选科而缺乏科技素养。

除了在上述国民教育中传播科学精神之外，社会舆论的科学导向也对民族价值观和思维方式产生了重要影响。鸦片战争后，林则徐、魏源、郑观应撰写的《四洲志》《海国图志》《盛世危言》等介绍西学的著作，开启了培育和传播科学精神的先河。由此，讲求"经世致用""实学""师夷长技"的新思潮和新理念在士大夫中蔚然成风。洋务运动时期，京师同文馆、广州同文馆、上海广方言馆译介了大量的天文、算理、生理和化学等科学书籍。例如，在 1870 年成立的上海江南制造总局翻译馆设有审译、格致、化学、制造四室，撰译内容涉及器艺、医术、舆图、象纬、兵法等，至 1880 年共译介西方科技书籍七十余种③。甲午战争以后，学会和科技报刊成为传播科学技术的重要载体。例如，这一时期的农学会、医学会、格致学会、舆算学会，以及辛亥革命后成立的中国科学社、中国农学会、中国化学会、中华医学会、中国林学会等

---

① 郑师渠. 中华民族精神研究 [M]. 北京：北京师范大学出版社，2009：309.

② 这一时期实业学堂又细分为实业教员讲习所、农业学堂、工业学堂、商业学堂、船政学堂五类。

③ 郑师渠. 中华民族精神研究 [M]. 北京：北京师范大学出版社，2009：309.

为促进科技研究和交流、传播科技知识和理念发挥了重要作用。科技学报有维新时期的《农学报》《新学报》，以及辛亥革命后创办的《科学》《新青年》等，这些报刊以普及科学知识、提升国民科学素养为己任，开垦了科学精神生长的思想土壤。总体而言，近代以来中华民族科学精神的培育和弘扬将思想与实践相结合，一方面通过先进知识分子引进和传播科学技术和科学精神；另一方面，在国民教育中也进一步贯彻和落实了科学知识和理念，使人们对科学的认识摆脱了狭窄的学术研究领域，扩大到更为宽广的国民性改造和文化精神转型的领域，从而促进了中国精神的转型和发展。

其次，近代民主精神的培育和弘扬。中华民族在近代追求民主的过程中付诸了巨大的努力和牺牲，最终由中国共产党带领中国人民开辟了一条人民民主的发展道路。从中华民族追求民主的进步历程来看，其大体经历了三个阶段：第一阶段是从鸦片战争到甲午战争，这一时期是认识和介绍西方民主思想的阶段。第二阶段是从维新变法到辛亥革命，这一时期是中国人逐渐形成自己的民主观并追求民主宪政的阶段。第三阶段是从五四运动到新中国成立，这一时期是中国人经历新民主主义革命的洗礼和熏陶，最终认同人民民主的阶段。在一阶段，中国一些有识之士睁眼看世界，在林则徐、魏源、郑观应、徐继畬等人编译的《四洲志》《海国图志》《盛世危言》《瀛环志略》等著作中都粗略地对西方民主制度作了介绍。甲午战争之后，民族危机进一步加深，也促使中国人对如何学习西方和怎样学习西方进行进一步探索，由此，国人开始逐渐关注到西方科学技术背后的制度和文化动因，西方民主宪政的思想进一步得到传播。资产阶级维新派的民主思想可以归结为"兴民权"和"实行君主立宪"两点。正如严复指出的"斯民也，固斯天下之真主也"①；谭嗣同也指出"民而后有君，君末也，民本也"②；康有为指出君主立宪是强国之道，他认为"臣窃闻东西各国之强，皆以立宪法开国会之故，国会者，君与国民共议一国之政法也"③。20世纪初的资产阶级革命党人，以彻底推翻清政府、实行民主共和为己任，有力地推动了中国近代民主思想和民主实践的发展。例如，在资产阶级的施政纲领《中华民国临时约法》中明确规定"中华民国由中华人民组织之"，"中华民国之主权，属于全体国民"，除了明确提出人民主权的思想，资产阶级革命派还提出了人权思想、建立民主共和制度的思想和以革命求民主的思想，广泛传播了民主思想。五四运动的爆发，冲破了封建专制主义的束缚，

---

① 严复. 严复集·辟韩：第1册［M］. 北京：中华书局，1986：36.

② 谭嗣同. 谭嗣同全集·仁学［M］. 北京：中华书局，1981：339.

③ 康有为. 康有为政论集（上）·请定立宪开国会折［M］. 北京：中华书局，1981：338.

促进了思想解放。同时，自五四运动以来，随着马克思主义的广泛传播，尤其是中国共产党将马克思主义民主理论与中国革命具体实践相结合，形成了系统完整的新民主主义革命思想。从五四运动到新中国成立，在历时三十年的中国革命实践过程中，正是新民主主义革命的理论和实践，使中国人广泛接受了无产阶级民主思想，形成了人民民主的思想观念。

在中华民族追求民主的进步历程中，教育的革新对塑造现代公民、传播民主精神也发挥了极其重要的作用。以教育培育民主精神首推"晚清新政"，有学者指出，"晚清新政中最富积极意义而有极大社会影响的内容当推教育改革"[①]。晚清教育改革最大的变化就是废除了传统教化制度的核心——科举制度、推行了"癸卯学制"新的教育制度、兴办了新式学堂，这些新的教育举措对于促进民主精神的传播起到了极大的推动作用。从教育目标方面来看，新式教育"跳出了传统旧学以科举取士、造就少数出类拔萃的仕宦人才为目的的窠臼，已被统一为一种以国家一体化为目标的文化传播手段"[②]，由此，开民智、兴民德、培育新国民成为新学制的目标。从教育内容来看，新学制注重现代公民教育的理念。以"癸卯学制"的小学、中学教育为例，其中初等小学堂教育宗旨是"启其人生应有之知识，立其明伦理爱国家之根基，并调护儿童身体，令其发育"；高等小学堂教育宗旨是"培养国民之善性，扩充国民之知识，强壮国民之气体"；中学堂以"以谨遵谕旨，端正趋向，造就通才为宗旨"。及至民国时期，随着《壬子学制》（1912 年）和《壬戌学制》（1922年）的先后颁布，"自由、平等、博爱"的民主理念更加广泛深入地在国民教育中贯彻。例如，《壬子学制》规定教育的宗旨是"注重道德教育，以实利教育、军国民教育辅之，更以美感教育完成其道德"；《壬戌学制》明确提出了"发挥平民教育精神""谋个性之发展""注重生活教育"等教育规定，并在教育课程体系中增加"公民科"，从国家层面上主导现代民主社会的培育。此外，这一时期也开始注重乡村社会的民主教育。例如，20 世纪 30 年代在江苏无锡进行了民众教育实验，其中一项重要内容就是培育具有独立、合格、民主意识的公民。其教育内容涉及乡村建设、党义、人事登记、自治、保甲、国语、世界大势等。2 000 多名乡村民众通过有效的公民教育，对自身的自治意识和责任意识有了清醒的认识[③]。总体而言，民主既是完整的制度设计和政治实践，也是完整的生活理念和价值取向，对民主精神的培育和弘扬既需要在制

---

① 陈旭麓. 近代中国社会的新陈代谢 [M]. 上海：上海人民出版社，1992：264.
② 郝锦花. 新旧学制更易与乡村社会变迁 [M]. 北京：人民出版社，2009：174.
③ 黄书光. 变迁与转型：中国传统教化的近代命运 [M]. 上海：上海教育出版社，2014：257.

度层面上做出科学的设计和实践，也需要在思想文化领域中赢得认同和共识。近代在中国民主精神的培育和弘扬过程中，既通过思想启蒙和制度实践传播了民主理念，也通过广泛深入的国民教育培育了民主意识。由此，民主精神逐渐为国人所认知和认同，成为中国精神的重要组成要素。

三、"新人"重塑：以人的近代化塑造时代风貌

中国精神培育问题的核心就在于"培育什么样的人"和"怎样培育人"。以西方文明为价值参照，近代思想启蒙者在对传统教化和国民性展开反思和批判的同时，在中国精神中融入了科学和民主的精神要素，开拓了中国精神的新境界。在这一过程中，传统的解构和新的精神要素的融入，促使国人不得不对中国精神培育的核心问题重新进行思索和追问，即新的中国精神及其培育应当"培育什么样的人"和"怎样培育人"。近代对这一问题的探求，经历了四个阶段，晚清时期封建开明士大夫的人心风俗改造、资产阶级维新派的"新民"塑造、新文化运动前期的"立人"思想，以及五四运动之后的"无产阶级新人"塑造。

首先，封建开明士大夫的人心风俗改造。近代中国在鸦片战争遭遇惨痛失败后，以魏源、龚自珍为代表的封建士大夫在对传统国民性进行深刻反思和批判的基础上，进一步提出了"肃整人心风俗"的国民性改造思想。"肃整人心风俗"，一是要着力恢复和重建人的主体性。龚自珍认为"人者，天地之仁也，……天地之性人为贵"①；魏源也指出"技可进乎道，艺可通乎神，中人可易为上智，凡可以祈天永命，造化可以自我立焉"②。由此可以看出，这时期思想家们肯定人的主体地位和能力，认为通过人的自我改造和发展能够塑造人的个性。二是要"平人心之积患"。魏源在《海国图志》中指出人心风俗的改造，要祛除"人心之寐患"与"人材之虚患"③，这里的"人心积患"主要是指传统的落后心理、腐败风气、僵化心态、消极积习等。三是注重人的物质和精神需要。与传统的存天理、灭人欲不同，晚清开明士大夫们肯定了人的合理欲求，关注人的现实需求，正如魏源指出"民饮食，则牛其情矣，情则生其文矣"④。龚自珍则批判了传统"重义轻利"的思想，认为"未富而讳言

---

① 龚自珍. 龚自珍全集［M］. 上海：上海人民出版社，1975：12—13.
② 魏源. 魏源集：上［M］. 北京：中华书局，1983：5—6.
③ 魏源. 魏源全集：第4册·海国图志叙［M］. 长沙：岳麓书社，2004：2.
④ 魏源. 魏源集：上［M］. 北京：中华书局，1983：85.

利，是为迂图……来富而耻言利，允为过计"①。由此可以看出，"肃整人心风俗"的国民性改造思想突出了人的主体地位，促进了人的个性解放。以魏源、龚自珍为代表的封建开明士大夫对传统纲常礼俗的弊端的反思和重塑，首开了近代"新人"塑造的先河。

其次，资产阶级维新派的"新民"塑造。1895 年，中国在甲午战争中失败以后，宣告了洋务运动效仿西方"技"和"器"的救国方略的破产，由此中国思想界开始从制度和思想文化的变革层面寻求现代化之道。在此背景下，培育具有现代素养的"新民"，成为提振民族精神气、推动中国现代化的重要途径。维新派代表学者谭嗣同提出以"心力"塑造新国民的思想，在他看来，传统中国人重于"机心"，即将精力和智慧多用于算计、嫉妒、猜忌等思想行为方面，中国国民性改造的当务之急就是重视"心力"的作用，泯灭"机心""以心挽劫""以心解之"②，强调心理意志、思想理念、民族精神等对社会发展进步发挥能动作用。1895 年，严复在其发表的《原强》一文中，阐述了"民力、民智和民德"的三民思想。严复认为"鼓民力""开民智""新民德"，"此三者，自强之本也"③。在严复的"三民"思想基础上，梁启超进一步设计了"新民"的教育思想。梁启超在《新民说》《新民议》《中国积弱溯源论》等一系列文章中，明确提出了"欲维新吾国，当先维新吾民""新民为今日中国一急务"的观点。对于何为"新民"，梁启超进一步提出当以"力""德""智"④ 作为基本衡量标准，"一曰血气体力之强，二曰聪明智虑之强，三曰德行仁义之强"，"民德、民智、民力，实为政治、学术、技艺之大原"⑤。总体而言，以谭嗣同的"心力"思想、严复的"三民"思想和梁启超的"新民"思想为代表的戊戌国民性反思浪潮，开辟了民族思想启蒙和精神觉醒的新境界。维新派强调对人的德、智、体的全面培育，表达了中国人在强烈社会变革背景下寻求心灵转换的强烈愿望。

再次，新文化运动前期的"立人"思想。从辛亥革命到五四运动爆发前，这一时期是民族资产阶级迅速成长的阶段，同时在新文化运动的文化解放和思想启蒙的促动下，这一时期对人的培育和塑造有了新的认识，即"立人"思

---

① 龚自珍. 龚自珍全集 [M]. 上海：上海人民出版社，1975：92.
② 谭嗣同. 谭嗣同全集·仁学 [M]. 北京：中华书局，1981：291.
③ 严复. 严复集·原强：第 1 册 [M]. 北京：中华书局，1986：14.
④ 梁启超在《新民说》中将"民力、民德、民智"细分为"公德、进取冒险、国家思想、权利思想、自由、自治、自尊、进步、合群、生利分利、毅力、义务思想、尚武、私德、民气、政治能力"十六个要素。
⑤ 梁启超. 梁启超全集 [M]. 北京：北京出版社，1999：620.

想形成。以高扬民主和科学为时代号角，陈独秀、李大钊、胡适、鲁迅等一批新文化运动先驱将人的教育由"新民"的理念转向了"立人"的理念，这一转变实现了由"民"向"人"的时代进步，将人的培育和塑造由国家和民族整体性的视野拓展到人的尊严、价值、需要和生命的具体领域。新文化运动前期"立人"思想的提出，张扬了人的价值和生命至上的原则，凸显了人的主体性，极大地提升了近代以来人的精神境界和思想觉悟。"立人"思想注重个体生活和发展中对幸福的追求，遵循人的生命至上的原则。例如，胡适指出"人是生物，生命便是一义"①。同时，在新文化运动的思想家看来，欢愉和幸福是人与生俱来的权利，"去苦就乐，亦乃人性之自然、天赋之权利"（李亦氏《新青年·人生唯一之目的》）。同时，"立人"思想主张突出"自我"，实现个体本位的价值诉求。鲁迅在其著作《破恶声论》《文化偏至论》中明确提出"人各有己""朕归于我"的命题，指出"意盖谓凡一个人，其思想行为，必以己为中枢，亦以己为终极即立我性为绝对之自由者也"②。李大钊也认为："吾人欲寻真理之所在，当先知我之所在，即其我之身份、智识、境遇以求逻辑上真实之本分，即为真理。"③ 此外，"立人"思想主张以个人本位的价值取向取代传统封建家族主义，即以自由、平等、人权取代传统伦理道德中的等级、压迫和依附。正如陈独秀在《新青年》撰文指出："西洋民族以个人为本位，东洋民族以家族为本位……（东方民族）欲转基因，是在以个人本位主义，易家族本位主义。"④ 从中能够看出"立人"思想带有鲜明的资产阶级性质，其所主张的资本主义价值理念与中国当时极端贫困落后的具体实际存在着落差和不相容性，因此并不能够完全适合中国的国民性改造。但也应当看到，新文化运动思想家提出的"立人"思想所提倡的人的尊严和价值，促进了国人个性解放和个体价值的觉醒，这对当时的国人而言"是最新鲜又最需要的一针注射"，起到了"最大的兴奋作用和解放作用"⑤。

最后，五四运动之后的"无产阶级新人"塑造。新文化运动前期的"立人"思想虽肯定了人的主体地位和价值，但其讨论范畴和价值标准仍属于资产阶级性质。在新文化运动后期，一方面，第一次世界大战的爆发及其所引发的严重后果使得人们开始对资本主义文明模式产生了怀疑，由此具有资产阶级

① 葛懋春，李兴芝．胡适哲学思想资料选：上册［M］．上海：华东师范大学出版社，1981：320.
② 鲁迅．鲁迅全集：第1卷［M］．北京：人民文学出版社，1981：51.
③ 李大钊．李大钊全集：第1卷［M］．石家庄：河北教育出版社，1999：452.
④ 陈独秀．陈独秀著作选：第1卷［M］．上海：上海人民出版社，1993：166.
⑤ 胡适．胡适文集：第5卷［M］．北京：北京大学出版社，1998：510.

性质的国民性改造也受到了质疑。另一方面，俄国十月革命成功，李大钊、陈独秀等人开始认识到马克思主义是中国探求文化转型和国民性改造的唯一出路，进而基于马克思主义理论方法，并结合中国实际，提出系统完整的国民性改造思路，即"无产阶级新人"塑造。"无产阶级新人"思想着重塑造在社会主义条件下具有全新社会价值取向、道德伦理规范和社会行为规范的"新人"。其中第一个特征是实现人的个性解放和大同团结的有机统一。五四运动后，李大钊、陈独秀等人通过对马克思主义的理解和掌握，开始否定之前单纯追求个人至上的国民性改造思路，强调通过阶级解放和集体主义来重塑新的国民性。正如李大钊所指出的，"个性解放，断断不是单力求一个分裂就算了事，乃是为了一切个性，脱离了旧绊锁，重新改造一个普通广大的新组织。一方面是个性解放，另一方面是大同团结。这个个性解放运动，同时伴着一个大同团结的运动"①。第二个特征是"肉灵一致"。在李大钊看来，实现"肉灵一致"需要通过"物心两面"②的改造。即只有在物质变革和精神道德改造的双重因素的影响下，才能展现人的本质，塑造出符合现代社会发展的"新人"。第三个特征是"不断地自我改造"。五四运动之前的国民性改造更多意义上是"被动型的精英改造模式"，五四运动之后，李大钊、陈独秀等人在十月革命中看到了民众力量的伟大，开始注重发挥人的主观能动性，充分调动民众自我改造的积极性，正如李大钊指出的，"真正的解放……是要靠我们自己的力量，抗拒冲决"③。第四个特征是具有革命精神和革命热情。五四运动之后，人们逐渐认识到，国民性改造作为一项系统复杂的社会变革工程，并不能依靠少数精英知识分子摇旗呐喊就能够完成，而是要充分激发人民大众的革命热情和革命精神，由此掀起一股广泛而深刻的思想启蒙运动。陈独秀为此而呼吁道："你们要参加革命，你们要在参加革命运动中，极力要求在身体在精神上解放你们自己，解放你们数千年来被人轻视被人侮辱被人束缚的一切锁链。"④ 总体而言，五四运动后期的"无产阶级新人"重塑，既倡导个人与社会有机结合的生存价值，也坚持人的物质和精神相结合的人本立场，并在培育"新人"的方法上注重人的主观能动性，突出人的革命精神，由此找到了一条符合中国实际的国民性改造和文化转型的路径。

---

① 李大钊. 李大钊全集：第3卷 [M]. 石家庄：河北教育出版社，1999：578.
② 李大钊. 李大钊全集：第3卷 [M]. 石家庄：河北教育出版社，1999：251.
③ 李大钊. 李大钊全集：第3卷 [M]. 石家庄：河北教育出版社，1999：296.
④ 陈独秀. 陈独秀文章选编：中卷 [M]. 上海：生活·读书·新知三联书店，1984：114.

第三章　中国共产党百年历程中的中国精神培育

在近代半殖民半封建社会，为了中华民族救亡图存和实现中国精神重振，许多仁人志士和社会政治组织先后提出各种各样的政治主张，但无一例外均以失败告终。只有中国共产党坚持了马克思主义与中国具体实际相结合，并使之中国化，从而实现了中华民族解放和富强的百年夙愿。中国化的马克思主义在引领中华民族实现民族独立和人民解放的同时，也赋予了中国精神以丰富的时代内涵，开辟了中国精神的新境界。在这一过程中，中国共产党为促进民族团结、凝聚精神力量，开展了卓有成效的中国精神培育，并积累了丰富的培育经验。这些经验主要包括：始终坚持以马克思主义理论为精神指引；以民族自尊心、自信心、自豪感促进民族精神提振；以宣传教育的主动性、针对性和实效性实现人的精神塑造；以社会主义先进文化建设实现精神凝聚；以实现中华民族伟大复兴为培育的精神旨归。

第一节　百年历程中的中国精神发展历程

在近代中国外侮内乱的时代困境下，先进仁人志士积极探索和寻求救亡图存的主张，促进了中华民族精神的近代觉醒和转型。"十月革命一声炮响，给我们送来了马克思列宁主义。"①"推进马克思主义中国化时代化是一个追求真理、揭示真理、笃行真理的过程"②，在中国共产党领导中华民族和中国人民

---

① 毛泽东. 毛泽东选集：第四卷 [M]. 北京：人民出版社，1991：1471.
② 习近平. 高举中国特色社会主义伟大旗帜 为全面建设社会主义现代化国家而团结奋斗：在中国共产党第二十次全国代表大会上的报告 [M]. 北京：人民出版社，2022：16.

在争取民族独立解放和国家繁荣富强的伟大奋进历程中，将马克思主义科学理论与中国实际相结合，不断赋予了民族精神以新的时代内涵，使马克思主义逐渐融入中华民族的精神内核，进而成为促动中华民族实现伟大复兴的精神动因。正是基于此，毛泽东曾指出"自从中国人学会了马克思列宁主义以后，中国人在精神上就由被动转入主动"①。

一、新民主主义革命时期的精神淬砺

以 1919 年五四运动爆发为开端，至 1949 年新中国成立，是中国近现代史上的新民主主义革命时期。这一时期以毛泽东同志为主要代表的中国共产党人将马克思主义基本原理与近代中国革命的具体实践相结合，开创了"农村包围城市、武装夺取政权"的中国特色革命发展道路，推翻了帝国主义、封建主义、官僚资本主义"三座大山"的统治，建立了由无产阶级领导的、以工农联盟为基础的新的人民政权，从而实现了马克思主义中国化的一次历史飞跃。新民主主义革命时期，中国共产党在领导中华民族和中国人民争取民族独立解放的斗争中，将马克思主义的立场、观点和方法作为引领和推动中国近现代历史发展的核心精神要素，并培育出了一系列反映民族精神、彰显时代价值、体现政党性质、凝聚革命力量的中国革命精神，例如"红船精神"、井冈山精神、长征精神、延安精神、红岩精神等，这些革命精神既是中国共产党优良作风和良好精神风貌的集中展现，也是促动中国精神实现近现代发展升华的具体展现。

1. 建党时期的中国精神（1919—1927 年）

从 1919 年的五四运动到 1927 年的大革命失败，这一时期是中国共产党的初创时期，也是中国人民艰难探索中国革命的发展出路的时期。这一时期，一批先进知识分子和中国共产党人在革命实践活动中，先后塑造了五四精神、"红船精神"、北伐精神等革命精神。

首先，以巴黎和会中国外交失败为直接导火索的五四运动，在公开打出"外争国权、内惩国贼"的口号下，形成了由工人阶级、学生群众和新兴民族资产阶级共同组成的爱国主义阵营，由此无产阶级作为一支独立的力量正式登上历史舞台，并在革命中发挥了主力军的作用。五四运动作为一次"彻底地不妥协地反帝和反封建运动"，开启了一个新的历史阶段，并孕育出了伟大的

---

① 毛泽东. 毛泽东选集：第四卷［M］. 北京：人民出版社，1991：1516.

五四精神①，这种精神具体表现为"爱国、进步、民主、科学"。五四精神既继承了中国精神中的爱国主义精神传统，同时又体现出了新的时代特征，即五四精神首次体现出"彻底地不妥协地反对帝国主义和封建主义的性质"，这是中国旧民主主义革命乃至中国传统精神中不曾有的新元素。同时，五四精神所高扬的爱国主义旗帜，包含了"科学、民主、人权、自由、理性"等新的时代元素，促进了爱国主义精神的时代转变。此外，五四精神中注入了马克思主义的因素，在认识、传播和接受马克思主义和社会主义思想的过程中，开启了中国新民主主义的新的历史阶段。

其次，标志着中国共产党成立的中共一大在嘉兴南湖的一条小船上闭幕，这条见证中国历史上开天辟地大事件——中国共产党诞生的小船，由此获得了一个永载史册的名字——红船。因此，"红船精神"表征着中国共产党的建党精神，是中国革命精神的源头，"中国共产党历史上形成的优良传统和革命精神，无不与之有着直接的渊源关系"②。习近平总书记在《弘扬"红船精神"走在时代前列》中将"红船精神"概括为"开天辟地、敢为人先的首创精神，坚定理想、百折不挠的奋斗精神，立党为公、忠诚为民的奉献精神"③。其中，"首创精神"是"红船精神"的核心，是动力之源；"奋斗精神"是"红船精神"的支柱，是胜利之本；"奉献精神"是"红船精神"的本质，是政德之基。2021年，在庆祝中国共产党成立100周年大会上，习近平总书记总结、概括、提炼了中国共产党在百年奋斗历程中形成的伟大建党精神，即"坚持真理、坚守理想，践行初心、担当使命，不怕牺牲、英勇斗争，对党忠诚、不负人民"④，并深刻指出伟大建党精神是中国共产党的精神之源。

再次，1924年以国民党一大为标志，国共两党以孙中山的"联俄、联共、扶助农工"的"新三民主义"为基础，以"打倒列强、除军阀"为目标，展开了一次国共合作。在此背景下，针对消灭吴佩孚、孙传芳、张作霖"三大军阀"的北伐战争由此爆发。在北伐战争过程中，以黄埔军校为主力军，工

---

① 李大钊将五四精神总结为"爱国、直接行动、人类自由"三个方面；陈独秀将五四精神总结为"直接行动和牺牲精神"；五四运动的主要倡导者罗家伦将其总结为"学生牺牲的精神、社会裁判的精神、民族自决的精神"；毛泽东在1942年的延安干部会议上将五四精神总结为"科学和民主的精神"；胡锦涛将五四精神总结为"爱国、进步、民主、科学"的伟大精神；习近平总书记在纪念五四运动100周年大会上强调："五四运动，孕育了以爱国、进步、民主、科学为主要内容的伟大五四精神，其核心是爱国主义精神。"
② 习近平. 弘扬"红船精神"走在时代前列 [N]. 人民日报，2017-12-21 (002).
③ 习近平. 弘扬"红船精神"走在时代前列 [N]. 人民日报，2017-12-21 (002).
④ 习近平. 庆祝中国共产党成立100周年书大会上的讲话 [M]. 北京：人民出版社，2021：8.

农大众积极配合，国共两党精诚合作，共同塑造了北伐精神。北伐精神是一种"立场坚定、顾全大局、敢当先锋、共同对敌的精神"①，尤其是北伐战争中体现出来的"黄埔精神"和"独立团精神"，是北伐精神的具体展现。"黄埔精神"秉承了黄埔军校"亲爱精诚"的校训，以"团结""奋斗""牺牲"三大精神为支撑，在北伐战争中谱写了一曲壮丽的爱国诗篇；"独立团精神"是由叶挺领导的独立团在北伐战争中敢当先锋、奋勇杀敌、视死如归的集中体现，北伐战争中的"独立团精神"奠定了此后新四军"铁军精神"的基础，也奠定了中国人民解放军军队精神的基础。

2. 土地革命战争时期的中国精神（1927—1937 年）

1927 年以蒋介石、汪精卫为代表的国民党右派势力突然叛变革命，策划发动了"四·一二"反革命政变和"七·一五"反革命政变，"国内政治局势徒然逆转，轰轰烈烈的中国大革命中途夭折"②。在此严峻的考验面前，中国共产党在"八七会议"上确立了新的土地革命和武装反抗国民党的战略方针，由此开启了国共对峙的新的历史时期，即 1927—1937 年的土地革命战争时期。这一阶段以"土地革命和武装反抗国民党"为总方针，探索出一条适合中国国情的革命发展道路，实现了马克思主义中国化的一次历史飞跃，由此塑造出了以井冈山精神和长征精神为代表的革命精神，有力地促动和升华了中国精神。

首先，井冈山精神的塑造。1927 年，毛泽东领导秋收起义的工农革命军来到井冈山，创建了中国第一个农村革命根据地——井冈山革命根据地，点燃了中国革命的"星星之火"，开辟了"工农武装割据""农村包围城市"的独特革命道路，系统地回答了"中国进行什么样的革命和怎样取得革命胜利"的问题，从而使井冈山成为中国革命的摇篮，并塑造出了伟大的井冈山精神。1993 年，胡锦涛在论及井冈山精神时指出"发扬井冈山精神要弘扬实事求是、敢创新路的精神，矢志不渝、百折不挠的精神，艰苦奋斗、勇于奉献的精神"；2001 年，江泽民对井冈山精神的科学内涵做出了概括，即"坚定信念、艰苦奋斗、实事求是、敢创新路、依靠群众、勇于胜利"的精神③。井冈山精神是中国革命精神的源头，以毛泽东同志为主要代表的中国共产党人所进行的"井冈山上的斗争"，奠定了中国共产党优良的革命传统、组织作风、理想信念和道德情操。

---

① 李小三. 中国共产党人精神研究 [M]. 北京：中央文献出版社，2008：200.
② 胡绳. 中国共产党七十年 [M]. 北京：中共党史出版社，1991：67.
③ 李小三. 解读井冈山 [M]. 北京：党建读物出版社，2007：201.

其次，长征精神的塑造。1934 年，在红军第五次反围剿失利以后，中央红军主力被迫撤离中央苏区。1935 年，红军占领黔北重镇——遵义，并召开中央政治局扩大会议，史称遵义会议，此后红军摆脱了"左"倾冒险主义错误，开启了艰苦卓绝的二万五千里长征，在此过程中孕育出了伟大的长征精神。长征过程中，中国共产党能够根据具体的革命形势发展，及时纠正党内"左"倾教条主义错误路线，制定正确的军事路线和组织路线，这体现了中国共产党实事求是、一切从实际出发的求实精神；长征经历了四渡赤水、南渡乌江、巧渡金沙江、强渡大渡河、飞夺泸定桥、爬雪山、过草地、途经闽、赣、粤、湘、桂、贵、川、滇、藏、甘、陕 11 个省份，克服了自然环境和战争环境的重重艰难险阻，最终完成了举世闻名的二万五千里长征，这体现了红军不怕困难、不怕牺牲、知难而进的英雄气概和自强不息的精神；长征中，红军将士"革命理想高于天""红军不怕远征难、万水千山只等闲"的凌云壮志和大无畏气概，体现了共产主义的理想信念，这是长征中红军战胜各种困难的强大精神支柱。正如邓小平所指出的："为什么我们过去能在非常困难的情况下奋斗出来，战胜千难万险使革命胜利呢？就是因为我们有理想，有马克思主义信念，有共产主义信念。"[1] 同时，二万五千里长征的胜利离不开红军战士风雨同舟、互助友爱、紧密团结的协作精神，更离不开与人民群众生死相依、患难与共的精神，没有沿途各族群众的支持与帮助，就不可能有长征的胜利，"紧紧依靠人民群众，同人民群众生死相依、患难与共、艰苦奋斗的精神"[2] 是长征精神的重要内涵。

3. 全面抗战时期和解放战争时期的中国精神（1937—1949 年）

1937—1949 年，中国经历了两个时期，一是从 1937 年"七七事变"日本全面侵华战争开始至 1945 年中国抗日战争胜利，这一时期中华民族和日本帝国主义之间的矛盾上升为主要矛盾，全民族共同抗日成为时代主题；二是从 1947 年人民解放军由战略防御转入战略进攻至 1949 年新中国成立，这一时期国共两党内战全面爆发，"打倒蒋介石，解放全中国"成为响亮的时代口号。可以看出，1937—1949 年，一方面是中国革命由弱到强，由被动到主动，逐渐走向胜利的转折时期；另一方面也是中国共产党领导中国人民进行艰苦卓绝的斗争，打败日本帝国主义和国民党反动派的过程。这一时期中国革命精神得以全面展现，形成了抗战精神、延安精神、西柏坡精神等时代精神。

---

① 邓小平. 邓小平文选：第三卷 [M]. 北京：人民出版社，1993：110.
② 江泽民. 江泽民文选：第一卷 [M]. 北京：人民出版社，2006：590.

首先，抗战精神的内涵。1937—1945 年，持续了八年时间的抗日战争，中华民族同仇敌忾，"共歼灭日军 155 万多人，并为此付出了 3 500 多万人的伤亡，经济损失总共 6 000 多亿美元的巨大代价"①。中国人民全面抗战的胜利，对世界反法西斯战争的胜利发挥了重要作用，同时也是中国近代一百多年来反抗帝国主义侵略的一次全面胜利，并由此孕育出了伟大的抗战精神。2014 年，习近平总书记在纪念中国人民抗日暨世界反法西斯胜利 69 周年座谈会上首次系统提出了抗战精神的内涵，即"天下兴亡、匹夫有责的爱国精神，视死如归、宁死不屈的民族气节，不畏强暴、血战到底的英雄气概，百折不挠、坚韧不拔的必胜信念"②，这四个方面的抗战精神既涉及国家层面和民族层面，也涉及个体层面和信念层面，即国家层面上"责"的精神、民族层面上"义"的精神，个体层面上"勇"的精神、信念层面上"韧"的精神，共同构成了统一的整体，是中国精神在抗战特定时期的凸显。

其次，延安精神的内涵。延安是中国革命的圣地。从 1935 年毛泽东、朱德带领中央红军到达陕北吴起镇到 1948 年中共中央东渡黄河转向华北，这 13 年被称为延安时期。延安时期跨越了新民主主义革命阶段的三个历史时期：土地革命战争后期、红军战略转移、粉碎国民党围剿时期；抗战过程中全民族统一战线时期；解放战争时期争取国内和平，推翻反动统治时期。在这一时期，中国共产党领导全国各根据地尤其是陕甘宁边区人民在抗日战争、反摩擦斗争和根据地建设过程中形成了伟大的延安精神。从延安精神的组成部分来看，其是由抗战精神、整风精神、南泥湾精神、民主统一精神、抗大精神、白求恩精神、张思德精神、愚公移山精神等具体的时代精神共同汇铸而成，体现着中国共产党革命、团结和根据地建设的精神轨迹。从延安精神的内涵来看，其体现着自力更生、艰苦奋斗的创业精神；解放思想、实事求是的思想路线；全心全意为人民服务的根本宗旨；"抗日救国、民族独立"的坚定正确的政治方向等方面。总体而言，延安精神是中国共产党在革命战争中的优良传统和作风的升华和凝练，展现了马克思主义科学理论与中国传统爱国主义精神相结合而形成的无产阶级革命精神风貌，是中国革命精神的集中展现。

最后，西柏坡精神的内涵。1947 年 5 月至 1949 年 3 月，中共中央迁驻河北西柏坡，使这个普通的山村成为"解放全中国的最后一个农村指挥所"。在这里，中国共产党实现了由革命党向执政党、由农村向城市、由武装斗争向和

---

①　吴潜涛. 中国精神教育读本 [M]. 北京：人民出版社，2014：69.

②　习近平. 在纪念中国人民抗日战争暨世界反法西斯战争胜利 69 周年座谈会上的讲话 [N]. 人民日报，2014-09-04（002）.

平建设、由新民主主义向社会主义的重大转折，为促进新民主主义革命的胜利和新中国的成立提供了思想奠基和强大的精神促动，从而形成了独特的西柏坡精神。西柏坡精神的内涵是围绕着历史转折的主题而展开的，即围绕如何打倒国民党反动派、如何建立新中国、如何建设社会主义、如何建设执政党等问题。西柏坡精神体现了敢于斗争、敢于胜利的"两个敢于"的进取精神；坚持依靠群众、坚持人民参政的"两个坚持"的民主精神；善于破坏旧世界、善于建设新世界的"两个善于"的科学精神；以及务必保持谦虚谨慎、不骄不躁的作风和务必保持艰苦奋斗的作风的"两个务必"的创业精神。正是对西柏坡精神的时代主题和精神内涵的总体性把握，有学者从西柏坡时期的"破""立""防"三个方面总结了西柏坡精神体系，即以"破"为核心的革命革新精神包含了"两个敢于精神""除恶务尽精神""攻坚克难精神""民主团结精神"等；以"立"为核心的创业探索精神包含了"勤于学习精神""善于创新精神""实干兴邦"精神等；以"防"为核心的居安思危精神包括了"严明纪律精神""科学谨慎精神""防患未然精神""有错必纠精神"等①。

二、社会主义革命和建设时期的精神写照

1949 年 10 月 1 日新中国成立，"标志着一百多年来殖民主义、帝国主义同封建统治者勾结起来奴役中国人民的历史和内外战乱频仍、国家四分五裂的历史从此结束。中国人民从此站立起来，成为新国家、新社会的主人"②。新的历史实践孕育新的精神，在中国共产党领导中国人民建设自己国家的历史探索和坚持改革开放的伟大实践进程中，爱国主义精神内涵日益丰富，改革创新精神不断涌现，并且不断汇集成时代奋进的"精神气"，为中国精神增添了新的时代注解，促进了中国精神在新的历史条件下的发展与升华，形成了一条与中国社会主义发展有机统一的独特精神轨迹。

在社会主义革命和建设时期，新中国在经济基础极为薄弱的条件下进行了大规模的社会主义工业化建设。在这一过程中，为改变贫困落后的面貌，使社会主义在新中国建立并稳固，中国共产党领导中国人民在社会主义改造和建设的过程中表现出了斗志昂扬、忘我工作的理想主义精神和独立自主、自力更生的革命英雄主义精神。其中就包括了新中国成立初期以爱国主义和国际主义为核心的抗美援朝精神，以艰苦奋斗、不畏牺牲为特点的时代楷模精神，以自力

---

① 张志红，杨士泰. 论西柏坡精神体系 [J]. 河北学刊，2015，35（2）：187-188.
② 胡绳. 中国共产党七十年 [M]. 北京：中共党史出版社，1991：234.

更生、独立自主、勇于创新为表征的科学研究精神。这些精神既是新中国建设时期团结奋斗的具体体现，也是社会主义历史新阶段中国精神的时代彰显。

具体而言，在新中国成立之初，美国公然武装干涉朝鲜内战，人民志愿军在"抗美援朝、保家卫国"的号召下，在朝鲜战场上英勇战斗、舍生忘死，同时国内各个战线踊跃捐款捐物，积极援助抗美援朝，形成了声势浩大的爱国主义运动，铸就了伟大的抗美援朝精神。抗美援朝精神体现了为祖国和人民利益无畏牺牲的爱国主义精神，体现了坚忍不拔、勇往直前的革命英雄主义精神，也体现了士气高昂的革命乐观主义精神和慷慨奉献的革命忠诚精神，以及为维护正义与和平不懈奋斗的国际主义精神，是"中华民族传统美德和民族品格的集中体现，是以爱国主义为核心的民族精神的具体体现"①。同时，这一时期也涌现出了以雷锋、王进喜、焦裕禄为代表的时代楷模，集中展现了中国人民建设社会主义的精神风貌。

1963 年，毛泽东发出"向雷锋同志学习"的号召，周恩来进一步将雷锋精神总结为"憎爱分明的阶级立场，言行一致的革命精神，公而忘私的共产主义风格，奋不顾身的无产阶级斗志"②。雷锋精神体现了一个平凡的劳动者爱国爱民的赤子热情、刻苦钻研的"钉子精神"、克己奉公的奉献之情和忠于职守的"螺丝钉精神"，是这一时期社会主义普通劳动者的精神体现。焦裕禄精神是社会主义建设时期党员干部艰苦奋斗、无私奉献的真实写照。2009 年，时任国家副主席习近平在兰考县考察时，将焦裕禄精神总结为"亲民爱民、艰苦奋斗、科学求实、迎难而上、无私奉献"的精神。此外，社会主义建设时期的"铁人精神"是以王进喜为代表的工人阶级的精神展现，发扬了"实干、创业、拼命"的精神，集中体现了工人们艰苦创业、无私奉献、团结拼搏的精神风貌。

新中国成立初期，由于受到国际军备竞赛、"核讹诈"和武力威胁的影响，在国内经济和科学基础十分薄弱的现实背景下，以毛泽东同志为主要代表的中国共产党人果断做出独立自主研制"两弹一星"的战略决策。我国于1960 年成功发射第一枚近程导弹，1964 年成功试爆第一颗原子弹，1967 年成功试爆第一颗氢弹，1970 年成功研制第一颗人造卫星——"东方红一号"。这一连串成绩的背后是无数科研工作者在技术落后、工作条件极其艰苦的环境下艰苦奋斗、自力更生、勇于创新的结果，是科学研究精神和爱国主义精神有机

① 习近平. 在纪念中国人民志愿军抗美援朝出国作战 60 周年座谈会上的讲话 [N]. 人民日报, 2010-10-26 (003).

② 刘武生. 周恩来军事文选：第四卷 [M]. 北京：人民出版社, 1997：479.

统一的典范。"两弹一星"精神极大地促进了新中国在国防和科技领域的发展，我国培养了一批无私奉献、勇于创新的科学家，也极大地提升了民族自豪感和自信心，集中体现为"热爱祖国、无私奉献、自力更生、艰苦奋斗、大力协同、勇于攀登"① 的精神。

三、改革开放和社会主义现代化建设新时期的民族精神和时代精神

1978 年，以中共十一届三中全会的召开为标志，以邓小平同志为主要代表的中国共产党人全面深刻总结了社会主义现代化建设新时期的正反两方面经验，将党和国家的工作重心转移到经济建设上来，开启了改革开放的伟大征程。伟大的实践孕育伟大的精神，习近平总书记在庆祝改革开放 40 周年大会上的讲话中指出："改革开放铸就的伟大改革开放精神，极大丰富了民族精神内涵，成为当代中国人民最鲜明的精神标识。"② 在改革开放进程中，中国共产党团结带领全党全国各族人民，继承了社会主义革命和建设时期艰苦奋斗、爱国奉献的优良传统，并结合改革开放新阶段的时代特征，形成了以改革创新为核心的时代精神，使中国精神在改革开放的伟大实践中不断凝练和升华，呈现出新的时代样态。改革创新作为中国精神的时代表征，是一种不断追求发展和不甘落后的奋斗状态，也是一种解放思想、大胆求新、锐意进取的精神状态。时代是思想之母，实践是理论之源。改革创新精神深深地扎根于改革开放的伟大实践，并通过小岗精神、特区精神、载人航天精神、体育精神和抗灾精神等具体实践精神体现出来。

小岗精神是改革开放进程中劳动者尤其是基层农民奋斗精神的真实写照。1978 年，安徽省凤阳县小岗村率先打破"大锅饭"的生产生活方式，实行生产经营包产到户的"大包干"，调动了农民生产劳动的积极性，开创了中国农村土地家庭联产承包责任制的历史先河，也由此揭开了中国改革的大幕。小岗村包产到户的改革实践展现出敢于实践、自力更生、艰苦奋斗的精神状态，这种"敢闯、敢试、敢为天下先"的实践探索开创出中国农村改革的新天地，其体现出来的敢为人先的实践精神和自力更生的奋斗精神也成为小岗精神的基本内涵。与中国农村改革精神相对应，城市改革精神的典型代表就是特区精神。在改革开放初期，中央先后在东部沿海设立了深圳、珠海、汕头、厦门和海南五个经济特区。这些经济特区采取特殊政策和灵活措施，改革管理经验和

---

① 江泽民. 在表彰为研制"两弹一星"作出突出贡献的科技专家大会上的讲话 [N]. 人民日报，1999-09-19 (01).

② 习近平. 在庆祝改革开放 40 周年大会上的讲话 [M]. 北京：人民出版社，2018：14.

技术设备，创造了沿海发展奇迹，对进一步更大范围的改革开放起到了良好的示范和引领作用，由此也形成了以"敢闯、敢冒、敢试、敢为天下先"为核心的特区精神。总体而言，小岗精神和特区精神作为改革开放初期实践探索的精神写照，深刻体现了解放思想、实事求是的精神本质，突出了改革创新的时代精神气质。

改革开放进程中，中国精神在科技发展领域的典型代表就是载人航天精神。作为中国科技领域规模最大、技术最难、系统最为复杂、安全性和可靠性要求最高的跨世纪工程，载人航天工程自 1992 年批准立项以来，从 1999 年神舟一号到 2021 年神舟十二号连续发射成功，一次次实现历史性的科技突破。载人航天事业的发展进步，彰显了以中国航天人为代表的科技工作者"特别能吃苦、特别能战斗、特别能攻关、特别能奉献"[1] 的载人航天精神。"四个特别"集中体现了以爱国主义为核心的民族精神和以改革创新为核心的时代精神。改革开放以来的体育运动也成为提振中国精神的关键因素。20 世纪 80年代，中国女排历史性地实现五连冠，顽强战斗、勇敢拼搏的女排精神，激励着几代人投身到改革开放和社会主义现代化建设当中。女排精神不仅成为中国体育精神的一面旗帜，而且成为整个民族锐意进取、顽强拼搏的精神动力。2008 年 8 月，第 29 届奥运会在北京举行，此次盛会被称为"有史以来最为出色的奥运盛会"。奥运会的成功举办，有力地激发了全中国人民、全世界华人华侨的爱国热情，提升了中华民族的凝聚力和向心力。同时，本届奥运会中国运动员获得的金牌数位居榜首，再一次向世界展示了中华民族自强不息、坚忍不拔、顽强拼搏的精神风貌，所孕育的北京奥运精神集中体现为为国争光的爱国精神、同心协力的团队精神、精益求精的敬业精神、锐意进取的奋斗精神。改革开放以来的中国体育精神，极大地激发了中华儿女的爱国情愫，促进了中国精神的理念和价值的培育和弘扬。同时，体育运动所体现出来的和谐包容、志愿服务、昂扬向上、公平竞争等精神要素，为中国精神注入了新的精神元素。

此外，中国精神在抗击灾害过程中不断磨砺和升华。中国幅员辽阔，环境条件十分复杂，决定了我国存在自然灾害种类多、频率高、差异大，灾害的共生性和伴生性明显的情况。从历史进程来看，中国精神的形成、发展与抗击灾害过程中的实践磨砺、精神凝聚息息相关。20 世纪 90 年代以来，中国先后经历了 1998 年特大洪水灾害、2003 年"非典"重大突发性疾病、2008 年汶川大

---

① 中共中央文献研究室. 十七大以来重要文献选编 [M]. 北京：中央文献出版社，2009：503.

地震等特大型灾害。在抗击灾害过程中，中华民族团结一心、众志成城，取得了抗击灾害的伟大胜利，形成了以"万众一心、众志成城，不怕困难、顽强拼搏，坚韧不拔、敢于胜利"①为主要内容的"抗洪救灾精神"，以"万众一心、众志成城，团结互助、和衷共济，迎难而上、敢于胜利"②为主要内容的抗击"非典"精神，以"万众一心、众志成城，不畏艰险、百折不挠，以人为本、尊重科学"③为主要内容的"抗震救灾精神"。

特别是自2019年年底以来面对突如其来的新冠病毒感染疫情，"我们坚持人民至上、生命至上，坚持外防输入、内防反弹，坚持动态清零不动摇，开展抗击疫情人民战争、总体战、阻击战，最大限度保护了人民生命安全和身体健康，统筹疫情防控和经济社会发展取得重大积极成果"④。在同这场世纪疫情的殊死较量中，"中国人民和中华民族以敢于斗争、敢于胜利的大无畏气概，铸就了生命至上、举国同心、舍生忘死、尊重科学、命运与共的伟大抗疫精神"⑤。总体而言，抗灾精神包含着团结—心的民族情感和坚忍不拔的民族意志，促进了中国精神的凝聚和升华。

四、中国特色社会主义新时代中国精神的凝练与升华

党的二十大报告指出："新时代十年的伟大变革，在党史、新中国史、改革开放史、社会主义发展史、中华民族发展史上具有里程碑意义。"⑥ 就培育和弘扬的视角而言，新时代中国特色社会主义的历史性成就和历史性变革，意味着中国精神在中华民族"站起来—富起来—强起来"的伟大历史飞跃中开拓出新的精神境界；也意味着科学社会主义在21世纪中国的成功发展，进一步将马克思主义融入中国精神，并使之成为新时代中华民族实现伟大复兴的精神动力；更意味着中国特色社会主义所开拓的道路、制度、理论和文化展现出强烈的中国特色、中国风格和中国气派，彰显出独特的精神气质和价值理念，为解决人类问题贡献了中国答案和中国智慧。新时代提出新要求，当前着力解

① 江泽民. 江泽民文选：第二卷［M］. 北京：人民出版社，2006：230.
② 中共中央文献研究室. 十六大以来重要文献选编：上［M］. 北京：中央文献出版社，2005：384.
③ 中共中央文献研究室. 十七大以来重要文献选编［M］. 北京：中央文献出版社，2009：647.
④ 习近平. 高举中国特色社会主义伟大旗帜 为全面建设社会主义现代化国家而团结奋斗：在中国共产党第二十次全国代表大会上的报告［M］. 北京：人民出版社，2022：3.
⑤ 习近平. 习近平谈治国理政：第四卷［M］. 北京：外文出版社，2022：98.
⑥ 习近平. 高举中国特色社会主义伟大旗帜 为全面建设社会主义现代化国家而团结奋斗：在中国共产党第二十次全国代表大会上的报告［M］. 北京：人民出版社，2022：15.

决好发展的不平衡和不充分的问题，满足人民日益增长的美好生活需要，全面推进社会主义现代化建设，实现中华民族伟大复兴，是新时代中国特色社会主义的主要任务和目标。"全面建设社会主义现代化国家，必须坚持中国特色社会主义文化发展道路，增强文化自信，围绕举旗帜、聚民心、育新人、兴文化、展形象建设社会主义文化强国，发展面向现代化、面向世界、面向未来的，民族的科学的大众的社会主义文化，激发全民族文化创新创造活力，增强实现中华民族伟大复兴的精神力量。"① 新时代推进文化自信自强，来源于以爱国主义为核心的民族精神，也来源于以改革创新为核心的时代精神，因此明确新的历史方位下中国精神的时代内涵和培育方略，促进中国精神的凝练和升华，是推动新时代中国特色社会主义发展，实现民族伟大复兴的关键举措。

中国精神内涵的凝练经历了一个过程。党的十六大报告对民族精神的内涵做出了界定，即"以爱国主义为核心，团结统一、爱好和平、勤劳勇敢、自强不息"②。之后的中共十六届六中全会对民族精神和时代精神做出了界定，提出"以爱国主义为核心的民族精神和以改革创新为核心的时代精神"③，并将其作为社会主义核心价值体系的精髓。2012 年，党的十八大报告进一步提出"大力弘扬民族精神和时代精神"的要求④。在 2013 年 3 月第十二届全国人民代表大会第一次会议上，习近平总书记从"实现中华民族伟大复兴中国梦"的视角，指出"实现中国梦必须弘扬中国精神。这就是以爱国主义为核心的民族精神，以改革创新为核心的时代精神。这种精神是凝心聚力的兴国之魂、强国之魂"⑤。这是习近平总书记首次提出中国精神的概念，并对中国精神的内涵进行了系统总结，即中国精神包括"以爱国主义为核心的民族精神"和"以改革创新为核心的时代精神"。此后，在 2014 年文艺工作座谈会上，习近平总书记提出"中国精神是社会主义文艺的灵魂"⑥，这不仅为新时代社会主义文艺工作提出了要求、点明了方向，而且也为当前培育和弘扬中国精神明确了新的境界和方法。在 2017 年党的十九大报告中，习近平总书记进一步提

① 习近平. 高举中国特色社会主义伟大旗帜 为全面建设社会主义现代化国家而团结奋斗：在中国共产党第二十次全国代表大会上的报告 [M]. 北京：人民出版社，2022：42-43.

② 江泽民. 全面建设小康社会 开创中国特色社会主义事业新局面：在中国共产党第十六次全国代表大会上的报告 [M]. 北京：人民出版社，2002：39.

③ 中共中央关于构建社会主义和谐社会若干重大问题的决定 [M]. 北京：人民出版社，2006：22.

④ 胡锦涛. 坚定不移沿着中国特色社会主义道路前进 为全面建设小康社会而奋斗：在中国共产党第十八次全国代表大会上的报告 [M]. 北京：人民出版社，2012：31.

⑤ 习近平. 习近平谈治国理政 [M]. 北京：外文出版社，2014：40.

⑥ 习近平. 在文艺工作座谈会上的讲话 [M]. 北京：人民出版社，2015：21.

出"社会主义核心价值观是当代中国精神的集中体现"① 的命题，从而明确了中国精神与社会主义核心价值观的内在关联，并以培育和践行社会主义核心价值观为着力点，将中国精神在现实实践层面落细落实。随后，在 2018 年第十三届全国人民代表大会第一次会议上，习近平总书记提出中国人民具有伟大的创造精神、伟大的奋斗精神、伟大的团结精神、伟大的梦想精神②，对中华民族精神进行了新的凝练和升华，彰显着时代精神的内在要求，为中国精神增添了新的时代注解。2021 年，中共十九届六中全会通过的《中共中央关于党的百年奋斗重大成就和历史经验的决议》中进一步指出：习近平新时代中国特色社会主义思想是当代中国马克思主义、二十一世纪马克思主义，是中华文化和中国精神的时代精华，实现了马克思主义中国化新的飞跃。作为中国精神的时代精华，习近平新时代中国特色社会主义思想是引领党和人民为实现中华民族伟大复兴不懈奋斗的伟大精神旗帜。

当前，在深刻把握新时代中国精神的概念和内涵的基础上，一项重要工作就是将新时代改革发展的精神要素及时有效地凝练和升华为中国精神，使之成为中华民族团结一心的精神纽带。自党的十八大以来，从提出实现"两个一百年"奋斗目标和中华民族伟大复兴中国梦，到党的十九大系统提出习近平新时代中国特色社会主义思想，再到党的二十大深刻把握习近平新时代中国特色社会主义思想的世界观和方法论，以习近平同志为核心的党中央全面深化了对中国共产党执政规律、社会主义建设规律、人类发展规律的认识，开拓出治国理政的新境界，形成了新时代治国理政的实践精神。在这一实践体系中，习近平新时代中国特色社会主义思想是行动指南；坚持党的领导是新时代治国理政实践精神的特征与优势；以中国式现代化全面推进中华民族伟大复兴总体目标，在新中国成立一百周年建成社会主义现代强国，是新时代治国理政实践精神的战略目标；中国特色社会主义事业"五位一体"是新时代治国理政实践精神的总体布局；协调推进"四个全面"是基本要素，并构成有机关联、逻辑严密的战略布局；"创新、协调、绿色、开放、共享"五大发展理念是新时代治国理政实践精神所秉持的核心理念。总体而言，新时代治国理政实践精神全面深刻地回答了新时代中国特色社会主义改革发展的一系列重大理论和实践

---

① 习近平. 决胜全面建成小康社会 夺取新时代中国特色社会主义伟大胜利：在中国共产党十九次全国代表大会上的报告 [M]. 北京：人民出版社，2017：42.

② 习近平. 在第十三届全国人民代表大会第一次会议上的讲话 [M]. 北京：人民出版社，2018：3-5.

问题，促进了中国精神的传统与当代、民族与世界、理论与现实、宏观与微观的有机融合，不断生成新的改革创新的时代精神和爱国主义的民族精神，促进了中国精神在新时代条件下的发展与升华。

第二节 中国共产党培育中国精神的历史经验

在中国共产党领导中华民族和中国人民追求民族独立解放、国家繁荣富强的百年伟大历程中，不断将马克思主义科学理论与中国革命、建设和改革的实践相结合，促进了民族精神的时代凝聚与升华，使中国人在精神上"由被动转入主动"。"一百年来，党领导人民浴血奋战、百折不挠，创造了新民主主义革命的伟大成就；自力更生、发愤图强，创造了社会主义革命和建设的伟大成就；解放思想、锐意进取，创造了改革开放和社会主义现代化建设的伟大成就；自信自强、守正创新，创造了新时代中国特色社会主义的伟大成就。党和人民百年奋斗，书写了中华民族几千年历史上最恢宏的史诗。"[1] 当前在实现中华民族伟大复兴的历史关头，总结中国共产党培育中国精神的历史经验，凝聚起中华民族团结奋进的"精神气"，具有重大的现实意义。

一、精神指引：坚持马克思主义理论指导

马克思主义是关于全世界无产阶级和人类解放的思想学说，是人类文明的优秀成果，科学地揭示了人类社会发展的客观规律。马克思主义以其深邃的思想理论和现实观照的实践品质，唤起了全世界范围内无产阶级的觉醒，促动着人类为实现自由解放而不懈奋斗。20世纪以来，马克思主义传入中国，为处在彷徨和迷茫中的中国人民走出黑暗提供了强大的精神武器。正如毛泽东指出的："自从中国人学会了马克思列宁主义以后，中国人在精神上就由被动转入主动。从这时起，近代世界历史上那种看不起中国人，看不起中国文化的时代应当完结了。"[2] 正是以马克思主义为精神指引，中国共产党开启了中华民族精神现代化的伟大历程，开辟了中国精神新境界。

中国精神是中华优秀传统文化的精神瑰宝，其虽具有鲜明的中国特色和突出优点，但也需要随着时代的发展而增加新的时代精神要素，尤其是近代以

---

① 本书编写组. 中共中央关于党的百年奋斗重大成就和历史经验的决议 [M]. 北京：人民出版社，2021：1-2.

② 毛泽东. 毛泽东选集：第四卷 [M]. 北京：人民出版社，1991：1516.

来，在经历深刻的民族反思思潮之后，如何实现中国精神的转型和升华，成为亟需解答的时代命题。马克思主义的引入，给困窘的中国人带来了新的希望。作为实践成果，在马克思主义的指引下，中国人民实现了民族独立解放和国家繁荣富强；作为思想文化成果，马克思主义和中华优秀传统文化的交流交融，为中国精神及其培育提供了广阔的视野、崭新的境界和有益的思路。可以说，马克思主义是中国精神能够在中国的革命、建设和改革历程中得以有效培育和弘扬的思想指引，马克思主义中国化的伟大历程是中国精神得以塑造、锤炼和升华的实践场域。需要指出的是，这一过程并没有隔断传统精神，而是以中华优秀传统文化和传统民族精神为母体，按照马克思主义的历史唯物主义世界观和方法论，并结合中国实际，在培育和弘扬传统文化精神的基础上，对中国精神加以改造和发展。止如毛泽东指出的："我们是马克思主义的历史主义者，我们不应当割断历史。从孔夫子到孙中山，我们应当给以总结，承继这一份珍贵的遗产。"[①] 以毛泽东同志为主要代表的中国共产党人在中国实现民族独立解放和繁荣富强的历程中，坚持运用马克思主义立场、观点和方法，批判继承了中国传统历史文化遗产，并灵活运用中华优秀传统文化丰富和发展马克思主义，实现了马克思主义中国化，由此创造性地形成了实事求是、变革求实、解放思想、群众路线、独立自主、理论联系实际、全心全意为人民服务、改革创新等具有中国风格和中国气派的精神品质。

十月革命后，马克思主义传入中国，直接催生了中国共产党这一代表中国最广大人民根本利益的先锋队组织，由此中国精神的现代发展有了坚定的实践者、向导者和执行者。中国共产党从一诞生，就如李大钊所言"欲以新的主义，唤醒民众，激奋精神"[②]，这种"新的主义"就是马克思主义。在中国现代化发展的百年历程中，中国共产党始终不忘初心、砥砺前行，将马克思主义与中国实际相结合，培育和弘扬了彰显时代内涵的中国精神。这集中表现在两个方面：其一，中国共产党始终以科学先进的马克思主义为思想武器，在中国革命、建设和改革的伟大历程中不断丰富思想、创新理论，形成了系统科学的中国化马克思主义理论成果，为中国精神的现代发展提供了坚强的理论指导；其二，中国共产党在领导中华民族和中国人民实现解放和富强的奋斗历程中，培育和弘扬了现代革命精神、社会主义建设精神和改革精神，这些精神以与中国共产党紧密相关的地名、人名、事件名为称谓，对促进中国精神的认知和认

---

① 毛泽东. 毛泽东选集：第二卷 [M]. 北京：人民出版社，1991：534.
② 佚名. 中共党史资料选编：第一卷 [M]. 北京：人民出版社，1980：42.

同发挥了极大作用。例如，新民主主义革命时期的五四精神、"红船精神"、井冈山精神、长征精神、延安精神、抗战精神、红岩精神和西柏坡精神等；社会主义革命和建设时期的大庆精神、红旗渠精神、雷锋精神、焦裕禄精神、"两弹一星"精神等；改革开放和社会主义现代化建设新时期的小岗精神、女排精神、航天精神、抗洪抗震精神、奥运精神等。这些精神凝聚了社会主义革命和建设的巨大力量，为中华民族自立自强提供了强大精神支撑，塑造了道德高尚、理想远大的社会主义新人。

坚持以马克思主义为指导，实现马克思主义中国化，为培育和弘扬中国精神开辟了新的道路。首先，马克思主义的引入及其中国化创造性地解决了中国精神的发展难题。在近代中华民族反思和觉醒的漫长而艰辛的历程中，中国人在精神文化层面陷于新与旧、东与西的"价值困窘"①之中，并始终在寻求一种既可以超越西方资本主义文明，又可以有效构建富强和谐的现代文明。马克思主义的引入，让中国人找到了一种能够超越西方价值，实现全人类解放和人的自由全面发展的新的思想文化，这恰恰是中国人在近代面对西方咄咄逼人的攻势和侵略时，寻求创建具有中国特色的现代文明的最佳途径。中国人对马克思主义的选择和坚持，使超越西方文明的社会主义价值在中国得到认可。由此，中国的现代化真正深入文化精神领域，中国精神在马克思主义中国化历程中得以拓展和升华。其次，马克思主义使中国精神在"世界历史"条件下实现转型升华成为可能。近代以来，随着生产力的发展和交往的扩大，各地区、各民族间的封闭状态逐渐被打破，在全球化的潮流中，"历史也就越是成为世界历史"②。马克思主义作为一种科学理论，具有鲜明的开放性，体现着超越一切偏私和狭隘的人类终极关怀。马克思主义的形成和发展正是通过充分地批判和吸收前人经验成果，并根据现实实践的变化，及时吸纳和调适，实现与时俱进。这种开放性的精神品质表现在文化精神领域就是能够历史地、客观地、辩证地看待一切人类文化。中华民族在马克思主义的引领下，在实现马克思主义中国"化"和"化"中国的过程中，科学准确地把握了人类社会的基本规律，确立了"世界历史"的时代方位和世界眼光，以开放包容的态度了解世

---

① 金耀基对近代中国人的"价值困窘"有形象的描述："中国人一直在'新''旧''中''西'中摇摆不停，他一方面要扬弃传统的价值，因为它是落伍的；另一方面，他却又极不愿意接受西方的价值，因为它是外国的。他强烈地希望中国能成为一个像西方的现代的工业国家，但同时，他又自觉地或不自觉地保护中国传统文化。"（参见：金耀基. 从传统到现代 [M]. 北京：中国人民大学出版社，1999：81.）

② 中共中央马克思恩格斯列宁斯大林著作编译局. 马克思恩格斯选集：第一卷 [M]. 北京：人民出版社，2012：168.

界、认识自身，实现文化自觉，走出了一条综合创新的精神发展之路。最后，马克思主义推动中国文化、政治、经济、社会、生态综合协调发展，为中国精神转型升华奠定了基础。马克思主义基于历史唯物主义的视角，认为社会的发展是政治、经济、文化等诸多因素综合发展、辩证统一的结果，其中经济是基础，决定着政治、文化、社会等因素。毛泽东也指出："一定的文化（当作观念形态的文化）是一定社会的政治和经济的反映，又给予伟大影响和作用于一定社会的政治和经济；而经济是基础，政治则是经济的集中的表现。"① 在这里，毛泽东阐释了经济、政治和文化之间的辩证统一关系，揭示了文化要在现代社会中占据愈益重要的地位，就必须要促进经济、政治、文化的综合协调发展。在马克思主义中国化的探索历程中，中国社会主义建设得出的一条宝贵经验就是要坚持社会主义政治、经济、文化、社会、生态的综合协调和良性互动。历史深刻地揭示了，单纯地依附于政治或者经济，或者纯粹依靠空想的、抽象的思辨所建构的文化终将无法适应现代"世界历史"的发展。在新的历史条件下，我们需要的文化精神体系应当是政治、经济、文化、社会、生态诸多因素综合协调的结果，这是马克思主义引入中国后，我们对培育和弘扬中国精神的新的理解和认识。

总体而言，文化精神层面的马克思主义中国化是一个马克思主义与中国文化和中国精神交流、交融、整合的过程。在这一过程中，中国精神得到了前所未有的培育和历练，中国精神的核心在马克思主义中国化过程中得到充实、改造和丰富，其精神和实质也不断得到培育、弘扬和发展。由此，传统的中国精神在马克思主义中国"化"和"化"中国的过程中被赋予了新的生命和活力，成为体现时代主题、把握时代特征、立足时代发展、彰显时代特色的新的中国精神。马克思主义的引入及其中国化，使中国精神实现了新的转型和升华，也为新的历史条件下培育和弘扬中国精神提供了历史契机和有利条件。

二、精神提振：树立民族自尊心、自信心、自豪感

民族自尊心、自信心和自豪感是个体对国家民族的一种深厚的情感，是在长期的生产生活过程中，个体对共同体、疆土、语言、文化、习俗、历史传统等所表现出来的热爱之情和由衷的向往。这种情感体验经世代传承、发扬、丰富、充实、创新，形成了一个国家和民族生生不息的强大精神力量和优秀传统。由此可以看出，民族自尊心、自信心和自豪感既是爱国主义的坚实思想基

---

① 毛泽东. 毛泽东选集：第二卷 [M]. 北京：人民出版社，1991：663.

础，也是一个国家和民族精神凝聚力和思想向心力赖以形成的基本前提。民族自尊心、自信心和自豪感属于民族自我意识的范畴，其形成必然要有一定的价值参照量的存在，即如果一个民族的生产生活仅限于内部的封闭空间，则这种民族自尊心、自信心和自豪感将无从谈起。事实上，一个民族现实的生产生活状况也必然伴随着与其他民族或国家的交往。只有在民族交往的实践中，一个民族才能够客观准确地完成自我评价和自我认识，民族自尊心、自信心和自豪感也随之形成。中国作为最早形成的世界文明古国之一，有着悠久的历史、广阔的疆域、丰富的资源、灿烂辉煌的文化传统，这使得中国人自古以来就有强烈的民族自尊心、自信心和自豪感。

但近代以来，在中西文明的对抗中，中国的连续挫败使得中国人的民族自尊心、自信心和自豪感受到沉重打击。如何在新的历史条件下重拾国人的民族自尊心、自信心和自豪感，提振中国精神，成为近代以来国人思索和探求的一个核心问题。先后经历了洋务运动、维新变法、辛亥革命和新文化运动的探索，中国共产党将马克思主义与中国实际相结合，领导中华民族和中国人民推翻了"三座大山"，实现了民族独立和解放，并在社会主义的建设和改革的伟大历程中，实现了国家繁荣富强，中国的国际地位和国际威望也空前提升。在这一过程中，中国人的民族自尊心、自信心、自豪感与社会主义的革命、建设、改革事业紧密相连，在中国共产党领导中华民族实现民族伟大复兴的奋斗历程中，中国人的自尊心、自信心和自豪感空前高涨，中国精神由此也得以培育和弘扬。

在新民主主义革命时期，中华民族面临的最大任务就是彻底推翻封建主义、帝国主义和官僚资本主义"三座大山"，争取民族独立、人民解放。因此，这一时期，中国共产党根据时代任务，提振国人自尊心、自信心和自豪感的具体做法就是最大限度地凝聚人心，最大可能地团结可以团结的力量，形成具有广泛共识的民族统一战线，争取新民主主义革命的胜利。中国共产党在成立初期，就明确提出了以反帝反封建为主题的中国精神培育方针。例如，在1922年召开的党的二大，就明确提出了"消除内乱""打倒军阀""推翻国际帝国主义压迫"等纲领。1923年，党的三大确立国共合作的统一战线方针之后，中国共产党先后发布了《教育宣传问题决议案》《党内组织及宣传教育问题决议案》《对于职工运动之决议案》《对于农民运动之决议案》《对于青年运动之决议案》和《对于宣传工作之决议案》等文件，积极开展反帝反封建的中国精神宣传教育。1927年，在国民党发动反革命政变，恶意破坏统一战线之后，中国共产党为了挽救革命，进一步增强全国人民的爱国热情和斗争精神，高举"驱逐帝国主义""推翻国民党反动统治"的精神旗帜，极大地鼓舞了广大人民反帝反军阀的勇气和信心。井冈山时期，以毛泽东、朱德为代表的中国共产党人认识到"只有活泼有生气的工农群众，才能战胜一切困难，与一切失败的情绪"①，充分利用公开会议、群众大会、宣传材料等形式激发工农群众的热情。抗日战争爆发以后，为挽救民族危亡，中国共产党以实际行动鼓舞士气、教育民众，充分调动了广大人民群众的爱国热情。例如，抗战时期中国共产党召开瓦窑堡会议和洛川会议，号召建立抗日民族统一战线，确立全面持久的抗战方针。《为抗日救国告全国同胞书》《论持久战》《抗日游击战争中的战略问题》《关于国民精神总动员的指示》《新民主主义论》等文件和著作，为激发人民群众爱国热情和革命精神起到了重要作用。同时，抗战时期的边区教育也为提振中国精神发挥了重要作用。例如，1939 年陕甘宁边区第一届参议会上确定的国防教育方针："边区实行国防教育的目的，在于提高人民文化政治水平，加强人民的民族自信心与自尊心，使人民自愿地积极地为抗战建国事业而奋斗。"②

在社会主义革命和建设时期，中国共产党由革命党转变为执政党，工作重心由农村转向城市，工作任务由革命转变为建设。在此背景下，中国精神培育的社会主义性质进一步得到彰显，马克思主义指导思想、社会主义公有制、人民民主专政等社会主义因素不断增加。这一时期的中国精神培育在巩固人民民主政权，确立社会主义制度，充分调动人民群众建设社会主义的积极性和主动性，增强中国人民的民族自尊心、自信心和自豪感等方面，起到了十分重要的作用。新中国成立前夕，中国人民政治协商会议通过的具有临时宪法作用的《中国人民政治协商会议共同纲领》明确指出，新中国的文化教育是民族的、科学的和大众的教育，这为新中国的中国精神培育确立了理论基础和指导方针，有助于在新中国成立初期最大程度上统一思想、凝聚共识。在此后的土地改革和"三反""五反"运动中，党中央教育全国人民摆脱封建传统思想的束缚，抵制资产阶级腐朽思想的侵蚀，以极大的爱国热情投入到新中国社会主义事业的建设当中，形成艰苦奋斗、勤俭朴素的良好社会风尚。在新中国成立初期，新中国大力开展革命英雄主义、爱国主义和国际主义的教育，为抗美援朝取得胜利提供了强大的精神支撑。1956 年，社会主义三大改造基本完成，社会主义制度在中国正式确立。面对巩固社会主义制度的新课题，中国共产党着

---

① 中央档案馆. 中共中央文件选集：第七册［M］. 北京：中共中央党校出版社，1991：217.
② 中央教育科学研究所. 老解放区教育资料（二）：上册（抗日战争时期）［M］. 北京：教育科学出版社，1986：4.

眼于坚定信心、振奋精神，充分调动一切积极因素为社会主义建设服务。在《论十大关系》的报告中，毛泽东明确提出"把党内党外、国内国外的一切积极的因素，直接的、间接的积极因素，全部调动起来"①的社会主义建设方针。此后党的八大和《关于正确处理人民内部矛盾的问题》中，提出充分调动人民群众投身社会主义建设的积极性和主动性，增强人民群众的团结与互助，推动社会矛盾的有效化解。此外，这一时期所涌现出的大量的先进人物和典型事迹，在中国精神培育中充分发挥了先进典型的引领带动作用。例如以雷锋精神、焦裕禄精神、铁人精神、"两弹一星"精神、红旗渠精神等为主题的中国精神宣传教育，掀起了广泛而深刻的群众性社会主义建设和爱国热潮。

在改革开放和社会主义现代化建设新时期，确立了以经济建设为中心，建设中国特色社会主义的时代主题。这一时期的中国精神培育深化了国人对全球化背景下的爱国主义、世界与民族的关系、改革创新等时代主题的认识，与此同时，伴随着中国综合国力的增强，中国人民的民族自尊心、自信心和自豪感得到极大提升。在改革开放初期，拨乱反正和真理标准大讨论，对打破教条思想的束缚，发扬解放思想和实事求是的精神起到了重要作用。正如邓小平指出的，"拨乱反正，打破精神枷锁，使我们的思想来个大解放"②。拨乱反正和真理标准大讨论为中共十一届三中全会开启改革开放奠定了思想基础、提供了精神动力，由此解放思想和实事求是的思想路线正式确立。在完成了拨乱反正和开启改革的基础上，进一步鼓舞亿万人民群众进行社会主义现代化建设的热情和信心成为社会主义改革开放的关键。在 1982 年召开的党的十二大会议上，邓小平强调："中国人民有自己的民族自尊心和自豪感，以热爱祖国、贡献全部力量建设社会主义祖国为最大光荣，以损害社会主义祖国利益、尊严和荣誉为最大耻辱。"③ 1986 年颁布的《中共中央关于社会主义精神文明建设指导方针的决议》中，明确提出要通过多种形式使人民群众"理解马克思主义世界观和社会发展规律，理解我们民族的光辉历史和革命传统，理解百多年来我们民族的深重灾难和反帝反封建的英勇斗争，理解当代世界的进步、矛盾和人类的前途，以提高民族的自尊心、自信心和自豪感"④。1994 年中共中央颁布的《爱国主义教育实施纲要》明确指出爱国主义教育的目的就是提振民族精神，强化民族凝聚力，树立民族自尊心和自豪感，并将爱国主义教育的内容确定为

---

① 中共中央文献研究室. 毛泽东文集：第七卷 [M]. 北京：人民出版社，1999：44.
② 邓小平. 邓小平文选：第二卷 [M]. 北京：人民出版社，1994：119.
③ 邓小平. 邓小平文选：第三卷 [M]. 北京：人民出版社，1993：3.
④ 中共中央文献研究室. 十二大以来重要文献选编：下 [M]. 北京：人民出版社，1988：1179.

历史教育、传统文化教育、党的基本路线教育、社会主义教育、国情教育、民主法治教育、国防与国家安全教育、民族团结教育、"一国两制"教育等。1996 年颁布的《中共中央关于加强社会主义精神文明建设若干重要问题的决议》中进一步指出，当代中国的爱国主义教育就是"在全社会发扬自尊、自信、自强的民族精神"①。21 世纪以来，中国精神培育进一步强化了对民族自尊心、自信心和自豪感的提振。2001 年颁布的《公民道德建设实施纲要》中明确提出"要引导人们发扬爱国主义精神，提高民族自尊心、自信心和自豪感"②。2015 年，习近平总书记在中共中央政治局第二十九次集体学习时强调要大力弘扬爱国主义精神，指出要以爱国主义精神"引导人民树立和坚持正确的历史观、民族观、国家观、文化观，不断增强中华民族的归属感、认同感、尊严感、荣誉感"③。2016 年 1 月，中共教育部党组下发了《关于在教育系统深入开展爱国主义教育的实施意见》，提出将爱国主义精神和改革创新精神深入贯彻到国民教育当中，使人们能够将爱国主义精神转化为理论自信和实践自觉，从而在新的历史条件下进一步提振民族自尊心、自信心和自豪感，为中华民族伟大复兴凝聚人心、汇集力量。

三、精神塑造：宣传教育的主动性、针对性、实效性

中国共产党在带领中华民族和中国人民实现民族伟大复兴的光辉历程中，始终将培育和弘扬中国精神内在地嵌入到中国社会主义革命、建设和改革实践当中。由此，中国社会主义实践和中国精神宣传教育构成了相互促动的关系。一方面，随着中国社会主义革命、建设和改革实践的发展，中国精神的宣传教育能够根据具体实践变化而进行相应的调适，展现出中国精神宣传教育的主动性、针对性和实效性；另一方面，与具体的历史情境和社会实践相匹配的中国精神宣传教育，能够广泛深刻地引起广大人民群众的认同和共鸣，凝聚社会主义革命、建设和改革的精神力量，促进中国社会主义的发展进步。可以说，及时有效的中国精神宣传教育是中国社会主义的制胜法宝。中国共产党在革命、建设和改革历程中进行中国精神宣传教育的理论和实践创新，为当前中国精神培育积累了丰富的经验。

首先，中国共产党根据不同阶段的时代任务，开展不同主题的中国精神宣传教育，激发民众的爱国情感。在中国共产党成立初期，中国各界人民深受帝

① 中共中央文献研究室.十四大以来重要文献选编：下 [M].北京：人民出版社，1999：2055.
② 中共中央文献研究室.十五大以来重要文献选编：下 [M].北京：人民出版社，2003：1985.
③ 习近平.习近平论爱国主义：十八大以来重要论述摘编 [J].党建，2016（2）：4-6.

国主义和北洋军阀的欺凌和压迫，在此背景下，中国共产党积极建立统一战线，广泛深入地开展"铲除军阀""消除内乱""打倒列强"等反帝反军阀的宣传教育。大革命失败后，中国共产党独立领导革命战争。围绕着当时国内时局的变化和根据地建设的需要，将教育的精神理念确定为"必须为革命战争服务，必须反对封建法西斯教育；教育必须适应根据地建设的需要，必须同实际结合；教育必须劳动化，工农大众成为受教育的主体等"①。"九一八"事变后，中国共产党清醒地认识到"抗日救亡"是中国当时最重要的时代主题。尤其是在日本侵华战争全面爆发以后，中国共产党第一时间号召全面抗战，并在洛川会议中将党的中心任务确定为"动员一切力量争取抗战的胜利"。在此背景下，抗战中的中国精神培育明确了"教育为长期的抗战服务"的方针，要求"改变教育的旧制度、旧课程，实行以抗日救国为目标的新制度、新课程"②。同时，在文化教育中积极实行统一战线政策和群众路线政策，提高人民群众的民族意识和科学文化水平，最大限度地团结和凝聚民族的精神力量。解放战争时期，随着抗战胜利和国民党对解放区进行全面军事进攻，党中央提出"打倒蒋介石，解放全中国"的号召。在此背景下，这一时期的中国精神宣传教育围绕着为解放战争服务和为劳动人民服务的主题。例如，这一时期晋冀鲁豫解放区边区政府教育厅提出"爱国自卫战争是贯穿到人民生活的一切方面，教育与实际相结合，就必须与战争相结合"③。晋绥边区明确强调贯彻教育为劳动人民服务的政策，"所谓大众的教育，亦即是民主的教育，它应为占全人口90%以上的工农劳苦民众服务"④。新中国成立以后，围绕着社会主义建设的中心工作，中国精神的培育不再以救亡图存为主题，而是以激发人民大众的爱国热情和社会主义建设热情为使命。毛泽东指出，教育"要使全体青年们懂得，我们的国家现在还是一个很穷的国家，并且不可能在短时间内根本改变这种状态，全靠青年和全体人民在几十年时间内，团结奋斗，用自己的双手创造出一个富强的国家"⑤。改革开放以来，我国确立了"以经济建设为中心，坚持改革开放和坚持四项基本原则"的社会主义初级阶段基本路线。在此背景下，中国精神培育始终围绕着经济建设的中心任务，围绕着改革开放

---

① 孙培青. 中国教育管理史 [M]. 北京：人民教育出版社，1996：544.

② 毛泽东. 毛泽东选集：第一卷 [M]. 北京：人民出版社，1991：328.

③ 中央教育科学研究所. 老解放区教育资料（解放战争时期）[M]. 北京：教育科学出版社，1991：87.

④ 中央教育科学研究所. 老解放区教育资料（解放战争时期）[M]. 北京：教育科学出版社，1991：27.

⑤ 中共中央文献研究室. 毛泽东文集：第七卷 [M]. 北京：人民出版社，1999：226.

和社会主义现代化建设的大局。正如习近平总书记在全国宣传思想工作会议上所强调的："宣传思想工作一定要把围绕中心（经济建设是党的中心工作）、服务大局作为基本职责，胸怀大局、把握大势、着眼大事，找准工作切入点和着力点，做到因势而谋、应势而动、顺势而为。"①

其次，准确把握培育时机和培育方式，及时有效地引导和培育人民群众的思想观念。选择恰当的培育时机，能够有效地提高培育的说服力和感染力，收到事半功倍的效果。在中国社会主义发展历程中，中国共产党能够从瞬息万变的国际和国内局势中，准确把握人们的思想动态，善于发掘人民群众的价值立场和偶发性事件中所蕴含的中国精神培育价值，及时发现最有效、最宜进行培育引导的时机，因地制宜、因时制宜，以达到中国精神培育的最佳效果。例如在建党初期，彻底推翻长期压迫和欺凌中国人民的帝国主义、封建主义和军阀势力是全国人民的共同愿望，这一时期的中国精神培育以此为主题，在人民群众中赢得了广泛的赞许和认同。土地革命时期，中国共产党的中国精神培育重点围绕人民群众所关注的根据地建设和土地问题，为中国革命打下了坚实的群众基础。抗日战争时期，在民族危难之际，中国精神培育注重塑造英勇、坚韧、耐劳、不怕牺牲、不怕困难的精神品质，坚定了全国人民赢得胜利的信心。同时，中国共产党根据国际国内局势，第一时间发布通告，引导和帮助人们认清局势，客观准确地了解事件的真相。例如，1923 年 "二七惨案" 发生后，中国共产党发表《为吴佩孚惨杀京汉铁路工人告工人阶级与国民》，揭露了吴佩孚的反动军阀面目，号召人们团结起来打倒军阀；在日本觊觎华北之时，中国共产党为揭露日本侵华企图，先后发表了《为日本帝国主义刘华北新进攻告民众书》《为日本帝国主义并吞华北及蒋介石出卖华北出卖中国宣言》等，号召建立统一战线，共同抵抗日本侵略；皖南事变后，周恩来在《新华日报》题写 "为江南死国难者志哀！"，揭露了国民党顽固派积极剿共、消极抗日的本质，展现了中国共产党坚定立场和维护抗战大局的态度，赢得了广大人民的同情与支持。

此外，中国共产党能够针对不同的中国精神培育对象，根据其不同的思想观念和利益诉求，坚持因势利导、分众施教，将特殊性与普遍性、民族性和阶级性、现实性和长远性有机结合，实施有针对性的中国精神培育，收到了良好的效果。例如，在抗日战争时期，中国共产党在工人、农民、士兵、游击队、学生、城市小资产阶级等不同群体中广泛开展爱国主义宣传教育，最大限度地

---

① 习近平. 习近平谈治国理政［M］. 北京：外文出版社，2014：153.

凝聚了民族精神力量。认识到青年群体对于民族解放和国家救亡的先锋作用，中国共产党十分重视青年的中国精神培育，"要善于根据青年群众自己的经验，要善于采取一切适合于青年心理的方法，来提高青年群众的觉悟程度，引导他们走向共产主义道路"①。为提高妇女、贫苦农民和少数民族的文化水平和政治觉悟，中国共产党积极开办识字班、夜校、冬学、半日校、数日校、俱乐部、读报组、民教馆等，进行启蒙教育，启发基层群众的民族意识和政治觉悟。在当前阶段，为培育和弘扬社会主义核心价值观，习近平总书记在不同场合对党内外30多个群体提出了分类指导要求，这些群体包括了党员干部、工人、青少年、科技工作者、企事业单位、文艺工作者、新媒体从业者、华人华侨等，极大地促进了社会主义核心价值观的内化于心、外化于行。

最后，运用多元化的宣传教育途径，将中国精神渗透于社会各个层次和领域。中国共产党的中国精神培育并不限于学校教育的单一系统，而是一个由党政机关、社会媒介、学校教育、社会团体等共同构成的综合系统。在综合性的宣传教育体系中，不同的要素机构具有不同的职能定位，在中国精神培育中发挥着独特的优势和作用。从总体上来看，这些宣传教育机构又共同坚守着"培育和弘扬中国精神"这一总命题，形成了中国精神培育的多元综合系统，促进了中国精神的全面贯彻落实。以延安时期的中国精神宣传教育为例，通过领导人的著述、党的方针政策、文学艺术、党报党刊、学校教育等多元化宣传教育途径，凝聚了最广泛的爱国统一战线。延安时期，毛泽东、周恩来、刘少奇、朱德、张闻天等老一辈革命家撰写了大量的号召民族团结统一的著作，其中代表性的著作有《论反对日本帝国主义的策略》《为争取千百万群众进入抗日民族统一战线而斗争》《论持久战》《中国革命和中国共产党》《新民主主义论》《论联合政府》《论统一战线》《现阶段青年运动的性质和任务》《论抗日游击战争》《发展文化运动》等，这些著作对激励民族团结抗战，凝聚民族力量发挥了重要作用。在党的方针政策方面，这一时期确立了抗日民族统一战线、全面抗战路线、根据地民主政治建设，以及民族团结统一政策等，这些政策凝聚了爱国统一战线，提振了民族精神。在文学艺术方面，延安时期，诸如《生产大合唱》《黄河大合唱》《兄妹开荒》《白毛女》《东方红》《小二黑结婚》《吕梁英雄传》等文艺作品，为人民群众提供了丰富的精神食粮，也为民族和国家生存发展提供了强大的精神动力。在党报党刊方面，这一时期的《解放日报》《共产党人》《解放》《新华日报》《群众》《前线》等报刊使人民群众了

---

① 中央档案馆. 中共中央文件选集：第十一册［M］. 北京：中共中央党校出版社，1991：111.

解了党的方针政策，为促进民族独立和解放斗争凝聚了强大精神力量。在教育方面，这一时期"广泛发展民众教育，……提高人民的民族文化和民族觉悟，……以民族精神教育后代"①，其内容围绕着"新民主主义教育，这即是以马列主义的理论与方法为出发点的关于民族民主革命的教育与科学的教育"②，以民族和民主革命为主题的中国精神培育为提升人们的思想水平、促进精神觉悟发挥了不可替代的作用。

四、精神保障：推进社会主义先进文化建设

文化是一个国家和民族深层次的思想积淀，传承着民族和国家的精神血脉。一般意义上来讲，文化有先进和落后之分。先进的文化就是能够准确全面地反映时代发展潮流，体现民族、国家和广大人民的根本利益，推动经济社会发展进步的文化。从国家精神层面来看，先进文化秉承了一个国家或民族的文化精髓，彰显着时代发展的精神风貌，体现着具体历史条件下执政党的理想追求，展现出一个国家或民族独特的精神气质和价值追求。因此，建设什么样的文化，体现什么样的精神，不仅关系到文化自身的发展前景，而且也关系到个人、民族、国家和政党的前途命运。中国共产党在近百年的奋斗历程中，始终把"高举中国先进文化的前进旗帜，努力建设和弘扬反映革命、建设和改革要求的新文化，荡涤旧社会遗留下来的和国外渗透进来的腐朽的旧文化"③作为自身的职责与使命。以社会主义先进文化建设为载体和保障，中国精神也得到了广泛而深刻的培育和弘扬。

首先，中国共产党以新民主主义文化培育和弘扬中国精神。在1919年五四运动至1949年新中国成立的新民主主义阶段，中国共产党创立并发展出新民主主义文化。这种新的文化形态是与新民主主义政治经济相适应的精神文化，在极大程度上涵养了中国革命精神、爱国精神和民族精神，促进了中国精神的培育和弘扬。对于什么是新民主主义文化，毛泽东在《新民主主义论》中将其界定为"民族的、科学的和大众的"。所谓"民族的"，就是"反对帝国主义压迫，主张中华民族的尊严和独立的……带有我们民族的特性"④；所谓"科学的"，就是"反对一切封建思想和迷信思想，主张实事求是，主张客

---

① 黄兴涛. 中国文化通史（民国卷）[M]. 北京：中共中央党校出版社，2000：350.
② 中央档案馆. 中共中央文件选集：第十一册 [M]. 北京：中共中央党校出版社，1991：330.
③ 江泽民. 论党的建设 [M]. 北京：中央文献出版社，2001：503.
④ 毛泽东. 毛泽东选集：第二卷 [M]. 北京：人民出版社，1991：706.

观真理，主张理论和实践一致的"①；所谓"大众的"，就是"民主的，它应为全民族中百分之九十以上的工农劳苦民众服务，并逐渐成为他们的文化"②。从毛泽东的表述中能够看出，新民主主义文化有效地解决了中国在新民主主义革命中的精神文明培育和民族心理改造的问题。即新民主主义文化的"民族"维度，确立了独立、自主的民族意识；"科学"的维度强调进一步扫除传统的愚昧和僵化思想，树立科学、理性的新的精神理念；"大众"的维度注重培育人的平等观念和政治参与的意识，促进了社会公正和人民当家作主的社会主义理念的深入人心。新民主主义文化表征着中国共产党自诞生以来所极力倡导和践行的先进文化的前进方向，其形成于中国共产党在国共合作、苏区革命、抗日战争和延安革命的历史过程中，符合社会主义的发展方向和中国现代历史发展的潮流。可以说，以中国革命为实践载体，新民主主义文化实现了自近代以来中国文化精神的最深刻、最彻底的转变，开启了现代中国精神培育的新的历史契机。

其次，社会主义革命和建设时期的文化建设促进了中国精神的培育和弘扬。从1949年新中国成立到1978年十一届三中全会召开，这既是中国社会主义革命和建设时期，也是中国共产党初步探索社会主义文化形态的时期。在新的历史时期，中国共产党继续引领着中国先进文化发展的潮流，实现了由新民主主义文化形态向社会主义文化形态的过渡。这一过程中，中国精神的宣传教育总是与先进文化的创造与传播交相辉映、整体推进。一方面，社会主义文化形态的形成和发展，使中国精神的宣传教育提升到一个新的历史境界；另一方面，中国精神的宣传教育也极大地促进了社会主义文化的建设。在新中国成立初，毛泽东指出巩固社会主义新制度必须"坚持经济战线上的社会主义革命，还必须在政治战线和思想战线上，进行经常的、艰苦的社会主义革命斗争和社会主义教育……建设一个具有现代工业、现代农业和现代科学文化的社会主义国家"③。为此，中国共产党提出了与社会主义建设相适应的、以马克思列宁主义为指导思想的社会主义文化建设方略。即社会主义文化的"双百"方针、"古为今用、洋为中用"和"为人民大众服务"的建设原则，从而使新生的社会主义制度获得了有力的精神文化支撑。所谓"双百"方针，就是社会主义文化的"百花齐放"和"百家争鸣"，"双百"方针倡导文艺工作和科学研究

---

① 毛泽东. 毛泽东选集：第二卷 [M]. 北京：人民出版社，1991：708.
② 毛泽东. 毛泽东选集：第二卷 [M]. 北京：人民出版社，1991：707.
③ 中共中央文献研究室. 毛泽东文集：第七卷 [M]. 北京：人民出版社，1999：268.

应当具有独立思考的自由，即有创作、辩论、批评和坚持己见的自由。"双百"方针的提出促进了艺术发展和科学进步，为中国精神的宣传教育营造了良好的社会氛围。"古为今用、洋为中用"的文化方针是社会主义建设时期中国共产党认识传统与现代、东方与西方问题时所坚持的基本立场。强调中国文化精神的培育和弘扬，应当是"社会主义的内容，民族的形式"。同时在文化立场上，既反对一概排斥，也反对全盘接受，既反对教条主义，也反对保守主义，坚持"古为今用、洋为中用"。"为人民大众服务"的文化方针秉承了新民主主义的文化精神，强调文化建设始终要围绕着人民群众的根本利益，回应和解决人民群众的精神诉求。总体而言，社会主义建设时期的文化建设，实现了文化上的新的社会主义整合，使马克思列宁主义和毛泽东思想成为现当代中国发展进步的思想指引，也使中国精神和社会主义有机结合，成为社会主义建设的精神动力。

最后，改革开放以来以中国特色社会主义先进文化涵育中国精神。从1978年十一届三中全会至今，中国共产党在改革开放的伟大历程中建构出了中国特色社会主义的先进文化。先进的文化能够涵育出伟大的精神，中国特色社会主义先进文化的形成和发展，极大地培育和弘扬了中国精神。十一届三中全会开启了以改革开放为主要特征的中国现代化建设，重新确立了解放思想、实事求是的思想路线。由此，社会主义建设在关注经济建设中心任务的同时，也关注到社会主义精神文明的建设。正如邓小平在中国文学艺术工作者第四次代表大会上的祝词中指出的："我们要在建设高度物质文明的同时，提高全民族的科学文化水平，发展高尚的丰富多彩的文化生活，建设高度的社会主义精神文明。"[①] 社会主义精神文明建设的开展一方面是为了满足改革开放过程中人民日益增长的精神文化需要；另一方面，精神文明建设极大地改善了社会的思想、文化、道德观念和精神风貌，推动了人民群众建设社会主义现代化的积极性和创造性。随着中国特色社会主义现代化的发展和党对精神文明建设规律的认识不断深化，以江泽民同志为主要代表的中国共产党人创造性地发展了邓小平的社会主义精神文明建设命题，提出"社会主义精神文明重在建设"，坚持"以科学的理论武装人，以正确的舆论引导人，以高尚的精神塑造人，以优秀的作品鼓舞人"。同时，将培育和弘扬民族精神作为社会主义先进文化建设的一个重要方面，纳入社会主义精神文明建设的全过程。在1991年庆祝中国共产党成立七十周年的讲话中，江泽民首次提出"建设有中国特色社会主

---

① 邓小平. 邓小平文选：第二卷［M］. 北京：人民出版社，1994：208.

义先进文化"的命题，这是对邓小平社会主义精神文明建设的继承和发展，使社会主义建设思路由"物质文明和精神文明相结合"发展为"政治、经济、文化有机统一、不可分割"的新的认识阶段。新世纪新阶段，以胡锦涛同志为主要代表的中国共产党人对中国特色社会主义文化理论进行了创新和发展。2006年中共十六届六中全会通过的《中共中央关于构建社会主义和谐社会若干重大问题的决定》中明确提出"建设社会主义和谐文化"战略命题，并指出"社会主义核心价值体系是建设和谐文化的根本"。2011年中共十七届六中全会进一步提出"社会主义核心价值体系是兴国之魂，是社会主义先进文化的精髓"[1]。在社会主义核心价值体系中，以爱国主义为核心的民族精神和以改革创新为核心的时代精神是其精髓，社会主义核心价值体系的建设极大地促进了中国精神的培育和弘扬。党的十八大以来，以习近平同志为核心的党中央高度重视社会主义先进文化建设，并以社会主义先进文化建设为载体，将培育和弘扬中国精神提升到一个新的境界。围绕着实现中华民族伟大复兴中国梦，习近平总书记首次提出了中国精神的科学内涵和价值方位，即中国精神包含了以爱国主义为核心的民族精神和以改革创新为核心的时代精神；"实现中国梦必须弘扬中国精神"，中国精神是"兴国之魂、强国之魂"，是"团结一心的精神纽带、自强不息的精神动力"[2]。同时，社会主义核心价值观作为中国精神的时代内核，以培育和践行社会主义核心价值观为载体，促进了中国精神的广泛传播和社会认同。中共十九届六中全会进一步指出："习近平新时代中国特色社会主义思想是当代中国马克思主义、二十一世纪马克思主义，是中华文化和中国精神的时代精华，实现了马克思主义中国化新的飞跃。"[3]当前，随着中国特色社会主义改革发展的不断深化，中国精神的培育和弘扬迎来了一个新的历史契机。

五、精神旨归：实现中华民族伟大复兴

实现伟大复兴是中华民族近代以来的百年夙愿。在历史上，中华文明对世界历史的发展做出过重大贡献。英国学者李约瑟（Joseph Needham）在其著作《中国科学技术史》中认为，15世纪以前的中国在科技方面"超过同时代的欧

---

　①　本书编写组. 中共中央关于深化文化体制改革 推动社会主义文化大发展大繁荣若干重大问题的决定 [M]. 北京：人民出版社，2011：11.

　②　习近平. 习近平谈治国理政 [M]. 北京：外文出版社，2014：40.

　③　本书编写组. 中共中央关于党的百年奋斗重大成就和历史经验的决议 [M]. 北京：人民出版社，2021：26.

洲"，"保持着一个西方所望尘莫及的科学知识水平"①；马克思也指出："火药、指南针、印刷术——这是预告资产阶级社会到来的三大发明。火药把骑士阶层炸得粉碎，指南针打开了世界市场并建立了殖民地，而印刷术则变成新教的工具，总的来说变成科学复兴的手段，变成对精神发展创造必要前提的最强大的杠杆。"② 但是自近代以来，一方面是西方工业革命的完成以及科学技术和生产力的发展；另一方面是中国封建统治的闭关自守、夜郎自大，最终在鸦片战争的炮火中，中华民族遭遇了空前的内忧外患。于是，实现民族伟大复兴成为中华民族一百多年来苦苦思索和探究的核心问题。实现中华民族伟大复兴包含两大历史任务，即"求得民族独立解放"和"实现国家繁荣富强"，这两大历史任务一脉相承，贯穿于中国社会主义的革命、建设和改革过程中。通过中国共产党领导的新民主主义革命，中国实现了民族独立和解放；通过社会主义建设和改革，中国逐步走上了国家繁荣富强之路。以国家实现完全统一、全面实现社会主义现代化，以及中国特色社会主义道路、制度、理论和文化的形成为标志，中华民族的伟大复兴展现出光明的前景。伟大的时代孕育伟大的精神，中华民族伟大复兴是近代以来最伟大的精神追求，"凝聚了几代中国人的夙愿，体现了中华民族和中国人民的整体利益，是每一个中华儿女的共同期盼"③。可以说，在新的历史条件下，中华民族伟大复兴凝聚和展现了以爱国主义为核心的民族精神和以改革创新为核心的时代精神，是新时期培育和弘扬中国精神的价值旨归。

总体而言，近代以来中华民族走向复兴之路可以分为两个时段。一个时段是从 1840 年鸦片战争到 1949 年新中国成立，是中华民族在新、旧民主主义道路上探索民族复兴的历史征程；另一个时段是从 1949 年至今，是中华民族在社会主义道路上实现民族伟大复兴的新的历史征程。中国共产党在这两个历史征程中经历了 100 多年的奋斗，引领着中华民族走向复兴的历史潮流。新、旧民主主义探索民族复兴的历史征程，最早发轫于鸦片战争，从此之后，中华民族深受西方列强、封建主义和官僚资本主义的压迫，民族危机和社会危机空前严重。在此背景下，中国人为了救亡图存、探求民族复兴的真理和道路，进行了艰苦卓绝、可歌可泣的斗争。从鸦片战争到中法战争、太平天国运动、甲午战争、戊戌变法、义和团运动、辛亥革命等，彰显了中华民族不甘屈服于西方

① 李约瑟. 中国科学技术史：第 1 卷 [M]. 北京：科学出版社，1975：3.
② 中共中央马克思恩格斯列宁斯大林著作编译局. 马克思恩格斯全集：第四十七卷 [M]. 北京：人民出版社，1979：427.
③ 习近平. 习近平谈治国理政：第一卷 [M]. 北京：外文出版社，2014：36.

列强和封建统治压迫的反抗精神。正如孙中山在 20 世纪初为改变中国半殖民地半封建社会的落后面貌而号召"大家齐心协力来救国，中国就可以反弱为强，反贫为富，可以同今日之列强，并驾齐驱"①。但历史事实证明，封建自强求富运动和改良主义、旧式的农民战争、资产阶级的民主革命、照搬西方政治制度等政治方案，都不可能改变中国半殖民地半封建社会的性质，也无法完成中华民族救亡图存、民族复兴的历史任务。由此，引领中华民族实现伟大复兴成为中国共产党的神圣职责和庄严使命。1921 年，中国共产党的诞生，点燃了中华民族伟大复兴的新的希望。在新民主主义革命历程中，中国共产党将马克思主义科学理论与中国具体实际相结合，并通过北伐战争、土地革命、抗日战争、解放战争等一系列伟大革命历程，彻底推翻了近代以来压在中国人民头上的封建主义、帝国主义、官僚资本主义"三座大山"，实现了民族的独立和解放，为中华民族实现伟大复兴创造了前提。

毛泽东指出，中国共产党的奋斗目标在于"建设一个中华民族的新社会和新国家"，使中国成为一个"政治上自由和经济上繁荣的中国"②。新中国成立以后，中国共产党通过社会主义工业化建设和农业、手工业、资本主义工商业的"三大改造"，建立了系统完整的社会主义制度，实现了中国现代化历程中最伟大最深刻的历史变革，中华民族由此开启了社会主义道路上的伟大复兴历史征程。新中国成立后的社会主义建设对中华民族伟大复兴具有重要意义。首先，表现在这一时期的社会主义建设巩固了新生政权，确立了社会主义制度，形成了社会主义的新的生产关系，有利于解放和发展生产力。其次，社会主义建设广泛而深刻地调动了人们进行社会主义建设的积极性，增强了人们艰苦奋斗、改变贫困落后的信心，并以实现社会主义四个现代化为目标，极大地改善了人们的精神面貌，提振了民族实现复兴的自信心。最后，社会主义建设通盘考虑了生产力发展的客观实际，将国民经济纳入计划发展的有序格局，在劳动力安排、资源配置和财富分配等方面做出了与社会主义制度相适应，符合人民需要的革新，促进了社会主义建设与民族复兴的价值追求有机结合；社会主义建设初步奠定了我国社会主义的工业基础，形成了系统完整的国民经济体系，为实现民族复兴奠定了物质基础。1978 年，中共十一届三中全会的召开，标志着中国特色社会主义建设的新时期，中国由此开启了改革开放的伟大历程。改革开放以来，中国共产党始终坚持解放思想、实事求是，不断深化和拓

---

① 陈旭麓，郝盛潮. 孙中山集外集 [M]. 上海：上海人民出版社，1990：48.
② 毛泽东. 毛泽东选集：第二卷 [M]. 北京：人民出版社，1991：663.

展对社会主义理论和实践的认识，并确立了中国社会主义现代化建设的总体规划和基本步骤，将中华民族伟大复兴的事业与社会主义现代化建设有机结合，共同铸造出中国经济社会快速发展进步的辉煌成就，赋予了民族复兴新的强大的生机，从而使中华民族伟大复兴展现出光明前景。尤其是党的十八大以来，以习近平同志为核心的党中央提出实现中华民族伟大复兴中国梦，坚持道路自信、理论自信、制度自信和文化自信，坚持中国特色社会主义政治、经济、文化、社会、生态"五位一体"的社会主义建设格局，坚持改革创新、实干兴邦的务实精神与工作作风，从而将实现民族伟大复兴提升到一个新的历史境界，使实现民族伟大复兴成为中华民族凝心聚力、团结奋进的最有力的精神源动力。伟大的精神需要伟大的梦想来提振和引领，同样，伟大的梦想也需要伟大的精神来支撑和推动。一方面，实现民族伟大复兴是新时代培育和弘扬中国精神的精神旨归和价值彰显；另一方面，以培育和弘扬中国精神为凝心聚力的兴国之魂、强国之魄，是中华民族实现全面建成小康社会以及全面建成富强民主文明的社会主义现代化目标的精神动力。正如党的二十大报告总结指出的："今天，我们比历史上任何时期都更接近、更有信心和能力实现中华民族伟大复兴的目标，同时必须准备付出更为艰巨、更为艰苦的努力。全党必须坚定信心、锐意进取，主动识变应求变，主动防范化解风险，不断夺取全面建设社会主义现代化国家新胜利！"①

---

① 习近平. 高举中国特色社会主义伟大旗帜 为全面建设社会主义现代化国家而团结奋斗：在中国共产党第二十次全国代表大会上的报告 [M]. 北京：人民出版社，2022：27-28.

第四章　中国精神培育目标、原则及向度

　　习近平总书记在党的二十大报告中强调："全面建设社会主义现代化国家，必须坚持中国特色社会主义文化发展道路，增强文化自信，围绕举旗帜、聚民心、育新人、兴文化、展形象建设社会主义文化强国，发展面向现代化、面向世界、面向未来的，民族的科学的大众的社会主义文化，激发全民族文化创新创造活力，增强实现中华民族伟大复兴的精神力量。"① 文化精神培育，历来被看成是促进国家、社会和人的共同发展的一种有效的实践活动。当前，在社会主义精神文明建设机遇和挑战并存的时代背景下，文化精神培育无疑是开拓机遇、应对挑战的关键途径。诚然，文化精神培育并不可能化解所有的精神问题，但这对于深化拓展人的精神生活和社会精神发展的深度与广度绝对是必要的。缺少了文化精神赋予社会成员的道德修为和精神信念，则一部民族的文化精神发展史只能是荒诞的。因此，如何在新的历史条件下让文化精神培育在精神文明的传承发展中发挥更好更大的作用，是本书的基本立足点。中国精神培育在秉承着文化精神培育的一般属性的同时，又关涉历史与现实、理论与实践、中国与世界、个体与国家、现实与理想等多元关系，是一个文化精神传承与发展的特殊的综合复杂系统。因此，中国精神培育必须要立足于中国精神的特殊境遇，建构出一套系统完整的培育思路，即进一步明确中国精神培育的目标、原则及向度，由此为中国精神培育的实践奠定基础。

---

① 习近平. 高举中国特色社会主义伟大旗帜 为全面建设社会主义现代化国家而团结奋斗：在中国共产党第二十次全国代表大会上的报告 [M]. 北京：人民出版社，2022：42-43.

第一节　中国精神培育的目标

中国精神培育作为一个综合复杂的系统，既包括个体层面的精神培育，也包括社会层面的精神培育，更包括了国家层面的精神涵养。因此，中国精神培育不仅要有明确的培育目标，而且这一目标必须是复合联动的，即在个体层面上促进人的精神归属和国家认同，在社会层面上构建良好精神风尚，在国家层面上形成精神力量的内生和凝聚。不同层次的培育目标自下而上、由小逐大，最终汇集成中华民族在新的历史条件下的强大精神力量。

一、个体的精神归属和国家认同

精神归属和认同是人与生俱来的一种强烈心理需求，任何一个心智健全的人生活在政治共同体中都会面临"我是谁""我应当如何做""我如何看待人生、社会、国家"等一系列的认同和归属的问题。而对这一类问题的回答，则关涉人的安全需要和精神归属的满足，是协调自我、他人、社会和国家的先决条件。国外有学者指出了"认同"的三大功能，即使人能够做出选择；与他人建立起可能的关系；使人获得力量和复原力①。由此能够看出，认同和精神归属问题来自根深蒂固的心理和情感需要，在社会生产和生活中发挥着巨大的作用，是形成社会整合的心理基础。人具有天然的认同和归属的需要，但并不意味着人的认同和归属是盲目的，人的情感的付出是建立在理性认知和价值判断基础上的。个体对于社会和国家的认同是基于对个人和共同体关系的深刻认知，是对共同体功能的经验观察和理性评估。而在这一过程中，"教育是达到分享社会意识的过程的一种调节作用，而以这种社会意识为基础的个人活动的适应是社会改造的唯一可靠的方法"②。

"一个民族的精神正是在民族意识的共通感和民族生命的教化中得以凝聚而成，而它最终又成为维系民族文化、民族生存的枢纽和支撑着人的生命活动的精神动力。"③ 由此可以看出，一方面，中国精神来自民族共通感和民族生命的凝聚；另一方面，中国精神又维系着中华民族的文化生命和文化精神，尤其是支撑着每一个中华儿女的生命活动。因此，中国精神培育之于个人，是实

---

① 戴晓东. 民族认同与全球化 [M]. 北京：时事出版社，2006：32.
② 美杜威. 我的教育信条 [M]. 赵祥麟，等译. 北京：人民教育出版社，1994：16.
③ 欧阳康. 民族精神：精神家园的内核 [M]. 哈尔滨：黑龙江教育出版社，2010：27.

现自我生成和自我超越的精神动力，这是中华民族得以生存和发展的本质所在，也是民族精神特质的集中体现，其不仅表征着中国人的生命活动的性质和向度，而且由于精神和价值属性其成为人们思想情感的寄托和家园。正是基于此，中国精神培育最基础、最直接的目标就是对人的认同感和归属感的塑造，这一目标也是实现中国精神培育的社会目标和国家目标的基础和前提。

确立以个体精神发展为目标的中国精神培育，既能够防止民族主义和群体压力等价值偏移的现象，也能够满足个体归属的精神需要，更能够构建出中国精神与个人发展的正向关系。首先，从防止价值偏移的视角来看，中国精神培育在承载着国家和社会发展的道德要求的同时，也承载着促进个体自由全面发展的精神培育，致力于从根本上融通社会发展的道德要求和个体精神成长的内在需要。由此可以看出，中国精神培育并非单纯地偏重国家发展需要或者个体成长需要的某一极。正是基于价值调和和精神融通的立场，中国精神培育有效地防止了单极化的教育价值偏移，即在防止民族主义思维和群体主义压力导向下的盲目和被迫服从现象的同时，也有效地防止了极端个人主义、原子化、碎片化的社会现象，真正意义上发挥着强化个体对中华优秀传统文化的认同和自信，振奋中国精神，凝聚民族力量的作用。其次，从个体归属的成长需要来看，国家归属是一种重要的心理体验，个体与外界接触时，"我们"与"他者"来自强烈的心理认同和归属感。在中国精神培育过程中，个体对以爱国主义为核心的民族精神和以改革创新为核心的时代精神的理解和认同，是获得安定的精神归属的基本途径，由此形成的民族自尊心、自信心和自豪感，是塑造个体健康人格，推动个体发展的关键。最后，从构建中国精神与个人发展的正向关系来看，国家发展与个体命运息息相关，通过对民族精神和改革精神的培育和弘扬，进一步强化了个人与国家的正向关系。即一方面使中华文化精神和实践智慧通过培育的途径传递给社会成员，并使之内化为道德观念和精神信念；另一方面，以中国精神培育为契机，每个社会成员都可以而且应当积极主动地参与到中国精神的培育、弘扬和践行过程中，从而使个人自身所具备的中国文化特质外化为实际行动，实现国家与个人的有机统一，中国精神与个体发展的有机统一。

二、社会良好精神风尚的构建

以形成个体的精神归属和国家认同为基础，中国精神培育在社会层面上的目标就是构建良好的精神风尚。而中国精神培育何以能够在社会层面上构建良好精神风尚，其基本的逻辑前提就在于中国精神的社会性。正是基于社会性，中国精神具有"理论的彻底性"，能够抓住"事物的根本"，最终能够使精神转化为物质力量①。中国精神的社会性从传统思想智慧中就能够略见一二。例如，中华传统文化中的"仁"，从字面构成来看包括了"人"字和"二"字，其意指只有在"二人"的对应关系中，才能对人做出基本的价值规约。事实上，中国传统文化中包含着君臣、父子、夫妇、兄弟、长幼、兄弟、朋友等一系列的"二人"对应关系，这种关系带有浓烈的社会伦理性。荀子也指出："人何以能群？曰分。分何以能行？曰义。"② 荀子在这里指出"人能群"的根本原因就在于人的社会性，这种社会性就集中体现在"义"的文化精神上。同样，马克思也指出："社会不是由个人构成，而是表示这些个人彼此发生的那些联系和关系的总和。"③ 马克思在这里所指的个人彼此间的联系和关系构成了实践，而在实践基础上进一步生成了文化和精神。中国精神作为中华文化精神的集中体现，正是在社会性的现实根基中把握着文化的本质，体现着中华民族广泛持久的价值追求和精神品质。基于这种现实根基和价值共识，中国精神培育才有可能在社会各个层次和领域引起共鸣，从而凝聚强大的精神力量。

中国精神培育以构建良好的社会精神风尚为目标，其直接的动因就来自中国当前发展的现实社会境遇。中国精神的培育，也是针对现实社会中的发展问题。以中国式现代化的深刻转型与变革为实践背景，在文化思想领域也随之出现深刻变化与矛盾，其具体表现为传统与现代的颉颃、积极与消极的并存、主导与多元的同在、发展与平衡的冲突、复杂与整合的矛盾、虚拟与现实的抵牾等方面。在此过程中，本土性与异质性、主导性与多样性交融交织，形成了社会精神的困顿和价值观的迷茫现象，极大地影响着当前中国的社会发展。在过去很长一段时间里，人们习惯于用经济指标来衡量一个国家和社会的实力，但事实是，一个社会的发展力和凝聚力并非单纯地来自经济增长，同样也需要有系统完整的文化模式和价值观念体系的支撑。我们必须要看到，市场经济的发展在带来物质利益和增强经济实力的同时，也客观上引起了利益需求的多样

---

① 马克思在《〈黑格尔法哲学批判〉导言》中曾就理论的根本性和物质转化指出："批判的武器当然不能代替武器的批判，物质力量只能用物质力量来摧毁；但是理论一经掌握群众，也会变成物质力量。理论只要说服人，就能掌握群众；而理论只要彻底，就能说服人。所谓彻底，就是抓住事物的根本。"在这里，"理论"表征着获得社会性根基的精神力量。（参见：中共中央马克思恩格斯列宁斯大林著作编译局. 马克思恩格斯全集：第三卷［M］. 北京：人民出版社，2002：207.）

② 王先谦. 荀子集释［M］. 北京：中华书局，1988：164.

③ 中共中央马克思恩格斯列宁斯大林著作编译局. 马克思恩格斯全集：第四十六卷（上册）［M］. 北京：人民出版社，1982：220.

化、价值观念的多元化，以及认同偏差、信仰危机和文化异质等一系列问题。在此背景下，社会享乐主义、拜金主义、唯我主义盛行，造成了道德困惑、价值割裂和文化精神断裂的社会问题。愈是多元和多样化的社会，就愈需要一个能够主导全局、凝聚共识的精神力量，其一定是统合传统与现代、兼具普遍与特殊、观照理论与现实的系统综合的文化精神体系，这种精神力量就是中国精神。由此可以看出，中国精神培育具有明确的社会导向性，其形成和发展的直接目标就是强化社会共识，凝聚社会力量，汇集发展合力。

"如果没有明确的价值目标和坚定不移的意志精神，社会财富不可能真正地创造和有效地积累；如果没有文化精神，没有伦理道德的制约，整个社会将充斥着欲望难填的氛围；如果没有积极、健康、向上的文化和精神，急功近利、实用主义、拿来主义、非理性主义便会畅通无阻。"[①] 中国精神的培育，旨在促进社会人文精神的构筑，为人们提供了诉诸中国文化精神的世界观和方法论，提供了精神世界的理想家园和社会生活的现实意义。作为一个国家文化精神的精华，中国精神的培育关注的是社会成员生存和发展的意义、价值、精神追求等深层次和终极性的问题，守护的是社会成员的心灵和精神家园，建构的是和谐有序的社会环境和社会秩序。中国精神培育，带来的是社会成员思想观念和精神人格的健全和优化，使社会成员的民族品格和精神特质得以尊重和张扬，形成自尊、自信、平等、竞争、和谐的社会精神氛围。可以说，中国精神的培育是致力于构建与人的精神需要相一致的、与经济社会发展节律相匹配的现代文化心理和价值观念，从而使中国精神培育能够在对人的精神本质和思想发展进行系统把握的同时，也能够以源于实践又高于实践，以超越经验和现象的教育品质，实现对实践本质深刻把握的目的。可以说，中国精神培育以合规律性和目的性相结合的方式，为社会生产生活提供着精神动力和智力支持，促进社会动员，凝聚社会力量，构建良好的社会精神风尚。

三、国家精神力量的内生和凝聚

梁启超在其文章《新民之议》中指出："凡一国之能立于世界，必有其国民独具之特质。上自道德、法律，下至风俗、习惯、文学、美术，皆有一种独立之精神。祖父传么子孙继之，然后群乃结，国乃成。"[②] 国家精神是一个国家生成和发展的最核心的文化要素。一国之所以能够自立于世界强国之林，必

---

① 詹小美. 民族精神论 [M]. 广州：中山大学出版社，2007：233.
② 梁启超. 饮冰室合集（专集之四）[M]. 北京：中华书局，1989：6.

须要依靠一种昂扬奋进的国家精神。纵观人类社会的发展历程，主宰国家衰败破落以及崛起复兴的根本原因就在于这个国家所特有的品格、思想、道德、文化等国家精神。中国精神作为中国国家精神的表征，是内生和凝聚中国力量的精神源泉，也是中国能够自立于世界强国之林的精神支撑。但需要指出的是，中国精神的价值意义并不是直接能够彰显出来的，而是需要进行广泛深入的教育宣传，使中国精神在个体和社会层面上得到认知和理解，进而形成精神凝聚和价值共识，从而最终在国家层面上升为中国的精神品质和精神力量。由此能够看出，中国精神培育并非仅仅关涉个体和社会的精神建构，在更为广泛的层面上，中国精神培育关涉国家的文化实力和精神形象。因此，从国家的整体性视角来看，中国精神培育的目标就是促进国家精神力量的内生和凝聚，在最大限度上发挥中华文明的精神价值。

中国精神培育对国家精神力量的内生和凝聚，主要是通过精神支撑、精神激励、精神导向、精神凝聚和精神整合等方式形成的。从精神支撑的视角来看，通过中国精神培育，国家发展所体现出来的意志、精神、价值和理念，转化成为中国精神中的爱国情感、价值规范和精神追求，并且在社会最广泛层面得到理解和认同，形成了社会成员规范化乃至神圣化的心理情感，从而形成稳固的个体精神和社会价值观，这也反过来成为国家发展的坚实精神支撑。可以说，中国精神培育促进了国家发展的良性精神循环。从精神激励的视角来看，"激情、热情是人强烈追求自己对象的本质力量"[①]，精神激励是中国精神培育的关键，其旨在引导人们从国家和社会历史的整体视野认识人的主体地位和主体价值，从而明确自身的历史使命和社会责任。同时，中国精神培育将国家和个人的精神需要有机结合，强化培育的精神驱动力，充分调动人的积极性，振奋主体精神，有效提振了国家精神力量。从精神导向的视角来看，中国精神培育需要发现和掌握中国文化精神的历史规律，并在此基础上揭示个人和国家的发展趋势，并通过爱国精神、整体精神、重德精神、自强精神和创新精神等的培育和倡导，指引和促进中国文化精神的合规律性与合目的性发展。正如马克思所指出的："历史进程是受内在一般规律支配的。……在表面上是偶然性在起作用的地方，这种偶然性始终是受内部的隐蔽着的规律支配的，而问题只是在于发现这些规律。"[②] 从精神凝聚的视角来看，中国精神培育通过情感、规

---

① 中共中央马克思恩格斯列宁斯大林著作编译局. 马克思恩格斯全集：第四十二卷 [M]. 北京：人民出版社，1979：169.

② 中共中央马克思恩格斯列宁斯大林著作编译局. 马克思恩格斯选集：第四卷 [M]. 北京：人民出版社，2012：254.

范、目标的提供，形成富有中国特色、中国气派和中国风格的价值意识，使社会成员和国家之间产生认同、亲和、向心和吸引。可以说，中国精神培育是多民族、广地域的中国国家内部凝聚力提升和团结力增强的重要途径。从精神整合的视角来看，通过中国精神培育，实现对国家内部社会关系和思想观念的调整和修正，其内在地包含着思想文化的批判、吸纳、排斥和过滤等培育特性。正是在精神整合的基础上，才能够形成超越于地域、时代、阶层和民族界限的思想共识，建构起与大多数社会成员根本利益相一致的精神体系。正如有学者就国家意志的重要体现——民族精神指出："通过唤起民族意识，可以起到社会动员和扮演大众趋同象征的作用。"①

黑格尔曾在《法哲学原理》中指出："精神只有认识了自身以后才是现实的，作为民族精神的国家构成贯穿于国内一切关系的法律，同时也构成国内民众的风尚和意识，因此，每一个民族的国家制度总是取决于该民族的自我意识的性质和形成；民族的自我意识包含着民族的主观自由，因而也包含着国家制度的现实性。"② 从黑格尔的论述中可以看出，精神内在地贯穿于国家的一切法律制度，并有效地建构着国内的风尚和意识，是国家立足的思想根基所在。由此来看，中国精神之于中国，也是中国得以形成、发展和创新的精神根基。其中，中国精神培育就发挥着内生和凝聚中国力量的作用，是中国精神价值彰显的基本途径。具体而言，中国精神培育以增强国家观念为指向，以维护国家安全为使命，以促进国家发展为目的。从增强国家观念的培育指向上来看，在中国精神培育纷繁复杂的培育内容中，有着一条鲜明的培育主线亘古不变，这就是爱国主义精神。在爱国主义培育中，国家是社会共同体的最高形式，无论是个人、家庭、社会，乃至民族，都需要在国家的范畴中获得安全、成长、发展和创新。中国精神培育在培育指向上旨在引导社会成员充分认识到个人与国家的内在关联，从而树立社会成员的国家意识和公民责任担当。从维护国家安全的培育使命上来看，当今在经济全球化和信息网络化的发展潮流中，文化在国际综合国力竞争中的作用和地位日趋重要，国际文化软实力的竞争和博弈日趋激烈。正是在此背景下，中国精神培育肩负着树立文化自信、维护国家安全的时代使命。正如习近平总书记总结文化的功能作用时指出的："要坚定文化自信，推动中华优秀传统文化创造性转化、创新性发展，继承革命文化，发展社会主义先进文化，不断铸就中华文化新辉煌，建设社会主义文化强国。统筹

---

① 艾森斯塔德. 现代化抗拒与变迁 [M]. 张旅平，等译. 北京：中国人民大学出版社，1988：18.

② 黑格尔. 法哲学原理 [M]. 范阳，张企泰，译. 北京：商务印书馆，1982：291.

推进'五位一体'总体布局、协调推进'四个全面'战略布局，文化是重要内容；推动高质量发展，文化是重要支点；满足人民日益增长的美好生活需要，文化是重要因素；战胜前进道路上各种风险挑战，文化是重要力量源泉。"① 从促进国家发展的培育目的上来看，中国精神培育发挥着为国家和民族树魂的作用，其对民族精神广泛深入的教育宣传，对内能够凝聚中国力量，对外能够提升中国实力、树立中国形象。当前伴随着国家精神在综合国力构成中的地位的提高，中国精神培育在国内力量凝聚、国民发展和国际竞争中的作用更加凸显，"精神力量""文化软实力""民族性""国民意志"等中国精神培育元素日益成为综合国力测定的重要指标。

第二节　中国精神培育的原则

在新的历史条件下，为了能够将培育和弘扬中国精神这一社会主义精神文明建设目标真正落到实处，建构起关乎国家命运和民族命运的中国精神培育体系，使中国精神能够从理论走向实践，成为国家、民族和个体共同的精神家园，促进中华民族伟大复兴，我们需要在构建中国精神培育体系过程中，准确把握中国精神培育的内涵、特点，以及中国精神形成和发展的客观规律，正确处理好以下几种关系原则。

一、传统性与时代性相结合的原则

中国精神既是一种有着历史积淀的文化精神，也是一个随着时代而与时俱进的思想体系。中国精神的培育必须要将传统性与时代性、继承和创新有机结合。在中国精神培育中，对于传统性的文化精神，需要注重恰当的比较和理性的选择，继承和弘扬中华优秀传统文化精神。习近平总书记在第十八届中央政治局第十二次集体学习的讲话中，对如何培育传统文化精神进行了阐发，他指出："要继承和弘扬我国人民在长期实践中培育和形成的传统美德，坚持马克思主义道德观、坚持社会主义道德观，在去粗取精、去伪存真的基础上，坚持古为今用、推陈出新，努力实现中华传统美德的创造性转化、创新性发展。"②

---

① 习近平. 习近平谈治国理政：第四卷 [M]. 北京：外文出版社，2022：309-310.
② 习近平. 习近平谈治国理政：第一卷 [M]. 北京：外文出版社，2014：160.

而对于具有时代性的中国精神，需要立足于改革发展的现实实践，促进时代优秀精神元素的发展和培育，实现时代精神的突破和超越。总体而言，中国精神培育中的传统性与时代性是一脉相承、有机统一的。从文化精神的发展与创新来看，传统性既是时代性的时间前提，也是逻辑前提，时代性生发于传统性之中，离开了传统性的发展与积淀，时代性也将成为无源之水、无本之木。因此，在中国精神培育中将传统性与时代性相结合，一方面在为中国精神培育提供深厚的文化底蕴和丰富精神资源的同时，也能够充分地汲取时代发展的文化要素和精神活力；另一方面，中国精神培育绝非将传统与现代人为地价值割裂，单纯"就传统论传统，就现代论现代"，而是实现时代性与传统性的逻辑贯连，即实现培育的时代性对传统性的价值展现，这种展现并不是简单地继承和照搬，而是通过"创造性转化和创新性发展"，使培育中的文化精神具有新的时代内涵和意义存在的价值。

所谓"原则"，即是确立一种对象性活动的价值尺度和底线思维。在中国精神培育中，坚持传统性与时代性相结合的原则，其本质就是针对培育过程中的传统性与现代性的价值抉择，确立一种连贯的、有机的、相互融通的培育思维，而非单纯地倾向于传统抑或是现代的培育极端化思维。正是基于此，坚持传统与现代相结合的中国精神培育，就需要旗帜鲜明地反对全盘否定传统文化的民族虚无主义培育倾向，也需要坚决反对全盘肯定传统甚至是盲目自大的国粹主义培育倾向。

首先，在中国精神培育过程中，对待传统的历史和文化要防止一味地批判而忽视传承的培育倾向。在社会发展过程中，人们习惯于以"现代"的眼光来看待传统，单纯地将传统看作愚昧和落后的，唯恐避之而不及。尤其是随着现代文明的发展，一些落后地区的公众以发达国家的物质文明和科技水平为参照物，否定自己国家的现代文明发展。但问题在于，发展和创新都是建立在继承的基础之上，任何现代精神都需要立足于传统，只有那些根植于传统文化又超越传统文化的现代精神才能真正发散出生命力。因此，中国精神的培育绝不是摒弃传统的精神"构建"，而是鉴别传统，辩证地扬弃传统，以及批判地加以继承传统精神的过程。有学者提出了对传统批判继承的基本方法，即从传统中发掘思维、认识理论与方法，例如，传统哲学中的认识论和思维方法，社会政治学说中的民主性思想，文学艺术中的表现方法、技巧和风格。此外，根据现实情境中变化了的客观实际，对中华优秀传统文化精神提出新的更高的要求，拓展其适用范围，调适其理论和实践的着力点，使得传统精神能够在新的时代境遇中得到转型和发展①。

其次，在中国精神培育中，要坚决反对全盘肯定传统甚至盲目自大的国粹主义。历史的发展是一个不断推陈出新的过程，传统优秀的文化精神不断被继承和弘扬，在新的历史情境中与时代要素相结合，呈现出新的适宜于社会发展的精神样态；而传统情境中也必然存在着与现时的文化精神不相适宜的精神要素，社会转型发展的力度越大，传统中需要改变或者剔除的文化要素就越多。因此，传统精神之于现代，是现代精神的思想基础和重要组成部分，而非全部。尤其是发轫于中国近代以来的现代化发展极大地促进和改变了中国传统的面貌，传统文化精神中的一些思想和价值也需要随之改变和剔除。例如有学者认为，传统以宗法血缘为基础的家族本位在一定程度上掩蔽了个体文化意识、生活准则和道德观念；以小农经济为基础的内循环、封闭性特征，容易滋生保守、求稳、唯我独尊的自给自足心态②。此外，传统文化精神中的重农抑商、脸面观、重道轻器、墨守成规等文化观念都在一定程度上与现代观念不相融。因此，新的历史条件下的中国精神培育，并不是全盘肯定和照搬传统，而是致力于培育和弘扬中华优秀传统文化精神，促进传统精神的"创造性转化和创新性发展"。习近平总书记指出："如果没有中华五千年文明，哪里有什么中国特色？如果不是中国特色，哪有我们今天这么成功的中国特色社会主义道路？我们要特别重视挖掘中华五千年文明中的精华，把弘扬优秀传统文化同马克思主义立场观点方法结合起来，坚定不移走中国特色社会主义道路。"③ 此外，需要指出的是，传统文化中的杂质糟粕与传统文化精华高度粘连，去除杂质并非简单地"一刀切"，而是需要在融通古今的基础上，充分、准确地发掘中华优秀传统文化精神的时代价值。因此，这就需要在中国精神培育过程中具备高度的文化自觉和精神反思能力，始终坚持历史唯物主义和辩证唯物主义的立场、观点和方法，实事求是地剖析、审视和鉴别传统，去粗取精，去伪存真，使传统文化精神真正成为中国精神培育的思想渊源。

任何一个国家精神的蜕变，都经由一个自我否定的过程，而当代精神性的存在之可能即由传统肯定性的一面来保证。在这里，传统"肯定性的保证"并不单纯是继承，而是在继承基础上的发展和超越。因此，在当前中国精神培育情境中的"传统肯定性"是一种超越性的存在。其超越性表现在中国精神

---

① 杨叔子. 弘扬和培育民族精神研究 [M]. 北京：经济科学出版社，2009：362-363.

② 唐凯麟，李培超. 民族生存与发展的深层透视：中华民族爱国主义的历史观照和现代价值审思 [J]. 北京大学学报（哲学社会科学版），2001（3）：5-11.

③ 习近平. 习近平谈治国理政：第四卷 [M]. 北京：外文出版社，2022：315.

培育需要保持宽阔的理论与实践视野，根据经济社会发展出现的新情况和新问题，以及国家和社会成员的发展新需要，克服各种形式和观念的束缚，不断调适和改变中国精神的内容和结构，创造出新的理论和实践方法，从而探索出新的历史情境中中国精神作用的功能和方式。这种超越性的发展不仅是文化的积累，也是一个复杂的价值选择、整合与创新的过程。在这一过程中，中国精神培育在彰显国家精神、凝聚国家力量、促进国家发展的同时，也在一定程度上消解着人的精神异化，促进了人的思想观念的解放，使人在精神和价值层面上向着"真正的人"靠拢和回归。

二、主导性与主体性相结合的原则

纵观整个中国精神的形成和发展过程，其既体现着政治性和民族性，也体现着社会性和人本性，是联通国家、民族、社会和个人共同发展的精神命脉。中国精神培育作为与中国精神相伴相生的命题，其自形成以来就体现着两大显著的培育特征。一是将政治性和人本性有机结合，二是将理论性与实践性相互融通。即中国精神培育在承载着国家政治和社会发展的道德要求的同时，也承担着人的道德素养和精神理念的培育使命；既能够对中国精神的本质及其规律进行系统科学的理论建构，也能够以源于现实实践又高于现实实践，以超越具体现象和经验的思想品质，达到对实践本质的深刻把握的培育目的。由此能够看出，中国精神培育既不是单纯体现政治意志抑或是人的教育的工具性存在，也不是一门纯粹理论研究的经院哲学，而是一条贯通人的精神世界与社会价值的精神命脉，也是一项具有极强现实性和实践性导向的文化课题，中国精神培育的根本目的在于达成政治与人性、社会与个体的思想共识。这也就决定了中国精神培育必须坚持主导性和主体性相结合的原则，关涉现实发展及其实践境遇中的人的思想和精神的变化和规律。即中国精神培育必须立足于中国实际，紧跟时代改革发展的潮流，尤其是在当前改革发展全面深化的关键阶段，在经济社会变迁、思想文化多元和利益格局复杂的时代背景下，中国精神培育应对和把握世情、国情、社情、舆情变化下的人的思想观念、社会心态和价值取向等的变化的使命和责任愈加紧迫。因此，将现实实践的精神导向与人主体精神的变化发展有机贯通，应然地成为中国精神培育现实回应和科学育人的必要和必然选择。

首先，坚持主导性与主体性相结合的培育原则，是中国精神培育的中国情怀和时代特征使然。中国精神内生于人们对国家和民族的深沉的情感与眷恋，这也就意味着，中国精神培育的价值优势就在于以人的家国情怀为切入点，能够在最广泛和最深层次赢得人们的思想共鸣和价值共识。可以说，中国情怀是中国精神培育的精神源泉和生命力所在。同时，在任何历史情境中，中国精神培育都是"现时的"，即中国精神培育关涉具体历史情境中的生产生活和思想文化，具有浓厚的时代特征。因此，在当前新的历史条件下的中国精神培育，一定是符合当前时代发展潮流，体现当前政治和社会发展要求的。将中国精神培育的中国情怀与时代特征相结合，完整地体现了中国精神培育的主导性趋向。即中国精神培育的中国情怀和时代特征，有机地融通了精神传承和价值彰显的文化发展脉络，真正意义上体现了国家、民族、社会的精神传承和时代意志贯穿的要求。中国精神培育的中国情怀强调的是立足中国传统、扎根中国实际、掌握中国话语、解决中国问题。从中国的实际特殊性出发，形成具有中国特色的理论话语和实践路径。尤其是在当前改革全面深化、法治全面构建、党建全面加强和小康社会全面建成的时代背景下，中国精神培育的现实责任和历史使命日益紧迫，这就需要培育过程中在时间维度上将历史感、现实性和未来意识相统一；在空间维度上涉广域、贯东西，充分体现中国精神培育的跨文化特征；在内容维度上进一步强化马克思主义理论、观点和立场统摄下的理论涵括力和整合力；在效能维度上进一步强化培育的理论结论和实践方案的解题能力和社会影响力。中国精神培育在新的历史条件下的精神性传承转化和现实性回应，是中国精神培育的主导性的体现，也是参与社会空间、回应社会发展、凝聚社会力量的具体实践，更进一步讲，就是把握改革发展境遇下的人的思想观念、社会心理和精神追求等时代意识的效能提升。

其次，坚持主导性与主体性相结合的原则，是中国精神培育的人本立意、育人使命的自觉。"人"的问题是中国精神培育最本质、最核心和最基础的问题，其始终贯穿于中国精神培育理论与实践的全过程。中国精神培育的出发点是人的思想道德与文化精神的培育。培育主体是培育者和受培育者，培育的过程也是由作为培育主体的人参与和实施的，培育的目的也是致力于提升人的思想道德和精神生活水平，促进人的自由全面发展。同时，也应当看到，中国精神培育的人本立意和培育使命是基于物质生产生活的现实性，是建立在人的生活过程、物质条件、社会关系和政治关系的现实基础之上的，进而科学地把握处于这一现实基础上的人的思想意识和精神理念的生成与发展规律，从而实现实践育人、文化育人和科学育人的有机统一，这一育人方式正如马克思所指出的，"不是在每个时代中寻找某种范畴，而是始终站在现实历史的基础上，不是从观念出发来解释实践，而是从物质实践出发来解释观念的形成"①。因此，从中国精神培育主体性的人本立意来看，其对人的心灵秩序、价值追求、生活样态和存在品性的科学把握和有效导引，既体现了培育人、引导人、发展人的培育责任，也在培育过程中充分彰显了中国特色社会主义转型发展的意义和价值，从正向和积极的意义上强化了人们的思想共识和精神凝聚。正如有学者指出："人本身的发展水平既是人的内在需求和社会的外在需要的聚合，也是教育实现两种基本功能——服务社会、完善个人的基本立足点。……精神教育的基本出发点是个人，是养成个人的精神素养，提升个人精神生活品位。在个人身上栽种理想、信念之花，使个人在履行服务社会、奉献于他人的社会义务的同时，能拥有个人独立的、独特的精神生活空间和品位，使精神空虚、精神荒芜之类人的发展的缺憾成为历史陈迹。"②

三、理想性与现实性相结合的原则

精神问题是人与生俱来的基本问题。人作为文化的生物，也是唯一能够主动地制造并使用精神符号，以此来表现自我生命及其与世界的关联。正如马克思所指出的："动物不把自己同自己的生命活动区别开来。它就是这种生命活动。人则使自己的生命活动本身变成自己的意志和意识的对象。他的生命活动是意识的。"③ 而中国精神作为大写的中国人的精神，其在现实世界之所以能够产生精神动力，其根本原因就在于中国精神在展现现实性的中国人的生命活动的同时，也充分体现了中国人理想性和价值性的精神追求，是现实性和精神超越性的有机统一。正是基于此，中国精神培育的一条基本原则就是要坚持理想性与现实性的结合。具体而言，就是在中国精神培育过程中，通过对中国及中国文化精神的历史把握和科学认识，为处于社会生产生活中的个人和共同体以及他们之间有序和谐的交往互动提供权利和义务的价值边界，形成具有中国特色和中国风格的制度体系和社会交往。同时，中国精神培育需要深刻体现人们对于历史彼岸的理性王国或自由王国的信念，激发人们对于自我本质和社会发展的意识和自我意识，为现实社会生产和生活提供一种理想性的价值参照和

---

① 中共中央马克思恩格斯列宁斯大林著作编译局. 马克思恩格斯全集：第三卷 [M]. 北京：人民出版社，1960：43.

② 王坤庆. 精神与教育：一种教育哲学视角的当代教育反思与建构 [M]. 武汉：华中师范大学出版社，2009：193.

③ 中共中央马克思恩格斯列宁斯大林著作编译局. 马克思恩格斯全集：第二十卷 [M]. 北京：人民出版社，1979：96.

超越性的精神图景，从而有效地搭建起现实与理想、此岸与彼岸、当前与超越之间的有机关联。

马克思在《1844 年经济学哲学手稿》中曾提出"现实的存在"与"想象的存在"两个概念，在马克思看来，需要从想象的、观念的、期望的存在转化为感性的、生活的、现实的存在。同样，在《关于费尔巴哈的提纲》中，马克思也指出："人应该在实践中证明自己思维的真理性，即自己思维的现实性和力量，自己思维的此岸性。关于思维——离开实践的思维——的现实性或非现实性的争论，是一个纯粹经院哲学的问题。"① 马克思认为，脱离了现实实践的思维与精神，只是经院哲学式的、无意义的空洞语言，任何理想和精神只有深嵌在现实境遇和实践活动之中时，才能够具有明确的目标感和方向感。由此能够看出，中国精神只有在现实的层面被发掘出来，并被阐发为一种能够对社会各个层面做出有效言说的理论与实践体系时，才能够从理想性目标反观现实，从而对现实实践形成一种具有统摄性与涵括性的关联。

中国精神培育所体现的理想性，就是致力于实现真实的生活世界的价值意义在主体中的超越性生成，其实质就在于促进培育的目标与途径、理想与现实的有机统一。在中国精神培育情境中，既设定了国家富强和民族伟大复兴的理想目标，也提供了实现宏伟目标的路径参照，更与个人的思想观念与精神世界紧密相连。中国精神培育将理想世界与生活世界有机统一，有助于走出从"理想—理想"的培育误区，实现从"生活—理想"的范式转换。可以说，中国精神培育以国家富强、民族振兴和个人幸福为培育理想，既表达了国家和民族层面的精神追求，也包含着作为精神主体的个人的现实要求，将国家和民族精神理想的宏大叙事与个人生活有机结合，为当代中国人确立了一个既有憧憬、超越，又能看得见、摸得着的精神目标，从而能够获得广泛的认同和共识。

英国学者斯诺曾区分了两种文化样态，一种是知性的科学文化，另一种是德性的人文文化。当两种文化样态一旦出现断裂的趋势，即物质文化、科学文化与德性文化、精神文化的发展相互分裂，则意味着现代人的物化与精神世界的荒漠化②。由此能够看出，精神的培育并不是一种纯粹的德性文化和精神文化的培育，而是一种与现实的物质文化、知性的科学文化相结合的综合培育。因此，中国精神培育也并非纯粹的理想性、精神性的导引，而更多的是立足于

① 中共中央马克思恩格斯列宁斯大林著作编译局. 马克思恩格斯选集：第一卷［M］. 北京：人民出版社，2012：134.

② 欧阳康. 民族精神：精神家园的内核［M］. 哈尔滨：黑龙江教育出版社，2010：31.

现实的物质文化的精神培育和精神导引的综合。这就需要在中国精神培育过程中展现中华民族因特殊的地域环境和文化氛围而形成的自身民族的基本特征。其中一个很重要的方面就是展现国家和民族在长期的生产和生活中所形成的物质生产方式和物质文化成果。例如，生产工具的改良、科学技术的发明创造、生活品质的提升等，都集中展现着中国人的集体智慧结晶，在现实层面上源动着中国精神，这些物质生产方式和物质文化成果是中国精神培育的现实始基。同时，精神文化不仅是一个现实性的存在，而且也是一个具有未来拓殖性的存在，即精神文化在关照现实的同时，形成了对现实存在的一种反思和超越，引领和规约着主体的价值目标和精神朝向。正如马克思所指出的："物质生存方式虽然是始因，但是这并不排斥思想领域也反过来对这些物质生存方式起作用。"① 因此，中国精神培育以观照现实物质生产和生活为始基，需要蕴含系统丰富的哲学思想、意识形态、道德情感、价值观念、艺术心理和理想追求等精神文化层面的培育素材，并能够对这些思想素材进行加工、整合、凝练，从而形成新的具有现实统摄性和文化超越性的精神形态，这种新的精神形态构建了个人和国家共有的精神家园，确立了共同精神发展轨迹和精神目标，从而实现了中国精神的自我传承、自我发展和自我超越，实现了国家社会历史的进步与发展。

四、民族性与开放性相结合的原则

中国精神培育所关涉的中国精神是一个剔除了消极成分的积极和进步的精神。其所涵盖的正面含义主要包括了两个方面：一是中国精神及其培育具有本民族的特殊规定性；二是中国精神及其培育体现着全人类的共同价值。之所以说中国精神及其培育体现着本民族的特殊规定性，是因为其受到本民族特殊的生产生活实践和民族意识的支撑，为民族性格所制约；之所以说中国精神及其培育体现着全人类的共同价值，是因为其彰显的智慧和理念能够为人类社会发展进步做出贡献。因此，中国精神及其培育所体现的民族特色和民族风格并不是孤立存在的，而是与人类的普遍性与共同性呈现着某种程度的统一与结合。"社会的运动并不以同一文化作为唯一的依托；相反，它是多种文化共存前提下的发展。"② 各个国家所独具特色的文化和精神恰恰是人类文明传承和发展的基础和载体，不同的文化理念和精神形态都在不同程度上以某种方式彰显，

---

① 中共中央马克思恩格斯列宁斯大林著作编译局. 马克思恩格斯选集：第四卷 [M]. 北京：人民出版社，2012：598.

② 詹小美. 民族精神论 [M]. 广州：中山大学出版社，2007：194.

促动着人类的共同价值追求和类本质。正如马克思在《评普鲁士最近的书报检查令》中所批判的："你们赞美大自然悦人心目的千变万化和无穷无尽的丰富宝藏，你们并不要求玫瑰花和紫罗兰散发出同样的芳香，但你们为什么却要求世界上最丰富的东西——精神只能有一种存在形式呢？"[①] 由此，与中国精神的民族性和世界性特征相一致，中国精神的培育也必然是民族性和开放性的统一。其首先是民族的，然后是全人类的，表现为局部与整体、特殊与普遍的共生与共融。中国精神培育在价值意义上，不仅为中国的发展和振兴所必需，而且为整个人类精神文明发展所必需，是人类精神文化构建的重要组成部分。

每一个国家在其历史发展和文化积淀过程中都形成了不同的精神品质，如德国的严谨精神、美国的自由精神、日本的"和"精神、法国的浪漫精神，等等，而以爱国主义为核心的民族精神和以改革创新为核心的时代精神之所以能够成为中国的精神，是因为其反映了中国人对于本国主体文化的认同与归属感，体现了中国独特的精神风貌和性格特质，是中国有别于其他国家的精神标签。因此，从这个意义上来看，中国精神培育首先应当具有强烈的民族性和本土性特征，即中国精神培育需要根据中国独特的社会实践和发展状况，整合中国的社会制度和思想体系，进一步彰显中国人认识和改造世界的独特世界观和方法论，凸显中国人的独特智慧理念和精神品质，主张中国的独立和尊严，展现中国的历史和特征。正如2013年全国宣传思想工作会议讲话中指出的，"独特的文化，独特的命运，独特的基本国情，注定了我们必然要走适合自己特点的发展道路"，宣传阐释中国特色，要讲清楚中国的历史传统、文化积淀和基本国情；讲清楚中华民族最深沉的精神追求；讲清楚中华民族深厚和突出的文化优势；讲清楚中国特色社会主义的深厚历史渊源和广泛的现实基础[②]。习近平总书记所提出的"四个讲清楚"彰显了中华文明的精神命脉和文明特质，尤其是在新的历史条件下，"四个讲清楚"为更好地坚持和发扬中国的民族性提供了基本思路和方法，是当前中国精神培育的基本遵循。

中国精神培育以民族性为先导，并不意味着对本国或者本国成员是一种封闭自我的理解和认识。事实上，中国精神培育是一种开放的和包容的形态，其在异质文化精神与中国母体文化精神的交融互动过程中，是促进中国文化精神新形成、新组合、新创造的重要方式和途径。需要指出的是，虽然在这一过程中，中国精神培育作为促动因素，形成了新的精神要素和特质，但这种文化精

---

① 中共中央马克思格斯列宁斯大林著作编译局. 马克思恩格斯全集：第一卷［M］. 北京：人民出版社，1956：7.

② 习近平. 习近平谈治国理政：第一卷［M］. 北京：外文出版社，2014：155-156.

神的发展和蜕变一定是在中国文化精神的母体上形成的，其整个过程体现着中国的文化规定性和精神本质。因此，坚持中国精神培育的民族性和开放性原则，就需要避免两个极端。一是要防止培育的精神自闭和文化自大现象，一味地强调文化精神的本土性，而漠视或否认文化精神的开放性与包容性；二是强调文化精神的同质性和文化精神培育的普适性，一味地效仿和照搬他国文化精神及其培育的理念和方式，这种"机械的模仿"，终将会使共同体和个人因丧失"自决能力"而走向衰落①。

事实上，从几千年中国精神培育的历史经验来看，正是因为在坚持民族精神之特色的同时，以熔铸百家、包举宇内、广纳天下之培育胸襟，才能使中国精神在不断地交流、对话、渗透和碰撞的过程中逐渐发展、进步和成熟。这种将民族性和开放性有机统一的培育原则，在当前的现代性情境中更应当得到继承和发扬。著名社会学家郑杭生曾提出研究中国经验的"二维视野"，即在现代性转型情境中，始终左右着社会动态变化，以及构成中国人生活复杂情况的力量主要来自两个方面，一是全球化所代表的力量和维度，二是中国本土社会转型的特殊脉动所表征的力量和维度。这两种力量构成了研究中国经验的"二维视野"，其相互交融形成了社会实践结构性巨变②。同样，中国精神的培育也应当坚持这种"二维视野"，即坚持全球化的开放性与中国本土转型发展的民族性的有机结合。当前在中国社会主义改革开放的伟大历程中，中国社会普遍从传统社会发展为现代或者超现代的社会，与此同时，表征着现代性的全球化并没有遮蔽中国精神的民族性；相反，愈是全球化和现代化就愈是能够激活和发散中国的实践智慧和文化精神，这也就意味着处于现代性境遇中的中国精神培育的话语体系、表述方式、理论体系和实践范式等都将发生调适和改变，能够"讲好中国故事，传播中国声音"③的新概念、新范畴和新表述将会诞生，由此中国精神也将在新的历史条件下展现出新的生命力和表现力。总体而言，当前新的历史条件下的中国精神培育是民族性与开放性的"二维综合"，即中国精神培育只有在立足于民族性且超越民族性，以开放性的世界视野来加以拓展和深化，才能更加富有意义和价值，才能真正运用和推广，从而创生出新的培育灵感和精神活力。

　　① 汤因比. 历史研究：中册 ［M］. 曹未风，等译. 上海：上海人民出版社，1966：44.
　　② 郑杭生，杨敏. 社会实践结构性巨变对理论创新的积极作用：一种社会学分析的新视角［J］. 中国人民大学学报，2006（6）：55-64.
　　③ 习近平. 习近平谈治国理政：第一卷 ［M］. 北京：外文出版社，2014：156.

五、结构性与功能性相结合的原则

所谓"结构",是指组成系统内各要素之间在空间和时间方面的有机联系和相互作用的方式和顺序,即"结构"是综合系统的构成方式,是系统内各要素之间的关系和联系的组织形式①。与"结构"相对应,"功能"强调系统内要素以一定的方式和顺序联结为一定的结构后,系统活动所产生的效果。"结构"和"功能"共同构成了一个综合完整的系统,即"结构"构成了系统及其要素的内在联系和潜在能量,"功能"构成了系统动态性的外在表现和实际能量。通过对"结构"和"功能"含义的分析,由此来考察中国精神培育,可以看出,中国精神培育应当坚持结构性与功能性相结合的原则。作为一种国家精神的培育和弘扬,中国精神培育面临的是一个极其复杂庞大的培育情境,尤其是在当前全球化和网络化的新的历史条件下,中国精神培育的环境和主体都发生了深刻的变化,培育情境中的多元、多样和差异性显著,这也就决定了当前的中国精神培育已不能再是随意的"一刀切"或者"大水漫灌式"的,而是需要树立一种科学的、系统的培育思维,将中国精神培育作为一个动态的、完整的系统,深入探究其内在结构和外在功能。

从系统论的视角来考察中国精神培育的综合结构,可以看出,其是由"体"和"要素"共同构成。"体"是中国精神培育的基本构件,是本源性的要素,中国精神培育的"体"就是中国精神,这是中国精神培育区别于其他培育形式的本质属性所在,也是中国精神培育的综合结构和一切要素形式形成和发展的最终根源。除此以外,构成中国精神培育的非本源性的要素,可以称为"要素",这些要素包括了培育者、受培育者、培育环境、培育目的、培育内容、培育方式、培育活动、培育载体等,各个不同的培育要素围绕着中国精神这一培育本体,在整个培育系统中有序分布、相互衔接,各自发挥着不同的功能属性,最终形成中国精神培育的整体合力。因此,"体"和"要素"以何种形式组合,其决定着中国精神培育的综合结构,更决定着中国精神培育的整体效能和性质。"体"和"要素"的不同组合方式,会形成不同性质的中国精神培育。例如,如果只注重受培育者的自我选择和自我实现,否定培育者的地位和作用,就会导致存在主义的培育误区;如果只是单方面地倾注于培育主导方的内容和价值观的教授,而忽略了受培育者的特质和倾向,则会使培育变为训导或灌输;如果单纯强调环境变换对人的决定作用,而忽视了培育者的主导

---

① 陈秉公. 思想政治教育学原理 [M]. 北京:高等教育出版社,2006:124.

和受培育者的能动性，则会使中国精神培育陷入环境决定论。正如马克思所指出的："关于环境和教育起改变作用的唯物主义学说忘记了：环境是由人来改变的，而教育者本人一定是受教育的。"① 因此，"结构"形成了中国精神培育的组织特性，而中国精神培育的"体"和"要素"在综合系统中居于何种地位，具有何种属性，"体"和"要素"以及"要素"内部之间具有何种空间和时间关联，直接决定了中国精神培育的性质和功能。因此，要使中国精神培育结构合理、功能完备，就必须要使"体"和"要素"处于恰当的位置，摆正相互关系，形成科学的培育程序，尤其是要注重中国精神培育的主体联动、多元支撑、过程持续、生态契合、契机把握和形式选择。

中国精神培育的功能性是以结构性为基础的，只有在科学有效的培育结构形式的基础上，才能在动态性的层面上发散出培育效能和精神能量。因此，基于培育的动态功能性的考量，其综合结构并不是培育体和要素之间的随意加和，更不是各种培育活动外在、机械地叠加和拼凑，而是一种具有内在特定结构和运行机制的独特有机系统，具体表现为中国精神培育的空间结构的协调性和时间结构的有序性。从空间结构的协调性来看，在中国精神培育的综合系统中，"体"和"要素"之间结构合理、运行协调，能够围绕着中国精神培育的目标和谐有序地运转，最大限度发挥培育效能；从时间结构的有序性来看，在培育过程中，围绕着中国精神这一培育体，各项培育活动按照一定的方向和计划，分阶段、连续地指向培育目标。中国精神培育在空间和时间上的两大培育特性相互关联、紧密配合，使中国精神培育形成了系统的、动态发展的培育结构。

结构性和功能性相统一的原则为中国精神培育的系统建构明确了思路和方向。首先，要注重中国精神培育的整体性。与知识性、局域性和碎片化的培育方式不同，中国精神培育所关涉的是历史与当下、个体与国家、民族与异域、现实和理想等整体性、宏观性的视野，其强调国家精神和个体精神互动与共融。因此，中国精神培育注重从大处着眼、小处着手，以小见大、以微知著，在具体的培育情境中体现整体性和宏观性的精神理念。其次，要注重中国精神培育的层次性。中国精神培育所面临的培育对象和培育情境是复杂多元的，处于不同群体和不同情境中的人的理解和认知也会有所不同。因此，中国精神培育在社会横向结构上必须是嵌入式和分众式的，在社会纵向结构上必须是层次

① 中共中央马克思恩格斯列宁斯大林著作编译局. 马克思恩格斯选集：第一卷 [M]. 北京：人民出版社，2012：134.

性和递进式的，并且需要注重整体性与分众性、整体性与层次性，以及不同群体和不同层次之间的区别和联系，注重中国精神培育的顶层设计和具体实施之间的统摄性和灵活性的把握。再次，要注重中国精神培育的结构性。即注重中国精神培育的内部各要素之间的结构方式，以及这种结构方式与中国精神这一培育体的接洽和共融。例如，培育时序的统筹、培育内容安排、培育机构的设置、培育方式的运用等。最后，要注重中国精神培育的相关性。中国精神培育是一项现实性和实践性极强的培育活动，尤其是在当前新的历史条件下，中国精神培育的调适和革新主要是基于现实实践发展的迫切要求。因此，中国精神培育并不是自成一派的经院式或者抽象式的培育活动，而是深嵌入现实实践，与时代发展的潮流紧密结合的培育实践活动。中国精神培育尤其要关注培育活动与各种现实环境条件的相互关系和作用，这样才能够真正彰显中国精神培育的意义和价值。

第三节　中国精神培育的基本向度

习近平总书记在谈及如何开好思想政治理论课时，深刻指出："我们对共产党执政规律、社会主义建设规律、人类社会发展规律的认识和把握不断深入，开辟了中国特色社会主义理论和实践发展新境界，中国特色社会主义取得举世瞩目的成就，中国特色社会主义道路自信、理论自信、制度自信、文化自信不断增强，为思政课建设提供了有力支撑。中华民族几千年来形成了博大精深的优秀传统文化，我们党带领人民在革命、建设、改革过程中锻造的革命文化和社会主义先进文化，为思政课建设提供了深厚力量。"[1] 思想政治理论课是培育中国精神的主渠道，同样，在更大范围内，中国精神培育需要立足于中国的现实特殊性，从历史、世情、国情、党情等不同的培育向度，力图准确完整地展现中国的精神全貌、言说中华文化的精神本质，从而实现中国精神与个体精神的相互关联和有机融通。

一、历史的培育向度

基于历史的视角是培育和弘扬中国精神的基本切入点。这是因为中国精神既非外来移植，也非自然生成，而是中华五千年历史文化长期浸润和积淀的结

---

① 习近平. 习近平谈治国理政：第三卷 [M]. 北京：外文出版社，2020：329.

果，是历史的产物。只有在深刻理解和把握中国悠久的历史和博大精深的优秀传统文化的基础上才能够有效地开展中国精神培育。正如张荫麟曾就文化与历史的关系指出："文化是一发展的历史。它的个性表现在它的全部'发生史'里。"① 钱穆也指出："中国文化，表现在中国以往全部历史过程中，除却历史，无从谈文化。""我们应在历史进程之全时期中，求其体段，寻其态势，看他如何搭配组织，看他如何行动向前，庶乎对于整个文化精神有客观，较平允之估计与认识。"② 能够看出，中国精神内生于中华文明的"发生史"之中，探究中国精神的培育需要树立历史文化发展的大视野，从中华文明的历史文化中"求其体段，寻其态势"。因此，了解历史是理解中国精神的基础，从历史的精神场域和文化视角发掘中国精神培育的经验和资源，是当前社会主义精神文明建设的一条重要路径。只有将中国精神培育寓于历史文化的精神场域之中，把深厚的家国情怀寄托在几千年中华文明积淀的以爱国主义为核心的民族精神基础之上，才能进一步增强中国精神培育的文化厚重感、精神归属感和历史使命感。

中国精神培育的核心功能就是疏通、联结个体与国家之间的精神理念和情感脉络，其关键就是塑造个体对国家和民族的强烈认同感，而构成这种认同感的一个重要因素就是共同的回忆，即一种基于历史文化积淀而形成的特殊情感联结和亲和力。正如李泽厚在《美的历程》中所指出的，古典作品中的中国民族的审美趣味、艺术风格在今天之所以仍然能够和人们的感受爱好相吻合，是因为积淀在这些艺术作品中的情理结构，其与今天中国人的心理结构有着相呼应的同构关系③。可以说，永恒的历史精神创造和体现着人类社会性的共同心理结构，这种共同的心理结构也在当下情境中延续着精神的脉络。从这个意义上来看，人的心理结构是浓缩了的历史文明，而中国精神培育则是建构和完善人的共同心理结构的关键途径。历史向度的中国精神培育最基础、最有效的就是爱国主义教育，正如有学者指出："几千年来，中国人民无不对养育自己的祖国怀有无限深厚的热爱，这包括对祖国壮丽河山、语言文字、历史文化、风土人情、统一民族的尊敬与爱护。"④ 以爱国主义为主导的中国精神培育能够有效地构建中华文明共同的心理结构，将中华文明的精神根脉深植于人们的心中，使人们能够怀有一颗"中国心"，从而塑造人们对于历史文化的认同

① 张荫麟. 张荫麟文集 [M]. 北京：科学教育出版社，1993：66.
② 钱穆. 中国文化导论 [M]. 北京：商务印书馆，1994：8.
③ 李泽厚. 美的历程 [M]. 北京：生活·读书·新知三联书店，2009：216.
④ 欧阳康. 民族精神：精神家园的内核 [M]. 哈尔滨：黑龙江教育出版社，2010：122.

感、责任感和自豪感。同时，这也为当前多样化和复杂性的思想文化的整合与导引提供了一个坚实的历史文化基础和精神承接面。

基于历史视角的中国精神培育，需要在培育过程中进一步明确历史的态度、历史的认识和历史的精神。

首先，从中国精神培育的历史态度来看，秉持正确的历史态度是培育的基本前提。如果缺乏积极正确的历史态度，我们就无法正确地对待和处理我们的精神传统和文化遗产，也无法对中华民族的精神特性有正确的体认，更无法对现实情境中的培育问题做出正确的判断。在以往的培育中存在着割断和否认历史的问题，即将所有现实的问题和挫折归因于历史，对历史采取一种批判、否定和决裂的态度，在这种充斥着不自信、挫败感和否定性的培育历史观中，历史就成了现实问题的替罪羊。法国思想家涂尔干在其著作《教育思想的演进》中指出，人们对待教育变革有两种偏见，即"恐新症"和"恋新症"①。这两种极端的教育思维，一种趋于保守，纯粹站在历史的立场上否定现实；另一种看似"前卫"，但实质上因彻底割断历史而使教育成为空中楼阁。中国精神培育既不"恐新"，也不"恋新"，而是需要对中华优秀传统文化和中国精神葆有一份敬意，树立对中华民族的自信。正如习近平总书记在庆祝中国共产党成立95周年大会上的讲话中指出："文化自信，是更基础、更广泛、更深厚的自信。在5 000多年文明发展中孕育的中华优秀传统文化，在党和人民伟大斗争中孕育的革命文化和社会主义先进文化，积淀着中华民族最深层的精神追求，代表着中华民族独特的精神标识。"② 可以说，历史是中国精神培育的深厚根基，中国精神培育要坚定文化自信，对历史进行准确地理解和全面地认识，唯有此才能够提升培育的判断力、行动力和引导力。

其次，从中国精神培育的历史认识来看，要科学、客观地认识历史，这是中国精神培育的基本立场。在认识历史的观点中，存在着历史虚无主义的思潮。这种观点秉持着"价值中立"和"超然的中立态度"，污蔑、诋毁唯物史观和马克思主义历史辩证法，以"还原"一个"真实"的中国为谎言和借口，达到否定中国现实政治制度和发展方向的目的。历史虚无主义颂扬改良，否定革命的历史进步性；轻视中国的文化和价值，极力倡导西方的政治思想、政治制度和文化理念；尤其主张近代西方列强侵略有功，否定中国人民反侵略的救亡斗争。此外，历史虚无主义还致力于做"翻案文章"，颠倒对历史人物功过

---

① 涂尔干. 教育思想的演进 [M]. 李康，译. 上海：上海人民出版社，2003：11.
② 习近平. 在庆祝中国共产党成立95周年大会上的讲话 [N]. 人民日报，2016-07-02 (002).

是非的评价。清代龚自珍曾指出，"灭人之国，必先去其史；隳人之枋，败人之纲纪，必先去其史；绝人之材，埋塞人之教，必先去其史；夷人之祖宗，必先去其史"①。历史虚无主义否定中国历史和中国文化，否定中华民族为实现伟大复兴所付出的巨大努力和牺牲，其价值取向是非常明显的。针对历史虚无主义的思潮，具有历史向度的中国精神培育必须旗帜鲜明地反对历史虚无主义，坚持联系和发展的历史分析方法，从"从它们的联系、它们的联结、它们的运动、它们的产生和消逝方面去考察的"②；坚持历史唯物主义的矛盾分析法，从具体历史过程中的矛盾特殊性，分析具体矛盾的特点，分清主次、把握重点、把握主流；把握历史必然性和偶然性的关系，把握现象的本质，正如列宁分析政党时所指出，"要分析各个政党的经济基础和阶级基础，要研究预先决定这些政党的政治活动的意义和结局的客观政治环境"③。总体而言，中国精神培育需要把历史认识置于唯物主义的基础之上，科学运用唯物史观和辩证法认识和看待历史，正如恩格斯指出的："唯物主义历史观及其在现代的无产阶级和资产阶级之间的阶级斗争上的特别应用，只有借助于辩证法才有可能。"④

最后，从中国精神培育的历史精神彰显来看，传承和弘扬中华优秀传统文化精神是中国精神培育的关键。德国哲学家雅斯贝尔斯（Jaspers）曾指出："从历史中我们可以看见自己，就好像站在时间中的一点，惊奇地注视着过去和未来，对过去我们看得愈清晰，未来发展的可能性就愈多。"⑤ 历史是变化的、连续的和发展的，但纵观整个历史过程，其根基不化，本真犹在，这种"根基"和"本真"就表现为"精神"。历史精神是人们在处理人和外界关系时所采取的实践活动和精神活动的方式，以及所创造出来的物质和文化成果的凝练升华。在中国精神培育中，对历史精神的把握既要面对历史的"既成事实"，但又不能将这种"既成事实"看作僵死的、凝固的、不动的抽象物，而是在对这种"既成事实"的好学深思和培育传播中，理解其精神本质，把握其律动的脉搏和活的灵魂。马克思认为："新思潮的优点就恰恰在于我们不想

---

① 龚自珍. 龚自珍全集：上 [M]. 北京：中华书局，1959：22.
② 中共中央马克思恩格斯列宁斯大林著作编译局. 马克思恩格斯选集：第三卷 [M]. 北京：人民出版社，2012：397.
③ 中共中央马克思恩格斯列宁斯大林著作编译局. 列宁全集：第十二卷 [M]. 北京：人民出版社，1987：262.
④ 中共中央马克思恩格斯列宁斯大林著作编译局. 马克思恩格斯选集：第三卷 [M]. 北京：人民出版社，2012：746-747.
⑤ 雅斯贝尔斯. 什么是教育 [M]. 邹进，译. 北京：生活·读书·新知三联书店，1991：58.

教条式地预料未来，而只是希望在批判旧世界中发现新世界。"① 中国精神培育既重视历史文化精神的"既成事实"，又重视历史精神中律动的脉搏和活的灵魂，这种方法本质上符合马克思主义的唯物辩证法。正是基于这种认识，能够看出中国精神是跨越历史时空的，具有传承性。在长期的历史过程中，中华文明所形成的乐群和贵、和而不同、义利兼顾、诚信敬业、天下为公、自强不息、尊道厚德、经世致用、天下为公等精神特质，在今天仍然是中国人的优秀精神品质和中华文明的精神根基。因此，中国精神培育作为传承和发扬中国历史文化精神的重要途径，需要把握中华文明"活的灵魂和律动的脉搏"，葆有中华文明的精神传统和文化特质，构建中华民族共有精神家园。

二、国情的培育向度

如果说历史向度的中国精神培育奠定了培育的文化基础和精神基调，那么，国情向度的中国精神培育则构筑了培育的总体格局和现实场域。这是因为中国精神及其培育的特质来自中国的特殊国情，精神的发轫与发展、文化的内生和积淀、教育的智慧和理念等都是来自中国的现实国情。因此，立足于中国实际，从中国的特殊国情出发，是中国精神培育的关键向度。国情向度的中国精神培育并不是简单随意的、碎片化的国情陈述，而是需要根据"国情"这一具有理论特殊性和现实复杂性的概念，系统、有针对性地设计培育的思路和方法。国情是一个多维、立体、复杂、动感的概念。由于国情的综合性和笼统性，人们对于国情的理解和认识也是千差万别，不仅经济学、社会学、政治学等不同学科对国情的理论视角和话语是不同的，而且处于不同社会阶层的民众对于国情的认识也是各不相同的。国情也是一个立体的概念，其中成就和问题并存，风险和机遇随行，喜悦和忧虑同在。同时，国情也涵盖了广义和狭义、历史与现实、自然和人文、先进与落后、整体与局域等概念，更体现着党情、政情、军情，以及民情、社情、世情，这些不同的概念和内涵共同决定了国情的复杂性和多维性。

此外，国情也是一个动态和变化的概念，其随着时代律动而律动，随着形势变化而变化。例如，新民主主义时期，中国处于半殖民地半封建社会状态，与这种状态相适应的就是人民大众同帝国主义、官僚资本主义、封建主义"三座大山"的矛盾；社会主义初级阶段，中国的国情是经济社会有所发展但

① 中共中央马克思恩格斯列宁斯大林著作编译局. 马克思恩格斯全集：第一卷 [M]. 北京：人民出版社，1956：416.

尚且不够充分，人民日益增长的物质文化需要同落后生产力之间的矛盾。尤其是在当前经济全球化、信息网络化、政治多极化，以及国内改革攻坚的关键时期，中国国情的发展变化性和复杂性更加明显，这就需要中国精神培育能够根据国情的特殊性和复杂性，及时有效地开展国情教育，进一步彰显时代精神，帮助人们形成正确的时代观、国情观和发展观。正如习近平总书记在论及新时代的文艺工作时指出的："一百年来，中国共产党领导中国人民经过顽强奋斗，迎来了从站起来、富起来到强起来的伟大飞跃，迎来了从落后时代、跟上时代再到引领时代的伟大跨越，创造了人类历史上惊天地、泣鬼神的伟大史剧。广大文艺工作者要树立大历史观、大时代观，眼纳千江水、胸起百万兵，把握历史进程和时代大势，反映中华民族的千年巨变，揭示百年中国的人间正道，弘扬以爱国主义为核心的民族精神和以改革创新为核心的时代精神，弘扬伟大建党精神，唱响昂扬的时代主旋律……要紧跟时代步伐，从时代的脉搏中感悟艺术的脉动，把艺术创造向着亿万人民的伟大奋斗敞开，向着丰富多彩的社会生活敞开，从时代之变、中国之进、人民之呼中提炼主题、萃取题材，展现中华历史之美、山河之美、文化之美，抒写中国人民奋斗之志、创造之力、发展之果，全方位全景式展现新时代的精神气象。"①

国情向度的中国精神培育要坚持辩证、系统、比较的培育思维。首先，辩证分析法要求在中国精神培育中既要看到国情的相对稳定性，也要看到国情的发展变化性；既要看到构成国情的各个要素的相对独立性，也要看到整体性的国情要素的相互关联性，运用整体的、联系的、运动的和变化的视角来理解国情。正如列宁所指出的："在社会科学问题上有一种最可靠的方法，它是真正养成正确分析这个问题的本领而不致淹没在一大堆细节或大量争执意见之中所必需的，对于用科学眼光分析这个问题来说是最重要的，那就是不要忘记基本的历史联系，考察每个问题都要看某种现象在历史上怎样产生、在发展中经过了哪些主要阶段，并根据它的这种发展去考察这一事物现在是怎样的。"② 其次，系统的分析方法要求中国精神培育从纷繁复杂的国情要素中发掘国情要素的有序关联。一般而言，国情所涉及的要素可以分为自然状况（包括地理环境、生态现状、自然资源等）、当前历史阶段、人口状况（包括人口数量、素质、分布和民族等）、生产力水平（包括生产力结构、科技水平、经济实力

---

① 习近平. 在中国文联十一大、中国作协十大开幕式上的讲话 [M]. 北京：人民出版社，2021：6-7.
② 中共中央马克思恩格斯列宁斯大林著作编译局. 列宁全集：第三十七卷 [M]. 北京：人民出版社，1986：61.

等）、文化事业（包括教育、科学、文艺、新闻出版、广播影视等）、意识形态（包括文化传统、政治观念、社会风俗、宗教信仰）和对外关系等。这些不同的国情要素之间整体统一、有机关联，不能单纯地围绕某一个方面而开展教育宣传，而是需要将国情中的各个要素有机整合，把握要素间的内在关联和整体协同。同时，也要明确中国精神培育的要素体系与国情要素体系的内在耦合关系，针对受培育者的认知特点和国情要素的自在关联，调适中国精神培育体系的构成要素、结构关系和培育效能。此外，国情向度的中国精神培育还需要坚持比较分析法。这一方法不仅要求具有国情向度的中国精神培育具有现实与历史的比较视野，而且也需要具有中国国情与外国国情的比较视野。这种培育的比较视野能够为中国精神培育找到价值参照量，从比较中发现中国国情的优势与不足，从而进一步开阔培育的视野，深化人们对国情的认识，增强对中国文化和精神的向心力和归属力。

国情向度的中国精神培育也要注重培育的实效性。国情具有涉及面广、民族色彩鲜明、阶段性突出和动态复杂性等特点，这决定了国情向度的中国精神培育必须要注重培育的实效性。首先，国情向度的中国精神培育需要以小见大、深入浅出，具备讲好中国故事的能力。在中国精神培育中所关涉的国情需要用大量的数据和史实来支撑，因此难免枯燥乏味。枯燥沉闷的国情教育非但达不到应有的效果，而且也会挫伤教育主体的积极性和主动性。因此，国情向度的中国精神培育在具有广阔宏大的教育视野的同时，也需要在宏大的时代格局中找到具体的教育切入点，能够以小见大、深入浅出，唯有此才能够增强教育的实效性。例如，2009 年中央电视台推出的纪录片《国情备忘录》，从人们所熟知的事件和身边的小事出发，客观详尽地阐述了当下中国的人口、资源环境、"三农"、社会保障、科技创新和民生等中国国情中最核心、最基本的问题。该剧所体现的宣传教育方法深入浅出、以小见大，极具说服力和感染力。其次，国情向度的中国精神培育需要贴近实际、贴近现实、贴近群众。所谓贴近实际，就是中国精神培育要立足于社会主义初级阶段这一当前中国最大实际。把回答社会主义初级阶段的中国问题，解读初级阶段的中国变化，总结初级阶段的中国经验，作为国情向度的中国精神培育的中心任务。从社会主义初级阶段中国全面深化改革发展的实际出发布置培育任务，按实际需要推进培育工作，以实际效果来检验和评估培育工作，使中国精神培育扎实有效。所谓贴近现实，就是将国情向度的中国精神培育瞄准改革开放和现代化过程中人们的生产生活的变化，以及由此形成的人们的思想观念和精神世界的变化；使中国精神培育在对时代发展进行整体把握和宏大叙事的同时，走进这一背景下人的日常生活，关注人的精神体验、人格特质、情绪情感和社会交往等的微观变化，提高培育的针对性和实效性。所谓贴近群众，就是将国情向度的中国精神培育的落脚点始终放在实现和维护人的根本利益上，在培育过程中积极回应和关切社会生产生活中的热点问题、难点问题和焦点问题。以人民群众熟知的话语和喜闻乐见的形式介绍国家的大政方针，使培育内容真实可信，入心入脑。

国情向度的中国精神培育最终是要通过培育实现由感性经验向理性认识的跃迁。如果说仅仅将国情向度的中国精神培育看作对中国国情的现象讲解和知识传授，则会使培育与中国精神的本质相去甚远。事实上，国情向度的中国精神培育需要达到超越知识和现象的更高层次的思想启迪和精神觉悟，使人们通过培育理解和领悟中国国情所体现出来的精神特质和文化本质，从而实现高层次的理性回归和精神建构。这也充分说明了国情向度的中国精神培育需要经历一个由感性认识向理性认识过渡的过程。所谓感性认识，毛泽东曾指出，其是"只是看到过程中各个事物的现象方面，看到各个事物的片面，看到各个事物之间的外部联系"①，而理性认识则是一种"抓住了事物的本质，事物的全体，事物的内部联系"②的认识形态。在国情向度的中国精神培育中，其直观的经验和知识往往来自社会生活的局部观察和表面现象，这一阶段属于认识的低级和感性阶段。中国精神培育的特点和优势就在于能够对已有的经验和现象进行分析、凝练和总结，从更高层次的文化和精神层面来抽象和升华国情认知中的感性素材，从而达到透过现象抓住国情的本质的目的。这对于处于培育情境中的个体而言，对国情的认知不再仅限于生活经验和客观事实层面，而是能够将接收到的国情信息放到社会的整体联系中、放到精神传承的历史长河中，从而把握国情背后的文化特质和精神本质，实现超越于日常经验认识而达到理性认识层次的培育目的。

三、世情的培育向度

中国精神不仅表征着国内文化精神传统和国情所决定的精神品质，而且作为一种国家精神，其本质性的精神标签就在于中国精神表征着中国在深层次的文化和精神层面区别于其他国家的文化传统和精神特质。从这一视角来看，中国精神发挥着文化界别和价值参照的作用。由此能够看出，研究中国精神及其培育，并不能将视阈仅仅局限于中华文明内在的传统和国情，而是需要有更为

---

① 毛泽东. 毛泽东选集：第一卷 [M]. 北京：人民出版社，1991：284-285.
② 毛泽东. 毛泽东选集：第一卷 [M]. 北京：人民出版社，1991：285.

开阔的视野，从世界发展的潮流中判别中国精神及其培育的精神坐标，从不同国家的文化发展和精神表现中理解中国的精神特质，从人类发展的文化需求和精神需要中发掘中国精神和智慧的独特价值。因此，中国精神培育需要立足于世界发展的潮流，以开放的世界眼光和深厚的中国情怀，讲述人类发展的历史趋向、阶段性特征和共同价值，分析当前世界发展中中国面临的机遇和挑战，阐明全球治理的中国方案、中国智慧和中国贡献。

首先，世情向度的中国精神培育需要在培育过程中引导人们认清世界发展的总体形势和新的动向。党的二十大报告对当前世界发展的总体形势和新动向做出了阐释，指出"当前，世界之变、时代之变、历史之变正以前所未有的方式展开。一方面，和平、发展、合作、共赢的历史潮流不可阻挡，人心所向、大势所趋决定了人类前途终归光明。另一方面，恃强凌弱、巧取豪夺、零和博弈等霸权霸道霸凌行径危害深重，和平赤字、发展赤字、安全赤字、治理赤字加重，人类社会面临前所未有的挑战"①。全球范围内世纪疫情影响深远，逆全球化思潮、单边主义、保护主义有所抬头，世界经济复苏乏力，局部冲突和动荡频发，全球性问题加剧，世界百年未有之大变局加速演进，国际社会在新的动荡变革期面临着诸多的不稳定性和不确定性。在世界发展深刻转型和调整的背景下，中国在世界格局中扮演着越来越重要的角色，中国与世界的新型互动态势开始显现，这就需要在中国精神培育中讲清楚中国的发展成就、经济地位、综合国力、发展前景等，使人们认识到中国发展对于世界经济的稳定作用愈发突出。要在培育中阐明"新冠疫情延宕反复，地缘冲突持续，全球通胀攀升，美联储激进加息冲击全球，世界经济下行压力明显加大。在此背景下，中国经济稳住了自身发展势头，不断向世界经济输送宝贵增长动能，续写世界经济发展史上的中国奇迹"②；阐明全球经济 1/3 的增量来自中国，居于世界首位，而且这一格局在未来相当长的一段时间是不会改变的。同时在中国的发展前景方面，要在培育中讲清楚中国在"十四五"时期，"创新、绿色、开放、共享、协调"五大发展理念将进一步推动中国向经济强国迈进；讲清

---

① 习近平. 高举中国特色社会主义伟大旗帜 为全面建设社会主义现代化国家而团结奋斗：在中国共产党第二十次全国代表大会上的报告 [M]. 北京：人民出版社，2022：60.

② 根据 2022 年世界银行统计数据，中国在 2012 年至 2021 年对世界经济增长贡献率超 G7 总和。2021 年中国 GDP 占世界比重达到 18.5%，比 2012 年提高 7.2 个百分点；中国全球货物贸易第一大国的地位更加稳固，货物贸易占世界比重从 2012 年的 10.4% 提升到 2021 年的 13.5%；人民币 2016 年正式纳入国际货币基金组织特别提款权（SDR）的货币篮子，在全球贸易中的支付比重不断提升。中国债券被先后纳入彭博巴克莱、摩根大通和富时罗素等全球指数；2018 年至 2021年，外资累计净增持中国境内股票和债券超过 7 000 亿美元，年均增速 34%。

楚中国在共建"一带一路"倡议战略规划实施中与沿线 60 多个国家的对接将取得实质性进展；讲清楚中国的经济总量的不断跃升，以及中国在国际社会中将会取得更高的地位和更大的影响力。

其次，世情向度的中国精神培育需要在培育过程中全面准确地分析当前世界发展中中国所面临的机遇和挑战。中国自改革开放以来，借助于对外开放获得的经济发展有利的外部条件，以及市场化改革形成的巨大经济发展动力，取得了前所未有的经济增长速度和发展成就。有学者指出中国的改革开放，年均增长率高达 9.9%，从而创造了"中国奇迹"①。当前，"我国同世界的互动越来越紧密，机遇共享、命运与共的关系日益凸显"②。因此，需要在中国精神培育中讲清楚对外开放是中国的基本国策，讲清楚只有深度融入世界经济，准确把握世界发展的新趋向和我国对外开放的新要求，才能实现可持续发展，实现中华民族伟大复兴中国梦。在坚持以开放和包容为主导的培育思维的同时，也需要在中国精神培育中深刻阐释外部环境变化对中国经济社会发展的影响。当前世界经济范围内的经济贸易增长低迷，一方面中国的外需拉动作用减弱，对经济社会发展构成了潜在的威胁，也使得地缘政治关系复杂多变，不稳定因素和不确定因素增多，总体上来看，这也意味着中国的发展将在未来较长一段时间内面临着趋紧的外部环境；另一方面，新的国际发展形势也为中国深化结构性改革、加快培育新的发展动力带来了新的契机，同时新的国际形势也增强了中国在大国关系动态博弈中的回旋余地，中国与世界经济的联动性愈加凸显。例如，中国经济虽然短期性结构放缓，但稳中有进、稳中向好的发展势头并没有改变，中国经济的贸易、增长、投资等关键指标均居于世界前列，发展前景被广为看好。总体而言，世情向度的中国精神培育需要以更加开阔的胸襟、更加宽广的视角和更加包容的心态，讲述一个开放的中国、一个处于世界发展潮流和国际格局中的中国，准确全面地分析新的国际形势下中国所面临的机遇和挑战，使人们对新的时代条件下的中国有更为全面、深刻的认知和理解。

最后，世情向度的中国精神培育需要在培育过程中阐释世界发展的中国方案、中国智慧和中国贡献。作为一种深层次的文化精神，中国精神能够为人类发展提供中国方案、发挥中国智慧、做出中国贡献，这是基于中华文明几千年的实践探索和文化积淀而形成的独特而富有成效的发展智慧与方法举措。近年来，随着中国的发展壮大，以及旧的国际体系和国际秩序的逐渐式微，中国在全球治理和世界发展中的作用和地位不断凸显，尤其是党的十八大以来，新一

---

① 林毅夫，蔡昉，李周. 中国的奇迹：发展战略与经济改革［M］. 上海：格致出版社，2012：5.

② 中共中央宣传部. 习近平总书记系列重要讲话读本［M］. 北京：学习出版社，2016：276.

届党中央统筹国际国内两个大局，积极开展具有中国特色的大国外交，向国际社会讲述"中国故事"，阐明"中国机遇"，表达"中国态度"，提出"中国方案"，在国际社会形成"中国风"。一方面，这些新的贡献和举措发轫于中国精神；另一方面，缺少对世界发展中的中国方案、中国智慧和中国贡献的认知理解，中国精神也是不完整的。因此，中国精神及其培育不能仅仅局限于国内范围，而是要将视野开阔至人类文明发展的共同境遇，将中国精神看作人类共同价值的重要组成部分，着力阐释中国精神对人类共同发展所具有的独特意义和价值，积极主动地阐释世界发展的中国方案、中国智慧和中国贡献。正如习近平总书记指出的："加快构建中国话语和中国叙事体系，用中国理论阐释中国实践，用中国实践升华中国理论，打造融通中外的新概念、新范畴、新表述，更加充分、更加鲜明地展现中国故事及其背后的思想力量和精神力量。要加强对中国共产党的宣传阐释，帮助国外民众认识到中国共产党真正为中国人民谋幸福而奋斗，了解中国共产党为什么能、马克思主义为什么行、中国特色社会主义为什么好。要围绕中国精神、中国价值、中国力量，从政治、经济、文化、社会、生态文明等多个视角进行深入研究，为开展国际传播工作提供学理支撑。要更好推动中华文化走出去，以文载道、以文传声、以文化人，向世界阐释推介更多具有中国特色、体现中国精神、蕴藏中国智慧的优秀文化。要注重把握好基调，既开放自信也谦逊谦和，努力塑造可信、可爱、可敬的中国形象。"① 要在中国精神培育中深刻阐释和传播"上善若水""同舟共济""平等、公平、公正""兼容并蓄""和而不同"等中华文明的核心精神理念，传播和谐互助的人类共同体理念。同时，在中国精神培育中体现中国在处理协调国际战争与和平、发展与共赢、眼前与长远、局部与整体等方面所体现出来的整体辩证思维和近远兼顾的智慧，体现中国在应对全球金融危机、气候变化、贫困问题和重大灾难等方面所表现出来的认识、判断和处理能力，体现中国对世界发展和全球治理愿景所提出的利益共同体、责任共同体和命运共同体的"共同体"思维。总体而言，中国精神培育立足本国又面向世界，需要"把跨越时空、超越国度、富有永恒魅力、具有当代价值的文化精神弘扬起来"②，向人们立体、完整地展示一个世界的中国。

四、党情的培育向度

"所谓党情，顾名思义就是党的基本情况，包括党的组织状况，党员队伍

---

① 习近平. 习近平谈治国理政：第四卷［M］. 北京：外文出版社，2022：317.
② 中共中央宣传部. 习近平总书记系列重要讲话读本［M］. 北京：学习出版社，2016：208.

的规模、结构、构成、素质等情况，党的活动运作方式，党所处的历史方位以及党的奋斗目标、路线方针、宗旨原则，等等。"① 党情和国情、世情紧密相关，在当今中国，中国共产党的党情与中国的改革发展、中华民族的前途命运，共同构成了当前中国最关键的"命运共同体"。正如习近平总书记指出的："办好中国的事情，关键在党。中华民族近代以来180多年的历史、中国共产党成立以来100多年的历史、中华人民共和国成立以来70多年的历史都充分证明，没有中国共产党，就没有新中国，就没有中华民族伟大复兴。历史和人民选择了中国共产党。中国共产党领导是中国特色社会主义最本质的特征，是中国特色社会主义制度的最大优势，是党和国家的根本所在、命脉所在，是全国各族人民的利益所系、命运所系。"② 党的二十大报告也明确指出，"全面建设社会主义现代化国家、全面推进中华民族伟大复兴，关键在党"③。可以说，中国共产党作为总揽全局、协调各方的领导核心，中国共产党的党情决定着当前中国的文化属性，引导着中华民族的精神诉求，促动着时代精神的形成和发展，是形成当代中国精神的关键，也是培育和弘扬中国精神的枢纽。因此，从党情的向度理解中国共产党、理解当代中国，是理解当代中国精神的一个重要维度，这也就决定了中国精神培育必须要关注中国共产党的党情，从党情的视角来培育和弘扬中国精神。

党情向度的中国精神培育需要在培育过程中讲清楚中国共产党的基本状况及其特色。党情涉及党组织、党员队伍的基本情况，涉及党的历史方位、性质、目标、宗旨纲领等，是一个政党的历史和现状的集中体现④。党情向度的中国精神培育不仅需要讲清楚中国共产党的历史和现实的基本状况，而且需要讲清楚中国共产党的党情特色，从党情特色的视角阐释中国共产党何以能够成

---

① 许海清. 中国共产党党情概论［M］. 北京：党建读物出版社，2012：14.

② 习近平. 在庆祝中国共产党成立100周年大会上的讲话［M］. 北京：人民出版社，2021：10-11.

③ 习近平. 高举中国特色社会主义伟大旗帜 为全面建设社会主义现代化国家而团结奋斗：在中国共产党第二十次全国代表大会上的报告［M］. 北京：人民出版社，2022：63.

④ 党的十九大报告提出，新时代党的建设总要求是坚持和加强党的全面领导，坚持党要管党、全面从严治党，以加强党的长期执政能力建设、先进性和纯洁性建设为主线，以党的政治建设为统领，以坚定理想信念宗旨为根基，以调动全党积极性、主动性、创造性为着力点，全面推进党的政治建设、思想建设、组织建设、作风建设、纪律建设，把制度建设贯穿其中，深入推进反腐败斗争，不断提高党的建设质量，把党建设成为始终走在时代前列、人民衷心拥护、勇于自我革命、经得起各种风浪考验、朝气蓬勃的马克思主义执政党。党的二十大报告进一步强调："要落实新时代党的建设总要求，健全全面从严治党体系，全面推进党的自我净化、自我完善、自我革新、自我提高，使我们党坚守初心使命，始终成为中国特色社会主义事业的坚强领导核心。"

为历史和人民的选择，何以能够成为中华民族实现伟大复兴的领导力量的原因，使人们能够客观准确地认识中国共产党，了解当代中国，理解当代中国精神。在党情的现实状况方面，要在中国精神培育中对党的组织、党员队伍状况①，以及中国共产党的党章和党规进行讲解；对中国共产党的根本组织原则——民主集中制、党际关系——中国共产党领导的多党合作与政治协商制度，以及对"相信群众、依靠群众，坚持从群众中来，到群众中去"的群众观进行阐释，使人们能够了解中国共产党的基本架构和现实运行。在党情的历史发展方面，要讲清楚中国共产党在社会主义革命、建设和改革的历程中，为民族独立、解放、繁荣，为人民自由、民主、幸福所发挥的坚强领导核心作用，讲清楚中国共产党的领导是历史和人民的必然选择。

在阐释中国共产党基本状况的基础上，要重点讲明中国共产党的党情特色。这主要体现在九个方面。一是从中国共产党所走的道路来看，中国共产党坚持了独立自主的发展道路。二是从中国共产党的宗旨来看，中国共产党始终坚持全心全意为人民服务，坚持群众路线的领导方法和工作方法，与人民群众保持密切的联系。正如毛泽东所指出的："在我党的一切实际工作中，凡属正确的领导，必须是从群众中来，到群众中去。"② 三是从中国共产党的阶级基础和群众基础来看，中国共产党是中国工人阶级和中国人民、中华民族的先锋队，具有阶级基础的先进性、群众基础的坚实性和代表利益的广泛性的特点。四是从中国共产党的指导思想来看，中国共产党坚持以马克思列宁主义、毛泽东思想、中国特色社会主义理论体系为自己的行动指南，并在实践中与时俱进，不断丰富和发展。五是从中国共产党的根本组织原则来看，中国共产党以民主集中制为原则，具有严密、严格的组织纪律性。六是从中国共产党的纲领路线来看，中国共产党在社会主义革命、建设和改革的各个历史阶段确立了每个历史阶段的基本纲领，同时以具体的路线纲领为基础，确立了共产主义长远奋斗目标的最高纲领，形成了完整的路线纲领体系。七是从中国共产党与军队的关系来看，中国共产党始终坚持"党指挥枪"，坚持党对军队的绝对领导权。正如习近平总书记指出的："坚持党指挥枪、建设自己的人民军队，是党在血与火的斗争中得出的颠扑不破的真理……新的征程上，我们必须全面贯彻新时代党的强军思想，贯彻新时代军事战略方针，坚持党对人民军队的绝对领

---

① 根据中组部公布的数据，截至 2021 年 12 月 31 日，中国共产党党员总数为 9 671.2 万名；中国共产党现有基层组织 493.6 万个，其中基层党委 27.8 万个，总支部 31.6 万个，支部 434.2 万个。参见：中国共产党党内统计公报. http://www.gov.cn/xinwen/2022-06/29/content_5698404.htm.

② 毛泽东. 毛泽东选集：第三卷 [M]. 北京：人民出版社，1991：899.

导，坚持走中国特色强军之路，全面推进政治建军、改革强军、科技强军、人才强军、依法治军"①。八是从中国共产党的作风来看，中国共产党具有理论联系实际、紧密联系人民群众、批评和自我批评，以及谦虚谨慎、不骄不躁、艰苦奋斗等优良作风，这是中国共产党赢得人民信任和拥护、树立光辉形象的关键。九是从中国共产党的执政能力建设和社会管理创新能力建设来看，中国共产党坚持科学执政、民主执政、依法执政，建立了党委领导、政府负责、社会协同和公众参与的新型社会管理格局，形成了具有中国特色的治理能力和治理体系。总体而言，上述的党情特点，是中国共产党具有先进性的根本原因，是社会主义初级阶段中国实践的集中体现，更是形成时代精神的现实动因。在中国精神培育中阐明中国共产党的党情特色，也就能够判明中国的现实发展和精神指向，从而能够对中国精神有更为深刻的理解。

由于中国精神所关涉的是文化和精神层面的认同和领悟，因此，党情向度的中国精神培育并不能仅仅止步于对中国共产党的党情及其特色的认知，而是需要关涉更深层次的政治信仰和价值认同问题，即在中国精神培育中要体现和贯穿中国共产党党性，使人们能够理解中国共产党的本质，理解在中国共产党领导下的中华民族实现伟大复兴的精神追求，从而在深层次的精神文化层面形成政治认同和精神归属。从中国精神培育的价值指向来看，对中国共产党的组织、队伍、宗旨、目标、历史发展等的认知，终究要升华为对中国共产党的本质属性领悟，其过程遵循着由表及里、由感性到理性的培育规律。党性表征着中国共产党所固有的最本质的特性，是阶级性最集中和最高的表现，是中国共产党的灵魂和本质。因此，党情向度的中国精神培育的价值归宿就在于使人们能够深刻领会和体悟党性。

在中国精神培育的情境中，党性表征着精神的普遍性与特殊性的辩证统一。党性作为中国共产党的灵魂和本质的体现，其表征着中国共产党的精神的普遍性与整体性。同时，中国精神培育的对象是具体的，在体现精神普遍性的同时，也表现出特殊性和差异性。因此，党性这一代表中国共产党的"整体性精神"，需要在中国精神培育情境中获得具体的现实性，以具体培育对象"整体的单一行动"为表达，将精神的"统一性"与"分众性""普遍性"与"特殊性"有机结合。同时，也要注重在中国精神培育中对党性的深度体验和情感认同。在中国精神培育中对党性的深度体验需要经历四个阶段。第一阶段

---

① 习近平. 在庆祝中国共产党成立100周年书大会上的讲话［M］. 北京：人民出版社，2021：15.

是感受并感触。人们从培育情境中所展示的生动的党性案例和鲜活的领袖人物身上，感受共产主义精神，并为革命先驱艰辛探索和勇敢牺牲的精神所触动和折服。第二阶段是感知并感悟。这一阶段是在理性层面上对感知到的党情知识进行分析和整理，并与自身已有的认知理念进行比较，形成新的认知和价值体系。第三阶段是感动并感同。将体现党性和党的精神的先进事迹转化为与自身息息相关的、可感知可效仿的对象，进而对党的奋斗历程、精神理念和价值追求产生高度认同。第四阶段是建立在理性认知和情感认同基础上的思想升华，形成坚定的理想信念和政治信仰。在整个培育情境中的深度体验过程中，情感始终是贯连四个环节的重要因素，正是培育过程中的情感式思维、情感式语言，强化了党性的吸引力和感染力，从而达到了情感沟通、情感唤醒和情感共鸣的培育目的。因此，培育情境中党性的深度体验是形成情感认同的必要过程和基础，情感因素也在深度体验过程中发挥着思想触动和精神促动的作用，二者共同促进人们对党情和党性的认知理解，从而提升了中国精神培育的效能。

第五章　中国精神培育的效能提升 与实施侧重

中国精神培育是一个动态而庞杂的社会系统工程。对中国精神培育问题的研究，其关键就在于是否能够抓住掩藏在动态而庞杂的培育表象之中的培育规律。正如毛泽东指出的："认识的真正任务在于经过感觉而到达于思维，到达于逐步了解客观事物的内部矛盾，了解它的规律性，了解这一过程和那一过程间的内部联系，即到达于论理的认识。"① 因此，在中国精神培育过程中需要树立一种系统和动态的思维，把握培育情境中的独特内部结合和运动规律，探讨中国精神培育中的要素、关系及整体的作用机理，明确培育的契机和效能问题，从而使动态复杂的中国精神培育实现有机整合，实现培育效能的最大化。

第一节　中国精神培育的效能提升

当前的中国精神培育需要从培育的契机把握、主体的复合联动、培育过程的持续性和培育生态的契合性等方面，明晰中国精神培育的运行机理，促进中国精神培育的结构优化，最大限度地发挥培育效能，使中国精神能够真正成为当前国家发展的精神动力和个体成长的精神家园。

一、中国精神培育的契机把握

考察中国精神培育的契机，需要明确何为"契机"，可以从三个不同的视角来理解。一是从哲学视角来看，"契机"是指能够对事物的发展产生重大影响或者决定事物实现质的提升的关键因素。"契机"因素在事物发展过程中可

---

① 毛泽东. 毛泽东选集：第一卷 ［M］. 北京：人民出版社，1991：286.

能以非主要矛盾或者偶然因素的形式存在，但其在特定阶段则能够成为矛盾的主要方面，对事物发展起到决定性作用。二是从科学视角来看，"契机"表征着事物对初始状态的敏感性。事物的发展往往是通过正反馈的递推而促成的，事物初始状态的偶然因素或个别因素由于发展过程中的正反馈的自增长，而逐渐被增强、被放大，成为对事物发展过程及结果产生重要影响的因素。三是从具体操作的视角来看，"契机"表征着工作推进过程中的"核心环节""关节点""临界点"，既是特别容易发生问题的环节，也是如果操作得好就能产生高效能的环节，而且"契机"有着一定的时效，一旦错过或者失去，将难以补救。"契机"在中国精神培育中发挥着重要作用。与常规性的知识教育不同，中国精神培育注重情感的激发和精神的凝聚，及时有效地把握培育契机能够对人的精神和情感的发展起到关键的助推作用。因此，能否及时有效地发现并把握培育契机，对中国精神培育至关重要。

中国精神培育的契机具有动态性、时效性和多样性的特点。从动态性的特点来看，中国精神培育面对的是人的思想发展规律和精神成长规律，而人作为社会关系的产物，人的思想和精神也随着社会实践的变化而变化。这就决定了中国精神培育需要随着社会实践和人的思想精神的变化进行动态的调适，是一个渐次递进、动态发展和反复强化的过程。其中培育契机也将时隐时现，需要培育者用发展的眼光来观察整个培育过程，随时随地掌握培育情境的变化，并充分发掘和利用其中的积极因素，克服和纠正某些消极因素，实现对培育契机的动态性把握。从时效性的特点来看，要掌握培育的"时、度、效"，即要把握好中国精神培育的及时性、适当性和恰当性。在中国精神培育中，国家重大事件尤其能够激发人们的思想和情感的共鸣，这一方面要求中国精神培育需要及时有效地了解、分析、掌握培育对象的认知、情感和态度的共鸣点，并能够积极迅速地做出相应的反应；另一方面要求中国精神培育及时关注国家的热点和焦点问题，发掘和提炼其中的文化和精神要素，并与人们的认知和情感相对接，达到思想共鸣和精神共融的培育效果。同时，适当性要求在中国精神培育中坚持适度原则，培育介入不能过早也不能过晚，介入的时间不能过长也不能过短，中国精神培育需要抓住人的思想变化和精神成长规律，在适当的时限内开展培育工作，这样才能够发挥时效价值。此外，中国精神培育还要把握好培育的恰当性，需要在培育过程中根据特定时空坐标中培育对象的情感、需要、动机、兴趣等心理现象的变化特征，找准恰当的时机，进行中国精神培育。这也就为前面论述的"培育及时性"加上了限定词，即并非所有的"一时间""立刻""立马"等培育的快速反应都是有效的，缺乏恰当的培育时机，这种

"快速反应"也会"欲速则不达",甚至引发受培育者的逆反心理。最后,从中国精神培育契机的多样性来看,其既包括了受培育者自身倾向性的问题,如内在需要、获得成就、受到挫折等,也包括了社会转型发展中所出现的各种热点和焦点问题,如党和国家的重大任务、重大理论创新、重大活动和事件、重大发展变化和成就、重大历史事件和节日等,这些问题都是进行中国精神培育的良好契机,应当根据问题的不同特点采取不同的培育举措。

作为一个完整的培育系统,中国精神培育的契机可以分为内部契机和外部契机两种类型。从中国精神培育的内部契机来看,其主要是指培育主体自身存在的有利于中国精神培育的关键环节。这主要包括了培育主体的内在需要、培育主体获得成就或是遭受到挫折。这些培育情境有利于个体精神、意志和情感的增进,是中国精神培育的重要内部契机。首先,从培育主体的内在需要来看,人的精神需要是培育的最大契机。正如有学者从马克思主义精神交往的视角指出:"精神活动和交往是人生命存在的组成部分,并且是人生命的展开部分。在展开之中,主体不断感知着外部世界,完善着心理结构,从而构成了主体生命的存在。"① 而缘何要在政治上争取人的精神解放,马克思也给出了答案,他指出:"既然人是从感性世界和感性世界中的经验中汲取自己的一切知识、感觉,等等,那就必须这样安排周围的世界,使人在其中能认识和领会真正合乎人性的东西,……使每个人都有必要的社会活动场所来显露他的重要的生命力。"② 马克思从人的精神需要的视角揭示了中国精神培育的必然性和必要性,也揭示了人的精神需要是培育的最大契机。其次,从培育主体获得成就的视角来看,取得一定的成就会使人获得良好的心理状态,增强自信心,激发一定的激情和热情,而"激情和热情是人强烈追求自己的对象的本质力量"③,因此,培育主体所获得的一定成就能够激发精神和情感的正向反馈,是中国精神培育的契机之一。最后,从培育主体遭受挫折的视角来看,挫折在培育主体成长过程中并不是好事,但从客观上来看,挫折却为培育主体锻造意志创造了契机,是个体提高思想意志和心理品质的重要途径,促进了人的精神成长。在培育方法得当的前提下,针对挫折所开展的精神培育,能够收到良好的培育成效。

---

① 陈力丹. 精神交往论:马克思恩格斯的传播观 [M]. 北京:中国人民大学出版社,2008:39.

② 中共中央马克思恩格斯列宁斯大林著作编译局. 马克思恩格斯全集:第二卷 [M]. 北京:人民出版社,1957:166-167.

③ 中共中央马克思恩格斯列宁斯大林著作编译局. 马克思恩格斯全集:第四十二卷 [M]. 北京:人民出版社,1979:169.

从中国精神培育的外部契机来看，其主要是指中国精神培育所处的外部环境的变化有利于培育主体思想发展和精神成长。培育的外部环境的变化主要是指党和国家的重大发展变化，这些重大发展变化具有广泛、持久和关注度高的特点，容易引起人们的思想和情感的共鸣，并从生动鲜活的事实中了解社会、理解人生，激发出其强烈的社会责任感。具体而言，首先，中国精神培育要以党和国家的重大历史任务为契机。在中国社会主义革命、建设和改革的不同时期，由于历史条件和历史任务的不同，中国精神培育所面临的培育契机也不同。例如在抗日战争时期，"全民族的一个任务，就在于高度发扬民族自尊心和自信心，克服一部分人的悲观情绪"①。在当前新的历史条件下，习近平总书记在党的二十大报告中明确指出："从现在起，中国共产党的中心任务就是团结带领全国各族人民全面建成社会主义现代化强国、实现第二个百年奋斗目标，以中国式现代化全面推进中华民族伟大复兴"②。其次，中国精神培育要以党和国家的重大理论创新为契机。党和国家的重大理论创新与中国精神关系密切。一方面，重大理论创新需要立足于中国实际，中国精神就应然地成为理论创新的思想基础；另一方面，党和国家的重大理论创新体现了广大人民的根本利益，反映了中国发展的精神状态，最终升华为中国精神的重要组成部分。因此，党和国家的重大理论创新意味着中国精神的深化和拓展，为中国精神培育提供了新的时代契机。最后，中国精神培育要以国家的重大活动和重大事件为契机。国家层面的重大活动多为目的明确、意义重大且影响广泛的活动，以重大活动为契机的中国精神培育，有助于激发人民的爱国热情和民族自信。例如党的二十大召开、北京冬奥会成功举办、载人航天事业的发展等重大活动，以这些活动为契机，人们能感受到中国精神在推动民族发展前进中的伟大力量。同时，在社会发展进程中也会出现一些重大的突发和意外性事件，这些事件对我国造成了重大损失，但同时也应当看到，多难兴邦，重大的灾害性事件也能够激发民族的团结力和凝聚力，例如我国在应对重大自然灾害和重大疾病危害过程中所形成的"抗疫精神""抗震精神""抗洪精神""抗击非典精神"等，成为当代中国精神的重要组成部分，以这些精神为契机，能够极大地增强中国精神培育的影响力和感染力。此外，中国精神培育也需要以重大历史事件的纪念日或民族节日为契机。例如，近年来所举办的庆祝中国共产党成立100

---

① 中共中央文献研究室和新华通讯社. 毛泽东新闻工作文选 [M]. 北京：新华出版社，1983：39.

② 习近平. 高举中国特色社会主义伟大旗帜 为全面建设社会主义现代化国家而团结奋斗：在中国共产党第二十次全国代表大会上的报告 [M]. 北京：人民出版社，2022：21.

周年、纪念五四运动 100 周年、纪念中国人民志愿军抗美援朝 70 周年等活动，使人们深刻认识到了建党精神、五四精神和抗美援朝精神的历史内涵和时代意义，极大地增强了人们"勿忘国耻、奋发图强"的精神意志。同时，民族节日也是重要载体，利用春节、清明节、端午节、中秋节、重阳节等民族节日进行中国精神培育，能够有效地引导人们体悟中华文化的深刻内涵，增强对民族文化的认知和认同。总体而言，中国精神培育的契机有发自内部的，也有来自外部的；有内隐的，也有外显的。这就需要培育者要有敏锐的眼光，善于发现培育过程中的契机，并与受培育者的思想动向和行为取向相结合，激发培育情境中的价值认同和情感体验，从而增强中国精神培育的效果。

二、中国精神培育的形式选择

从中国精神培育的长远来看，决定培育效果的因素是培育的内容能否代表历史的发展方向，真理总是会为自己开辟前进的道路。但是，对培育效能起直接作用的是培育形式，恰当的培育形式可以使受培育者更好地认知、理解和接受中国精神，并有效地将其转化为实践行动，实现国家精神和个体精神的有机互动。马克思指出，"世界上最丰富的东西——精神"，就像"每一滴露水在太阳的照耀下都闪耀着无穷无尽的色彩"①。由马克思的这一论述来看，中国精神是自在的，但使中国精神"闪现无穷无尽的色彩"的是承载着精神内涵的不同形式，其中，中国精神的培育形式是展现和发散精神丰富性的重要载体。这从其本质上来看，承载着精神丰富性的培育形式，必须要体现出"精神的融通性"，即体现中国精神与生命本体的融通。这里的生命本体是人的心理智慧、意志、情感、理想、信仰、能力等的综合。有学者指出："对于个体生命精神与民族精神的认识和理解，重点就在于把握生命与生命精神的生成性、意义性的领悟。这是认识与理解个体生命与民族精神根本的思想方式与方向。"②由此能够看出，中国精神培育形式选择的根本立足点就在于国家精神和人的生命本体的融通，而具体的切入点就在于以何种培育形式唤起人们的生命精神，唤起人的精神世界中的"家园"意识和情感，使人们对中国精神形成发自内心的家园式的认同和眷恋。

在中国精神培育的形式中，实践培育是一种极为重要的形式。中国精神的培育不能单纯依靠理论宣教，而是要注重受培育者的人格结构与精神图式、培

---

① 中共中央马克思恩格斯列宁斯大林著作编译局. 马克思恩格斯全集：第一卷 [M]. 北京：人民出版社，1956：7.

② 欧阳康. 民族精神：精神家园的内核 [M]. 哈尔滨：黑龙江教育出版社，2010：103.

育内容与受培育者生活体验与认知的距离，而实践是一种能够激发人的情感体验的有效方式。因此，中国精神培育尤其要注重实践的培育，需要寓培育于实践之中。在古代的中国精神培育中，实践培育是一个极其重要的环节。例如，荀子指出"不闻不若闻之，闻之不若见之，见之不若知之，知之不若行之"（《荀子·儒教篇》），所以需要"口言之，身必行之"。传统中国精神教学强调一种实践而非理性思辨的教学论，强调道德认识必须要躬行实践，学习的目的不是掌握知识而是增进智慧的弘达，由此提出了知行合一、学思辨行、躬行实践、笃志勤学、相观而善等精神培育的方法。在当前的中国精神培育中，实践仍然是极其重要的培育环节。这就需要在个体日常生活中进一步强化中国精神理念和价值的贯穿。例如"清明"活动能够提高人们的家庭之源、民族之根意识；"重阳"敬老活动能够弘扬尊老爱幼的民族精神传统；"端午"活动能够有效激发人们的爱国热情。同时，体育运动会、文化活动、艺术节等集体活动，也能够提高人们的集体荣誉感，培育集体主义精神；志愿活动、社会调查、科技服务、礼仪教育活动等实践培育形式，能够使人们在实践活动中体悟民族文化、了解中国国情，增强国家认同感和归属感。此外，中国精神培育要发挥人民群众的力量，从人民群众的工作实际和生活实际出发，使培育内容与人们的日常生活以及各行各业的实际工作紧密联系，充分调动人民群众的主体性和能动性，使人民大众真正成为中国精神的建构主体和活动主体。

新时代的中国精神培育也要促进话语形式的创新。马克思在《共产党宣言》中指出，随着"各民族的各方面的相互往来和各方面的相互依赖"的增强，精神生产打破了自给自足和闭关自守的状态，"各民族的精神产品成为公共财产，民族的片面性和局限性日益成为不可能"[①]。在当前全球化和信息网络化的新的时代条件下，中国精神培育需要在多元化和复杂化的时代境遇中坚守民族立场，但是中国精神培育的话语形式应当随着时代的变化而做出相应的调适，以使中国精神能够为人们更好地理解和认知。从话语的功能来看，话语不仅是在"表达"，而且更为重要的是"建构"，正如英国语言学家诺曼·费尔克拉夫（Norman Fairclough）指出："话语不仅反映和描述社会实体与社会关系，话语还建造或'构成'社会实体与社会关系；不同的话语以不同的方式构建各种至关重要的实体，并以不同的方式将人们置于社会主体的地位。"[②]正是基于此，中国精神培育在新的历史条件下需要促进话语创新。具体而言，

---

① 中共中央马克思恩格斯列宁斯大林著作编译局. 马克思恩格斯选集：第一卷［M］. 北京：人民出版社，2012：404.

② 诺曼·费尔克拉夫. 话语与社会变迁［M］. 殷晓蓉，译. 北京：华夏出版社，2003：3.

就是要促进中国精神培育的话语理念、话语内容、话语方式和话语共享的创新。在话语理念方面，中国精神培育一方面要坚持对精神本体和精神培育话语本源的反思和追问；另一方面也要体现和反映时代特征，以满足人的精神需要为支点，以促进人的全面发展为目标，构建融"生活世界"和"意义世界"的话语体系。在话语内容方面，进一步调适中国精神培育的内容结构，实现培育要素与整体间的效能最佳；在传承和扬弃传统话语内容基础上不断创新发展；立足于现实生活基础，将精神培育的理论内容回归到日常生活，促进中国精神的大众理解和接受。在话语方式方面，改变传统培育中的灌输式、控制式、劝导式的话语方式，注重培育过程中的理解与沟通、合作与分享，尊崇精神的本真价值和个人道德发展的科学规律，从而创设一个平等对话、兼容并蓄的培育生态。在话语共享方面，中国精神培育也要注重主体间话语差异，加强话语沟通；积极促进培育情境中政治话语、学术话语、心理话语、生活话语、情感话语等多元话语的共生发展；积极构建培育主体间的话语引领、相互尊重、话语交流等的机制构建，消解话语霸权，实现话语共享。

此外，中国精神培育也需要注重情感培育的形式。所谓"情感"，有学者认为是"人的区别于认识活动、有特定主观体验和外显表情、同人的需要相联系的感情反映"①。中国精神培育的关键是激发国人的精神共振、情感共融和心灵共鸣，要达到这一培育目的绝非通过强制式或灌输式培育，而是需要注重精神培育的情感表达。正如有学者指出："对政府及权威团体来讲，如果它确信社会需要某种道德或理想，当然也应该出面推广。但他们不能利用社会赋予的权力资源来达到培育目的。因为道德是靠其理想力量本身来征服人心的，倘用了功利的手段去达到道德，道德本身就是去了道德。"② 在中国精神培育中，培育者情感的投入是情感培育的具体运用。具体而言，需要培育者综合运用"以情动人""以情启情""以境育情"等多种形式的情感培育，并辅之以说理法、实践法、管理法、榜样法等多样化的培育方法，在和培育对象进行情感交流、对其进行精神导引的基础上，实现情理相融、情通理达的培育效果。一般而言，人的价值观念的形成包括了"知、情、信、行"等关键环节，其中，"知"是最基础的环节，在"知"的基础上才能够产生"情"，"信"是"情"的升华，"行"是"知""情""信"的实践转化。由此能够看出，在人的认知环节中情感发挥着枢纽作用，尤其是关涉人的价值观念和精神体验的中

---

① 李建华. 道德情感论 [M]. 北京：北京大学出版社，2011：68.
② 刘智峰. 道德中国 [M]. 北京：中国社会科学出版社，1999：254.

国精神培育，更加强调情感的枢纽作用。因此，中国精神培育要注重"动之以情""晓之以理""导之以行"，将"知、情、信、行"有机结合，增强中国精神培育的凝聚力和感染力。此外，中国精神培育不仅要在培育方式的情感上下功夫，而且也要注重培育内容的情感表达。这就需要培育者直面时代问题，开掘时代内涵，彰显时代精神、体现时代特征，以一种贴近实际、贴近生活、贴近群众的表达方式激发和感染受培育者，使受培育者从具体的生活情境中体悟中国精神，从现实的实践中领悟精神大观，从而实现中国精神与个体精神的时代共振。

三、中国精神培育的主体联动

当前，人类的精神文明存在方式由"启蒙理性导向的物化世界，向生命意义导向的生活世界转变"①，但内生这种富有生命意义的精神文明存在方式的时代境遇却发生着深刻的变化。人的生存方式的网络化、虚拟化，以及经济生活和社会交往的联动性明显增强，这不仅意味着当前人的生存境遇是复杂多元的，而且也意味着新的历史条件下社会的物质生活和精神生活的整体性、关联性和互动性增强，"复合性状和复合效应"② 成为社会生活的基本特征。这一新的生存境遇之于中国精神培育，意味着在复杂、多元、交融的"精神"发展态势下，传统单一、垂直、分裂的培育形式将无法适应新的时代境遇。当前的中国精神培育必须是复合联动的。正如美国学者丹尼尔·贝尔（Daniel Bell）就"现代复合创新"的时代趋向所指出的："在未来几十年中，'传统的'官僚科层体制的形式将让路给比较能够适应于发展首创精神、增加空余时间、实行共同商议等需要的组织形式。"③

探究当前中国精神培育主体的复合联动，首先需要明确中国精神培育的不同主体及其功能分属。所谓中国精神培育的主体，就是具备一定的培育能力并进行一定的中国精神培育的认识与实践的人。一般而言，中国精神培育的主体可以分为导向性主体、主动性主体和受动性主体三种类型。导向性主体主要涉及不直接从事中国精神培育的具体活动，而是对当前中国精神培育进行顶层设计、战略谋划、宏观控制、方针制定和组织协调的各级党政工作部门、军队、企事业单位、学校、社会团体的组织者和领导者。主动性主体是中国精神培育的具体实施者。主动性主体是具体培育过程的主导者，其直接面对受培育者，

---

① 姜奇平. 新文明论概略：上 [M]. 北京：商务印书馆，2012：2.
② 郑杭生，杨敏."中国经验"的美丽篇章 [M]. 北京：中国人民大学出版社，2010：49.
③ 丹尼尔·贝尔. 后工业社会的来临 [M]. 高铦，等译. 北京：新华出版社，1997：356.

将中国精神所蕴含的思想观念、政治意识和道德理念，以示范、宣传、感染、鼓励、教学、辅导等方式传授给受培育者，使受培育者能够真正认知和体悟中国精神，并将其转化为个体精神世界的有机组成部分。受动性主体是指中国精神培育的对象。在整个培育过程中，受动性主体将按照导向性主体所确定的培育原则、培育方法、预设目标等，并根据主动性主体所选择的培育方法、培育内容和培育理念等接受培育。但需要指出的是，受动性主体在中国精神培育中并不是被动的，而是具有能动性、选择性和创造性的。在整个中国精神培育中，不同层次的中国精神培育主体具有不同的功能分属。导向性的培育主体在培育过程中发挥着确定中国精神培育性质、确立中国精神培育目标、厘定中国精神培育基本内容的作用；主动性培育主体作为培育活动的直接参与者和实施者，在培育过程中发挥着确立培育原则、选择培育方法、具体协调培育中的各种影响因素的作用；受动性培育主体在培育过程中通过主观认知态度、主体参与程度和意见建议反馈，影响和反作用于导向性和主动性主体，直接决定着中国精神培育的效能。同时，受动性主体在培育过程中需要建构主体角色、内化培育要求、外化实践行为，体现知、情、意、行的统一。总体而言，对中国精神培育主体要素的解析，明确了中国精神培育主体的内涵和边界，为实现培育主体复合联动奠定了基础。

导向性的培育主体、主动性的培育主体以及受动性的培育主体不仅在纵向时序层面构成了"导向—主动—受动"的培育逻辑贯联，而且在横向的具体培育情境中，导向性主体、主动性主体和受动性主体也需要凝结成一个复合联动的培育有机体。其复合联动的过程可以分为三个主要阶段，即异质跨界联合—主体复合创新—培育信任的价值塑造。具体而言，首先是要促进培育主体的异质跨界联合。在传统的培育情境中，中国精神培育主体构成是"同质性"的，即从事培育活动的决策者、实施者和受培育者大多是同类社会成员的联合，例如传统中国精神培育的吏、士、长的培育格局，以及国民培育系统中培育决策者、教师和学生，这些培育情境中的中国精神培育主体是"同类联合体"。而当前随着社会结构的复杂化、利益主体的多元化和社会分工的细分化，行业、界别、职业、身份的差异性和多样性日趋明显，这也就决定了中国精神培育的主体已不再局限于传统的家长制或者教育系统中，而是需要由不同行业、不同领域的多元主体联合，例如导向性主体不仅包括了党政管理部门和教育管理部门，同时也需要充分吸纳社会团体和市场主体的力量。其次，主动性主体在现有的学校教师的基础上，也应当充分吸纳媒介工作者、思想宣传工作者和家庭教育力量，促进学校—家庭—社会的复合联动。最后，中国精培育情境中的受动主体不仅包括学生群体，而且也包括各级党员干部、科技工作者、企事业单位、工人、文艺和媒介工作者、海外华人华侨等。正是因为导向主体、主动主体和受动主体的复杂化与多元化，当前中国精神培育需要促进不同类别的培育主体跨界联合，形成培育合力效应。

中国精神培育主体联动的第二个阶段是主体复合创新阶段。该阶段是基于多元培育主体结构的复合性变化而引起的协同创新。不同的培育主体通过相互嵌入培育结构和培育情境，形成了交流、理解、交融、动态、持续的复合协作系统，同时各个培育主体也形成了自身功能发挥和自主协调的运行机制。中国精神培育主体复合创新的结构形态包括了合体式、分体式、载体式、链接式和多层式的复合结构。合体式的培育复合结构是依照章程和协议协同进行中国精神培育的形式，例如教育部门和社会团体、宣传思想部门和教研机构、市场主体和党政部门等不同主体围绕着中国精神培育的目标，开展培育的协同创新工作。分体式的复合结构是不同类型的培育主体依照协议和章程，构建特定功能的复合型培育主体。例如，教育部门或宣传部门协同特定爱国主义教育基地，开展特定的爱国主义教育实践活动，以具体的爱国主义教育情境来强化人们的爱国情感和家国意识，从而增强中国精神培育的实效性。载体式的培育复合结构是不同的培育主体围绕共同的培育任务和使命，聚合于同一公共空间或公共服务平台，在统一管理下进行互动协同。例如当前网络虚拟空间的中国精神培育就需要不同培育主体的互动协同。链接式的培育复合结构是指不同的培育主体通过不同的功能定位和功能分属，形成互补式、链接式的工作链条。多层式的培育复合结构是对具有综合性和宏观性的中国精神培育进行顶层设计和培育规划时，需要采取多层次、多样化的培育主体运行机制。例如，整体性的中国精神培育必须要在宏观—中观—微观三个层次上加以分解，形成国家、社会、学校和个体等不同层次上的中国精神培育方略，而各个层次上的培育方略价值在指向上共同汇集于中华民族伟大复兴的培育旨归。

中国精神培育主体联动的第三个阶段是信任的价值塑造阶段。在中国精神培育中，不同培育主体通过广泛、充分地参与各种培育实践，形成了彼此之间关于权利、责任、义务、效能等方面的新型信任关系。在这一过程中，信任是实现培育主体间协作与联动的基础，正如有学者指出，"没有信任……教育中各种组织就不可能生成合理的秩序，组织的进化就没有可能"①。同时，培育主体复合联动所塑造的信任感不仅体现在作为施教者的培育主体之间，而且更

---

① 曹正善，熊川武. 教育信任减负提质的智慧 [M]. 上海：华东师范大学出版社，2012：45.

体现在对培育者与受培育者的信任关系的维系上，这在更深层次上促进着作为培育者的导向主体、主动主体与作为受培育者的受动主体之间的复合联动。在中国精神培育的具体情境中，信任的形成促使培育者和受培育者之间的关系由"我他关系"转化为"我们关系"。同时，信任也使培育者和受培育者由"随机性关联"转化为"合作式与责任性"的互动。即中国精神培育使培育者与受培育者都明确了自身所肩负的社会责任以及相互之间的不可分割性，这种信任基础打破了培育者和受培育者"一锤子买卖"的培育关系，形成了牢固的共享与协作关系。此外，信任所塑造的培育主体间的关联活动，能够有效地减轻和克服"本体性焦虑"。现代性理论认为，随着现代社会的发展，潜在的风险也在急剧增加，而人们在应对这些现代社会"未知"的风险过程中，容易形成精神的困顿与理智上的焦虑，而中国精神培育主体的复合联动所塑造的信任感，能够为人们塑造一种本体性安全，即"人对其自我认同之连续性以及对他们行动的社会与物质环境之恒常性所具有的信心"①，这种通过培育所塑造的信心是人对现实世界的可靠性感受，有助于使人的精神体验与中国精神全面交融、复合，促使人的主体价值嵌入社会的精神结构，形成个体精神与中国精神的全面同构。

四、中国精神培育的过程持续

所谓中国精神培育的过程，是指培育者根据特定阶段中国精神的建构要求和受培育者精神成长的规律，对受培育者进行有目的、有计划、有组织的培育，促使受培育者形成内在的精神转化与精神建构，最终实现中国精神培育的矛盾转化。在这里需要指出的是，中国精神培育的形成、发展，及其在具体的培育过程中，始终贯穿着一对基本矛盾，即社会发展的精神需要与受培育者现有的精神水平之间的矛盾。正是因为这一基本矛盾的存在，决定了中国精神培育不仅是必要的，而且是必需的。因此，整个中国精神培育的过程，其本质就在于促进矛盾的转化，使受培育者的精神认知水平能够统一到社会发展所需要的精神水准和状况上来。总体而言，中国精神培育是一个动态、可持续的过程，其整个过程遵循着培育方案的制订、培育实施和培育评估三个阶段，其中，最为关键的是培育实施的阶段，这一阶段又可以细分为培育活动准备和培育活动开展两个阶段。在培育活动准备阶段，培育者和受培育者需要建立信任和情感关系，这是实施中国精神培育的前提；在培育活动开展阶段，培育者需

---

① 安东尼·吉登斯. 现代性的后果 [M]. 田禾，译. 南京：译林出版社，2011：80.

要传导精神观念，引导受培育者实现从精神认知向实践行为转化，培养人们的精神践行能力。培育评估是对培育过程开展与广义的奖惩相联系的评价（例如表扬、批评），这一环节需要将培育过程的阶段性评价与总结性评估、正评价和负评价、培育者评价和受培育者评价相结合，充分利用培育评价的反馈来加强和改善对中国精神培育过程的调控。同时，中国精神培育作为一个系统、复杂的过程，对其考察并不能仅仅停留于培育的"制定—实施—评估"的单线递进结构层面上，而是需要更深层次地从参与中国精神培育的主体要素中发掘推动培育过程持续的子系统。基于这一视角不难发现，在中国精神培育的"制定—实施—评估"的主过程中，包含着三个相互联结和相互制约的子过程，即培育者施行中国精神培育的工作过程、受培育者精神转化和精神建构的过程、中国精神培育的矛盾转化过程。培育者的工作过程是受培育者精神形成和培育矛盾转化的条件，而受培育者精神形成和培育矛盾转化是中国精神培育的本质和目的，三者相互联系、相互制约、统一于中国精神培育的过程。

首先，从培育者施行中国精神培育的工作过程来看，其主要包括了培育信息的搜集和分析、决策、实施、调节和总结等环节。在信息的搜集和分析阶段，培育者围绕中国精神培育的目标和任务，搜集充分可靠的培育信息。由于精神要素的抽象性和广泛性，培育者在搜集培育信息的过程中需要把握中国精神的传统性与时代性、现实性和理想性、民族性与世界性、系统性和层次性，分别从历史、国情、世情、党情等不同向度中发掘中国精神培育的思想素材。在此基础上，培育者通过综合运用系统分析、比较分析、典型分析、定性定量分析、趋向分析、因果分析等不同的分析方法，对已占有的中国精神培育思想素材进行分析整合，使对培育的信息材料的认识由感性上升到理性，从而为制定决策奠定基础。在制定决策的阶段，先是需要根据已有的培育信息，构思整个培育轮廓，这一阶段可以借鉴管理学中的六"W"模式，即，需要明确 why（为什么做）、what（做什么）、who（谁来做）、where（地点）、when（时间）、how（如何做）[1]。然后根据已有的培育轮廓来设计培育细部和优选培育方案。该阶段需要培育者具备系统的观点、科学的思维方法、较强的预测能力、丰富的判断经验，并通过综合评分法、目标排队法、逐步淘汰法、层次分析法等不同的选择方法，综合考量培育的价值目标和实际效果，从而在不同的培育方案中选出最优的方案。在培育实施阶段，培育者结合受培育者的精神成长规律，将已有的培育内容通过说理培育、实践培育、典型培育、形象培育、对比培

---

① 张耀灿，郑永廷. 现代思想政治教育学［M］. 北京：人民出版社，2006：342.

育、个别培育、感化培育、管理培育等方式传授给受培育者。同时，在培育过程中尤其要注重精神培育的特殊性，即充分发挥情感体验和精神体悟在培育过程中的作用。在培育的调节阶段，培育者需要及时有效地纠正实际培育效果与应有培育效果之间的偏差。这一培育调节需要三个步骤来完成：一是确立中国精神培育的效果评价标准；二是做好中国精神培育的信息反馈；三是找出出现培育偏差的原因，并相应地采取措施，准确、及时、有力地纠正偏差。在最后的培育总结环节，培育者需要对整个培育过程进行分析研究，发掘中国精神培育的普遍性和特殊性，尤其是需要总结中国精神培育的特殊规律，找出有效开展中国精神培育的特殊方法和举措，并将之由感性认识上升到理性认识，从而提高中国精神培育的针对性与实效性。

其次，从受培育者精神转化和精神建构的过程来看，通过中国精神的培育，受培育者对国家和民族的情感、规范和目标的感受、认识和行为，从简单到复杂、从感性到理性、从量变到质变。这是在培育催化作用下，受培育者精神理念的主体内部运动过程，也是其与外界各种因素相互影响、相互作用的过程。其不仅表现为中国精神的情感、规范、目标内化为受培育者的内在意识，而且也表现为受培育者根据自己的精神体悟和道德本性对培育价值的能动反应和自觉外化。有学者指出，道德培育的"中国形态"就是"精神形态"，精神形态的中国道德培育包含着"伦、理、道、德"四个基本要素，由此构成"居伦—由理—明道—成德"四个基本环节①。事实上，培育情境中的个体中国精神的建构是一个精神内化和外化的过程，"伦、理、道、德"四个要素既表征着"心灵体悟的态度"，也表征着"实践的态度"，即经过培育的精神促进与转化，中国精神要素不仅是思维的对象，而且也是行动的对象。从受培育者的精神内化来看，作为意义世界和价值世界的中国精神，通过有效地培育，成为个体精神世界重要的组成部分，并且体现为一定的情感、规范和目标。正如有学者指出："自觉的内化不仅是意义的建立、构造、积累和凝聚，而且是个体心理集义、明义、知义、释义的深层相融合内在涵化，其结果构成了个体民族精神形成和发展的关键。"② 从受培育者的精神外化来看，中国精神培育是受培育者将已经形成的精神意志、民族情感和道德规范自觉转化为行为表现和行为习惯的过程。培育的精神转化实质上是受培育者对民族和国家的责任的体现。这种责任往往以"应当"和"不应当"的价值判断作为精神外化的起

---

① 樊浩. 道德教育的"'精神'形态"与"中国形态"［J］. 教育研究，2013，34（2）：44-53.

② 詹小美. 民族精神论［M］. 广州：中山大学出版社，2007：220.

点。也就是说，通过中国精神培育，使受培育者在形成情感意志和精神品质的同时，也确立了一种对国家和民族的责任感和使命感，这就使得受培育者的精神外化是以民族国家的道德要求与价值诉求为规约的。这种内生于个体精神品质的行为习惯，不受偶然性和情境性的制约，是一种长效性的和持久性的精神实践。

最后，从中国精神培育过程的矛盾转化来看，社会发展的精神需要和受培育者现有的精神水平这一基本矛盾始终贯穿于中国精神培育的全过程。在培育过程中，这一矛盾的化解需要经历"三次转化"和"两次飞跃"。从培育过程中的"三次转化"来看，第一次转化是社会发展的精神需要转化为培育者的精神品质和道德理念。这一转化是正确进行中国精神培育的前提，即所谓的"教育者首先受教育"，如果培育者缺乏对中国精神及其培育的充分理解，则整个中国精神培育将成为空谈。正如习近平总书记在学校思想政治理论课座谈会的讲话中指出的："办好思想政治理论课关键在教师，关键在发挥教师的积极性、主动性、创造性。思政课教师，要给学生心灵埋下真善美的种子，引导学生扣好人生一粒扣子"，具体要做到"六要"，即"政治要强、情怀要深、思维要新、视野要广、自律要严、人格要正。"① 第二次转化是培育者通过有效的中国精神培育使受培育者充分理解和体悟中国精神，并将其转化为个体的精神信念和价值理念。同样，在具体方法论层面也要坚持"八个相统一"，即"要坚持政治性和学理性相统一，以透彻的学理分析回应学生，以彻底的思想理论说服学生，用真理的强大力量引导学生。要坚持价值性和知识性相统一，寓价值观引导于知识传授之中。要坚持建设性和批判性相统一，传导主流意识形态，直面各种错误观点和思潮。要坚持理论性和实践性相统一，用科学理论培养人，重视思政课的实践性，把思政小课堂同社会大课堂结合起来，教育引导学生立鸿鹄志，做奋斗者。要坚持统一性和多样性相统一，落实教学目标、课程设置、教材使用、教学管理等方面的统一要求，又因地制宜、因时制宜、因材施教。要坚持主导性和主体性相统一，思政课教学离不开教师的主导，同时要加大对学生的认知规律和接受特点的研究，发挥学生主体性作用。要坚持灌输性和启发性相统一，注重启发性教育，引导学生发现问题、分析问题、思考问题，在不断启发中让学生水到渠成得出结论。要坚持显性教育和隐性教育相统一，挖掘其他课程和教学方式中蕴含的思想政治教育资源，实现全员全程

---

① 习近平. 习近平谈治国理政：第三卷 [M]. 北京：外文出版社，2020：330.

全方位育人"①。第三次转化是受培育者的精神信念向行为实践的转化，并成为个体的行为习惯。中国精神培育过程中矛盾的"三次转化"体现着受培育者精神世界的"两次飞跃"。第一次飞跃是相对于中国精神培育过程中的第二次转化，是社会发展的精神要求通过培育内化为受培育者的精神品质。第二次飞跃是相对于中国精神培育过程的第三次转化，是个体精神品质外化为行为实践。至此，受培育者通过培育，其精神成长满足了社会发展的精神要求，实现了个体精神与国家精神的有机贯通，这一具体的中国精神培育矛盾也随之化解。需要指出的是，国家和社会是不断向前发展的，并不断生成新的精神要求，这就决定了中国精神培育的矛盾运动是永无止境的，需要不断地调节个体与社会之间的精神矛盾，从而推动受培育者的精神品质螺旋式上升，不断走向新的更高的境界。

五、中国精神培育的生态契合

"世界上万事万物均在一种生态——生长的动态平衡之中"②，运用生态学和系统学的分析方法来研究某一事物的学术传统由来已久。生态学和系统学将研究对象看作一个有机整体，其各个要素构成相互依存的子系统，其中每个部分都是有机地嵌入在总的系统当中，为促进该系统的生态平衡做出贡献。正如瑞典社会学家汤姆·R.伯恩斯指出的，系统生态理论将"社会关系、群体、组织、社区看作一系列各自具有独特内部结合和运动规律，彼此之间在一定程度上存在既定边界的社会系统，并且系统整体是开放的，与外部环境保持着频繁互动。通过与外部互动和内部运动，社会系统不断获得系统的要素并发生改变，由此导致某种了连续的变革"③。同样，中国精神培育也是一个系统复杂的有机体，这就需要借助于生态学和系统学的分析方法和研究视角，来深入探究中国精神培育的生态环境、要素效能和结构匹配等问题，从而为提高中国精神培育理论与实践的实效性奠定基础。"系统方法抛弃了片面分析的、先行因果性的研究方法，而把主要重点放在分析客体的整体的、综合的属性上，放在揭示其多种多样的联系和结构上。"④ 因此，探讨中国精神培育的生态契合问题，需要将中国精神培育看作一个既有着紧密内部联系，又有着大量外部关

① 习近平. 习近平谈治国理政：第三卷 [M]. 北京：外文出版社，2020：331.

② 王沪宁. 比较政治分析 [M]. 上海：上海人民出版社，1987：1.

③ 汤姆·R. 伯恩斯. 结构主义的视野：经济与社会的变迁 [M]. 周长城，等译. 北京：社会科学文献出版社，2000：1.

④ 瓦·尼·萨多夫斯基. 一般系统论原理 [M]. 贾泽林，等译. 北京：人民出版社，1984：2.

联，既不可分割又充满着交互作用与广泛联系的整体。可以说，中国精神培育的生态契合，既是一个中国精神培育本身的要素契合与结构匹配问题，也是一个中国精神培育与一切支配、制约和影响培育活动的更大的社会系统的关联与互动问题。正是基于此，中国精神培育的生态契合可以具体划分为两大领域：一是中国精神培育与大的社会生态之间的契合问题；二是中国精神培育本身所构成的"微"生态。

首先，从中国精神培育所面临的大的社会生态来看，其存在四个紧密相连却又相对"独立"的生态环境，即经济生态、政治生态、社会心理生态和社会意识生态。其中，经济生态主要包括生产力发展状况、社会经济关系、经济体制和经济结构等；政治生态主要包括政治体制运行、社会政治关系、政治结构、政治制度、政治文化等；社会心理生态主要包括情感、信念、认知、社会态度、需求、愿望等个体对社会发展所产生的直接心理反应；社会意识生态主要是指主流文化与亚文化关系、主导意识与各种社会思潮的关系等所构成的复杂社会舆情。作为相对"独立"的社会生态，上述四个生态环境从不同的维度作用和反作用于中国精神及其培育；而作为相互紧密关联的社会生态，四个生态环境构成了社会生态的有机体，并通过相互关系揭开了物质基础决定"精神"的"中间环节"，从而明确了中国精神及其培育的社会生态系统。马克思在《德意志意识形态》中指出"'精神'一开始就很倒霉，受到物质的'纠缠'"①。马克思在这里明确指出了物质基础对"精神"的决定关系。普列汉诺夫通过"五项论"公式，进一步解开了物质基础与"精神"之间的"中间因素"，即"（一）生产力状况；（二）被生产力所制约的经济关系；（三）在一定经济基础上生长起来的社会政治制度；（四）一部分由经济直接决定的，一部分由生长在经济上的全部社会政治制度所决定的社会人的心理；（五）反映这种心理特征的各种思想体系"②。由此能够看出，中国精神培育所面临的社会生态环境，即是"精神"与物质基础之间的"中间因素"，这些"因素"按照"五项论"公式所指出的逻辑关系相互贯连、相互作用，共同构成了中国精神及其培育的宏观生态环境。

其次，从中国精神培育的"微"生态来看，在中国精神培育的自在系统中，拥有一个相对完整的"微"生态环境，其中包括了一系列的生态因子及

---

① 中共中央马克思恩格斯列宁斯大林著作编译局. 马克思恩格斯选集：第一卷 [M]. 北京：人民出版社，2012：161.

② 普列汉诺夫. 普列汉诺夫哲学著作选集：第三卷 [M]. 王荫庭，译. 北京：生活·读书·新知三联书店，1962：195.

其相互关系。具体而言，包括培育者、受培育者、培育目的、培育任务、培育理念、培育方式方法、培育内容、培育载体、培育途径和培育效果等。从"微"生态的视角来看中国精神培育的生态契合，实际上是中国精神培育系统内的生态因子相互间的契合问题，以及不同的生态因子与整个培育的效能匹配问题。教育生态学中的一个核心概念就是"生态平衡"，即"一定时间内生态系统中的生物与环境之间、生物各个种群之间，通过能量流动、物质循环和信息传递，使它们相互间达到高度适应、协调和统一的状态"①。同样，中国精神作为一个由诸多生态因子构成的生态系统，其想要取得良好的培育效果，也需要使自身和各个组成部分达到一种平衡，实现"能量流动、物质循环和信息传递"。从整个中国精神培育的系统生态来看，不同的生态因子具有不同的功能属性，并具有相互联系与影响的综合性特征。例如，中国精神培育目标的确立，就会直接影响到培育内容，当前在实现中华民族伟大复兴的培育目标下，中国精神培育的内容需要围绕这一目标而展开；中国精神培育方法的确立，需要依据受培育者的思想状况和接受特点，实现培育方法与对象之间的契合；围绕着培育目的，对不同的培育对象采取不同的培育方法和培育内容，实现培育内容与对象之间的契合。需要注意的是，在中国精神培育的"生态平衡"中，任何一种生态因子的"过剩"或者"过稀"，都会导致整个培育生态链出现问题，因此在培育过程中需要维护培育系统的综合平衡，防止出现"集富"或"降衰"现象。此外，从单个生态因子与整个生态系统的契合来看，一方面，处于复杂多变的物质和精神环境中的中国精神培育，基于培育的现实回应性和自身发展的内在规律性，调适和设定着不同的培育生态要素，决定着具体培育要素的价值取向、功能定位、介入时节和效能发挥等。例如，培育理念的改变、培育方法的改进、培育内容的增减、培育途径的拓展，等等。另一方面，不同的培育生态要素也对整个培育生态系统具有回应性与契合性。例如，培育过程中受培育者的精神能动性的发挥；培育者对培育契机的把握和对培育方式方法的综合灵活运用；特定的培育情境对培育主体的精神和情感的感染与鼓舞。总体而言，中国精神培育处于一个由众多社会因素构成的、发生着广泛联系并具有整体综合效应的生态系统之中。同时，就其本身而言，其又有着一个自在而圆融的生态系统，总的培育系统与系统内的生态因子发生着物质、能量和信息的交互、交融作用。在这一过程中，中国精神培育不仅追求本系统的运作优化状态，更关注整个社会文化精神系统的整体动态平衡。

---

① 范国睿. 教育生态学 [M]. 北京：人民教育出版社，2000：22.

第二节 中国精神培育的典型人群和特殊地区

基于马克思主义的观点和立场，任何事物都是普遍性与特殊性的结合。同样，在中国精神培育中，也具有普遍性与特殊性。无论是中国精神培育的内部环境，抑或是外部环境，都面临着极其复杂庞大的培育情境。其中，不同的培育对象基于不同的背景，在培育情境中的理解和认知也具有一定的差异性。这也就决定了中国精神培育既要关注其普遍性，同时也要关注到培育中的特殊性情境，尤其是要关注中国精神培育的典型人群和特殊地区，只有把握这些群体和地区的中国精神培育的特殊性，才能够进一步增强中国精神培育的针对性和实效性。

一、中国精神培育的典型人群

中国精神培育的对象涉及所有的社会公众，而在当前社会分工日趋细化和利益主体日益多元的背景下，处于不同社会群体的培育对象对事物的理解和认知也不尽相同。因此，当前新的历史条件下的中国精神培育必须要注重不同群体的中国精神培育的特殊性，尤其是要把握青少年群体、党员干部群体、媒介工作者、新经济组织从业者等具有典型性的社会群体的培育特点，开展有针对性的中国精神培育。

1. 青年群体中国精神培育的特殊性

青年阶段是人生的一个特殊关键的时期。一般而言，青年期是指个体从十四五岁至二十七八岁的阶段，这一时期是个体从不成熟的少年阶段、青年阶段成长为成熟的成年阶段的时期。由于这一阶段是人的身体成长、智力发育、精神成长的关键阶段，"是人生的'拔节孕穗期'"①，因此，处于青年阶段的个体的精神体验、情感意志以及行为表现都具有一定的特殊性，从而也就决定了中国精神培育必须要把握青年人的成长规律和亚文化群体特质，以促进青年精神成长，提高中国精神培育实效。

首先，从青年阶段的思维特质来看，青年阶段个体的身心发展日趋成熟，社会交往不断扩大并丰富，学习生活的内容和要求日渐增多并复杂，这种成长条件的变化使青年的思维观念展现出一定的特质。具体而言，就是抽象思维逻

---

① 习近平. 习近平谈治国理政：第三卷［M］. 北京：外文出版社，2020：329.

辑和辩证思维逻辑发展明显。从青年的抽象思维逻辑发展来看，在青年阶段，个体通过假设进行思维、思维的预计性、思维的形式化①、思维活动中的自我意识和监控能力、思维打破旧规等能力不断增强。从辩证思维逻辑发展来看，青年阶段个体开始运用辩证思维来系统全面地分析事物。即在辩证思维的对立统一规律指导下，进一步溶解抽象思维和形式思维中形成的固定分明的界限，使认识达到对现实客观规律的把握，形成理性认识。在辩证思维的导向下，个体的幸福观、英雄观、友谊观、责任观、审美观等逐渐形成。此外，需要注意的是，青年阶段的思维品质还展现出独立性、开放性、批判性、敏捷性、创造性等特质，这在形成意识和自我意识的同时，也容易形成片面化、表面化，以及冲动和叛逆的思维导向，这就需要在中国精神培育中进一步强化青年的抽象思维能力和辩证思维能力，引导青年准确全面地看待周围的事物和社会发展。同时善于把握青年思维的敏捷性、创造性和开放性等特质，因势利导，发挥青年群体的改革创新的先驱作用，使新的正确的精神体验和思想观念不断融入时代精神，增强国家的精神力量。

其次，从青年群体的社会性发展来看，在青年阶段的成长也是一个不断社会化的过程。在这一过程中，个体通过学习、交流、适应等方式认知和体悟社会交往所必需的价值、品质、信念以及行为方式，从而形成包括社会认知、角色扮演、社会交往、亲社会行为、依恋和自我等方面的社会性发展。概括而言，青年阶段的社会性发展主要表现在六个方面：一是独立自主性增强，由于这一阶段青年的生理和心理的快速发育成熟，"成人感"不断强化，由此而产生谋求独立的思想和行为；二是自我意识增强，即开始对"我是谁""为什么""怎么办"等问题具有反思和追问的能力，开始确定自我，形成良好的自我意识；三是适应性成熟，即适应那些由于生理成熟而引起的身心的，尤其是社会化的一系列变化；四是性别角色认同，即能够根据社会文化对男性和女性的不同要求和期望而形成相应的价值、态度、动机和行为；五是社会化的成熟，即学习和内化社会道德规范，具备一定的社会适应能力，以价值观和道德观的成熟为青年社会化成熟的标志；六是定型性格的形成，即这一阶段青年个体的稳固的态度、思考方式、理念形成等逐渐定型，个体性格形成。总体而言，这六个方面的青年社会发展体现着个体精神成人的成长规律，是中国精神培育的关键切入点。此外，在青年社会化发展过程中，中国精神培育尤其要关

---

① 青年的思维形式化是在青年成长阶段，尤其是在教育情境的影响下，个体思维由具体运算主导的思维转变为更具有逻辑性的形式运算思维，现实反应力和价值判断力进一步强化。

注青年道德品质的发展，即个体能否独立、自觉地按照社会道德标准来调节自己的思想和行为；道德信念和道德理念在青年道德动机中占据着何种地位；道德行为是否能够习惯并巩固等问题。

最后，从青年群体的亚文化特征来看，青年亚文化是按照"青年期"这一年龄阶段而划分出的亚文化，其形成与青年人的生理和心理需求相关。青年群体突出个性、自我意识较强，尤其是对新事物具有较强的理解和接受能力。我国当前正处于转型阶段，思想和文化碰撞、交融、冲突，面对这样一个复杂多元的世界，青年人会找寻能够满足自身心理、生理和精神需要的文化类型。青年亚文化的形成一般以年龄结构、心理特征、兴趣爱好、地域区分、价值取向为标志。例如，以兴趣爱好为标志，有球类俱乐部、摇滚乐团、书画社、街舞俱乐部等；以地域为标志，有校友群、同乡联谊会等；以年龄为标志，有"80后""90后""00后"等。一般而言，青年亚文化群体具有肇始的自发性、发展的不确定性、形式的新颖性、内容的批判性等特征[1]。在青年亚文化群体中既有健康的群体，也有不良的群体。健康的青年亚文化群体有利于缓解青年心理压力，提高青年创业创新能力，促进青年个性发展；而不良的亚文化群体则会削弱主流培育的地位和作用，影响青年健康人格的形成。因此，中国精神培育，一方面要积极推动健康的青年亚文化群体的发展，使之成为中国精神培育的重要载体；另一方面也要积极引导青年认识到不良亚文化群体的危害性，并积极构建青年的精神家园意识，以积极、正向的民族优秀文化精神来确立青年的精神世界。此外，针对青年亚文化群体的灵活性和开放性特征，青年群体的中国精神培育需要注重理论话语与生活话语的对接，积极吸纳新的、具有正能量的青年话语，形成积极活泼的培育话语。同时，中国精神培育也要准确定位青年社会化成长的阶段及其社会身份，积极消解由于不良亚文化造成的认同混杂，构建契合青年成长特殊境况的培育范式。

此外，中国精神培育在关注一般性的青年社会化发展和精神成长规律的同时，也需要关注在中国改革开放特殊时空境遇中青年群体的成长和变化。只有在了解具体社会变迁背景下的中国青年发展境遇，了解"现实的人"的基础上，才能有针对性地进行中国精神培育。正如马克思指出的："我们的出发点是从事实际活动的人，而且从他们的现实生活过程中还可以描绘出这一生活过程在意识形态上的反射和反响的发展。"[2] 为此，马克思进一步指出，理解

---

① 李晗龙，高军. 青年亚文化群体的特征及其类型分析 [J]. 学术交流，2010（2）：206-208.
② 中共中央马克思恩格斯列宁斯大林著作编译局. 马克思恩格斯选集：第一卷 [M]. 北京：人民出版社，2012：152.

"现实的人"需要明确人的"物质生活资料的生产""新的需要的产生""人口的生产"以及"社会关系的生产"①。从此来看，青年群体的中国精神培育需要明确"现实的中国青年"。有学者对改革开放以来，社会变迁中的中国青年状况做了总结，指出社会变迁中青年群体存在六个方面的现实问题与变化，即教育制度变迁所引发的青年教育问题；社会就业制度变迁所造成的青年就业问题；社会家庭结构变迁、家庭观念变迁与青年婚姻家庭问题；社会文化、价值观念变迁与青年亚文化的建构与发展；社会变迁中的青年群体与青年组织发展；社会结构转型与青年社会问题等②。马克思指出"生活决定意识"③，社会变迁中的青年群体的现实问题与变化，决定着青年人的思想、意识和观念，影响着青年人的精神体验和精神成长。因此，青年群体的中国精神培育必须要了解和掌握当代青年人的现实境遇和生活境况，从青年人的生活情境中理解和把握青年的认知特点和精神成长规律，唯有此，才能够形成有效的青年中国精神培育。

2. 党员干部中国精神培育的特殊性

党员是党章规定的各项义务的承担着和履行者，也是各项权利的享有者和行使者，是党内政治生活的主体。领导干部拥有人民赋予的权力、地位和职务，掌握着更多的资源，也承担着更多的责任。可以说，党员干部是时代精神和道德风尚的引领者与践行者，党员干部的思想素质、精神风貌和价值观念关系到执政党党风的纯洁性问题，也关系到党和国家长治久安的问题。当前加强党员干部的中国精神培育，对于发挥党员干部的先锋模范作用，树立社会主义精神文明风尚，推进社会主义现代化建设具有重要意义。与普通民众相比，党员干部肩负着更为艰巨的时代责任和历史使命。从培育和弘扬中国精神的时代担当来看，党员干部是践行中国精神的表率，是新时代培育和弘扬中国精神的中坚力量。因此，在中国精神培育中，党员干部的"特殊性"就体现在其思想和行动上要有更高的精神觉悟，在政治意识和纪律要求上标准把握更严。

首先，党员干部的中国精神培育要突出党性修为。所谓共产党员的党性，刘少奇曾指出，"就是无产者阶级性最高而集中的表现，就是无产者本质的最

---

① 中共中央马克思恩格斯列宁斯大林著作编译局. 马克思格斯选集：第一卷 [M]. 北京：人民出版社，2012：158-160.

② 风笑天. 社会变迁中的青年问题 [M]. 北京：北京大学出版社，2014：4-7.

③ 中共中央马克思恩格斯列宁斯大林著作编译局. 马克思格斯选集：第一卷 [M]. 北京：人民出版社，2012：152.

高表现，就是无产阶级利益最高而集中的表现"①。对于一个政党而言，党性体现了其本质属性和内在规定性。而对于党员个体而言，党性是党员坚定、自觉地贯彻执行党的目标、路线、纲领、方针、政策等的精神动因，也是党员发挥工作、学习、生活和思想中的先进性和模范性的精神保障。《中国共产党章程》中对中国共产党党性做了明确规定，即两个"先锋队"、一个"领导核心"和"三个代表"②。由此能够看出，要理解当前的时代精神，理解中国精神的发展趋向，就必须要理解中国共产党，这归根结底就是要理解中国共产党的党性。而作为中国共产党的主体的党员干部，尤其是要加强党性修养，提高精神觉悟。正如习近平总书记指出的："要坚持以党性立身做事，把说老实话、办老实事、做老实人作为党性修养和锻炼的重要内容，敢于坚持真理，善于独立思考，坚持求真务实。"③ 因此，党员干部的中国精神培育，最为关键的就是要突出党性。具体而言，就是要有坚定的理想信念，正如习近平总书记指出的："理想信念是共产党人精神上的'钙'，共产党人如果没有理想信念，精神上就会'缺钙'，就会得'软骨病'，必然导致政治上变质、经济上贪婪、道德上堕落、生活上腐化……党员干部有了坚定理想信念，才能经得住各种考验，走得稳、走得远；没有理想信念，或者理想信念不坚定，就经不起风吹浪打，关键时刻就会私心杂念丛生，甚至临阵脱逃。现实生活中，一些党员、干部精神空虚、意志消沉、心为物役，信奉金钱至上、名利至上、享乐至上，少数人更是把党和人民赋予的权力作为谋取私利的手段，堕入腐败深渊，说到底都是理想信念动摇所致。"④ 同时，也要坚决拥护党中央权威，树立政治意识、核心意识、大局意识和看齐意识。此外，还要坚持党的基本路线、严明党的政治纪律、保持党同人民群众的血肉联系、坚持民主集中制、开展批评和自我批评、发扬党内民主、保持清正廉洁的政治本色。

其次，党员干部的中国精神培育要着重塑造中国精神品质。其一，要加强党员干部的中华传统美德培育。中华传统美德是民族精神的具体化和生活化的体现，其培育是党员干部中国精神培育的关键途径。党员干部的道德修为作为社会的精神标杆，其与普通的道德培育相比，需要有更高的道德要求，即政治

---

① 刘少奇年谱（1898—1969）：上卷 ［M］. 北京：中央文献出版社，1996：358.

② 两个"先锋队"是指中国共产党是中国工人阶级的先锋队，是中国人民和中华民族的先锋队；一个"领导核心"是指中国共产党是中国特色社会主义事业的领导核心；"三个代表"是指中国共产党代表中国先进生产力的发展要求，代表中国先进文化的前进方向，代表中国最广大人民的根本利益。

③ 习近平. 习近平谈治国理政：第四卷 ［M］. 北京：外文出版社，2022：529.

④ 习近平. 习近平谈治国理政：第三卷 ［M］. 北京：外文出版社，2020：523.

道德要求。也就是说，党员干部的道德培育标准，还要求其政治上成熟、理论上清楚、信念上坚定、行动上自觉。2016年新修订的《中国共产党廉洁自律准则》中明确指出，中国共产党全体党员和各级党员领导干部"必须自觉培养高尚道德情操，努力弘扬中华民族传统美德"。党员干部的中国精神培育不仅要强化社会公德、家庭美德、职业道德和个人品德的培育，使党员干部能够坚守最基本、最朴素的做人做事的道德底线；更为重要的是还要强化党员干部的官德培育，即引导党员干部为政以德，以"为民"为官德核心，以"务实"为官德基础，以"清廉"为官德体现，清清白白为官，老老实实干事。其二，要引导党员干部学习中国化马克思主义理论成果，塑造时代精神。中国化马克思主义是马克思主义中国实践的理论成果，"使中华民族精神在最高层次上得到了当今时代科学思想精华的熔铸和升华"①，是时代精神的结晶，因此党员干部的中国精神培育必须要突出中国化的马克思主义。具体而言，就是要在中国精神培育中坚持马克思主义的立场、观点和方法，引导党员干部老老实实、原原本本地学习马克思主义经典理论，学习中国化马克思主义的理论成果，尤其是最新马克思主义中国化成果，从而能够理解和掌握改革发展的时代精神，树立坚定的理想信念。其三，要强化党员干部人民至上的理念。党的二十大报告明确指出："人民性是马克思主义的本质属性，党的理论是来自人民、为了人民、造福人民的理论，人民的创造性实践是理论创新的不竭源泉。一切脱离人民的理论都是苍白无力的，一切不为人民造福的理论都是没有生命力的。我们要站稳人民立场、把握人民愿望、尊重人民创造、集中人民智慧，形成为人民所喜爱、所认同、所拥有的理论，使之成为指导人民认识世界和改造世界的强大思想武器。"②对于党员干部而言，坚持人民性就是要始终坚持执政为民，坚持全心全意为人民服务的思想。这就需要在党员干部的中国精神培育中强化传统民本思想的创造性转化和创新性发展，强化马克思主义群众观培育，强化党风廉政的优良传统培育，强化反"四风"的警示教育，引导党员干部树立执政为民的思想，保持与人民群众的血肉联系。

3. 媒介工作者中国精神培育的特殊性

在传播学中有一个重要理论，即"议程设置"理论，该理论揭示出"议程设置"是大众传媒影响社会公众的重要方式。"议程设置"理论指出大众传

---

① 赵存生，宇文利. 中国精神：弘扬和培育中华民族精神的理论与实践［M］. 上海：上海人民出版社，2014：500.

② 习近平. 高举中国特色社会主义伟大旗帜 为全面建设社会主义现代化国家而团结奋斗：在中国共产党第二十次全国代表大会上的报告［M］. 北京：人民出版社，2022：19.

媒虽然不能左右人们对某一事物的具体看法，但是可以通过对传播信息的强化和传播议程的设置，来提高媒介对事物和意见的强调程度，而社会公众对事物的重视程度是与媒介的强调程度成正比的。因此可以说，媒介通过"议程设置"来影响人们对某些事实和意见的关注。同样，媒介传播的"沉默的螺旋"假说也揭示了媒介舆论对于社会意见气候形成的重要作用。该假说强调社会公众在面对社会舆论时往往会倾向于支持优势意见，形成优势意见的不断强化和劣势意见的不断衰弱。由此能够看出，大众媒介对社会公众的话语表达和价值判断发挥着极其重要的影响作用。尤其是在当前信息社会条件下的新媒介时代，社会公众的信息需求越来越多，参与意识越来越强，媒介传播呈现出多元传播、人人传播及海量传播的特征。媒介传播的优势是其往往能够在极短的时间内海量传播，在内容上产生"共鸣效果"，在传播的范围上产生"遍在效果"，在公众认知上形成"积累效果"。在现代信息社会中，媒介是人们认识世界的重要视窗，而作为媒介主体的媒介工作者则是影响人们的社会认知和精神体验的主导者和实施者。因此，媒介工作者的道德素养、政治素养和媒介素养对社会的文化氛围和精神风尚的建构有着重要的影响作用。同样，对于中国精神培育而言，媒介工作者既是培育和弘扬中国精神的关键力量，也是中国精神培育的重要对象。媒介工作者进行中国精神培育的前提就是要具备良好的中国精神素养，能够充分理解中国精神的实质和精髓，唯有此，才能够把好中国精神宣传教育的关口，形成中国精神的共鸣。总体而言，媒介工作者的中国精神培育需要侧重于媒介工作者的政治和道德素养、能力素养的培育，以及注重提升其讲好中国故事的能力。

首先，媒介工作者的中国精神培育要侧重于其政治和道德素养的培育。2016年2月19日，习近平总书记在党的新闻舆论工作座谈会的讲话中明确指出，新的历史条件下党的舆论工作的责任和使命就是"高举旗帜、引领导向，围绕中心、服务大局，团结人民、鼓舞士气，成风化人、凝心聚力，澄清谬误、明辨是非，联接中外、沟通世界"①。习近平总书记进一步指出，媒介要承担这一责任和使命，就必须要把政治方向摆在第一位。事实上，脱离于政治的媒介是不存在的，媒介的政治素养具体表现为媒介是否能够坚持正确的政治方向和政治立场，是否能够将政治性和人民性有机结合，是否能够以政治视野把握定位并树立全局意识。中国精神是国家精神的集中体现，其中的主导精神力量就是政治精神，因此中国精神培育的一个重要属性就是体现政治精神的要

① 习近平. 论党的宣传思想工作 [M]. 北京：中央文献出版社，2020：181.

求，发挥意识形态教育的功能。大众媒介是人们的精神观景之窗，而媒介工作者既是人们意见和精神的引领者，也是政治信息的传播者，媒介工作者政治觉悟和政治素养的高低，直接决定了中国精神的宣传教育效果。因此，媒介工作者的中国精神培育尤其是要突出政治素养的培育，因此要进一步强化媒介工作者的国家安全与意识形态安全培育、政治安全培育、马克思主义新闻舆论观培育、时事政治培育、正确舆论导向培育等。此外，道德素养培育也是媒介工作者中国精神培育的一个重要方面。中国精神培育的核心是对人的精神品质和道德素养的培育，而对媒介工作者的道德素养培育，需要在一般性的社会公德培育基础上，进一步强化媒体工作的职业道德素养培育。近年来，媒介工作者的"失德"现象暴露出造假撒谎、敲诈勒索、"傍富不仁"、起哄邪炒、恶搞滥侃、颠覆经典、"坐台销售"、低俗下流等问题。针对这些问题，在媒介工作者的中国精神培育中要强化媒介工作的职业道德底线，即不能造假撒谎、不能以权谋财害人。在此基础上，还要将职业道德的底线教育与社会公德教育、法治教育相结合，与媒介工作者崇高的理想信念培育相结合，进一步提高媒介工作者的道德素养。

其次，媒介工作者的中国精神培育要侧重于对能力素养的培育。在当前新的历史条件下，舆论环境、媒介格局和传播方式发生了深刻变化，这就需要媒介工作者能够适应这种变化，尊重媒介传播的客观规律，不断创新传播的方式方法，从而提高媒介传播的影响力、公信力和传播力。总体而言，新的历史条件对媒介工作者的能力素养提出了新的要求，而对媒介工作者的中国精神培育，也不能忽略提升媒介工作者能力素养这一培育的特殊性，需要致力于解决媒介工作者"本领恐慌"的问题。一是要致力于在培育中增强媒介工作者宣传教育的实效性和针对性能力。在当前利益主体多元化和受众需求复杂化的条件下，要在培育过程中倡导媒介宣传教育的分众化、差异化思维，提高媒介工作精准定位受众、善于设置议题的能力，引导媒介突出特色、多样传播，形成"全方位多层次多声部的主流舆论矩阵"①。二是在培育中强化媒介融合发展的新思路。加拿大媒介理论家麦克卢汉（McLuha）指出："一种新的媒介决不会附着于一种旧的媒介，它也决不会让旧媒介安安稳稳。它绝不会停止压迫陈旧的媒介，直到它为这些陈旧的媒介找到新的形式和新的位置。"② 新旧媒介的

---

① 人民日报评论员. 不断提高新闻舆论工作的能力和水平：三论学习贯彻习近平总书记新闻舆论工作座谈会重要讲话精神 [N]. 人民日报，2016-02-23（001）.

② 马歇尔·麦克卢汉. 理解媒介论人的延伸 [M]. 何道宽，译. 北京：商务印书馆，2000：222.

融合是媒介发展的内在规律，当前媒介工作者的中国精神培育要强化新旧媒介融合的思维，尤其是要强调当前"互联网+"的潮流下，媒介融合不是简单新旧嫁接，而是一种让媒介确立"新的形式和位置"的深度融合。三是在培育中提升媒介工作者的"时、度、效"思维。习近平总书记在全国宣传思想工作会议讲话中明确指出，宣传思想工作"关键是要提高质量和水平，把握好时、度、效，增强吸引力和感染力"①。媒介工作者作为宣传思想工作队伍的主力军，加之新闻宣传对"时机"和"分寸"的特殊要求，因此尤其要注重提升把握"时、度、效"的能力。这就需要在培育中注重媒介工作者对时效性、"首发效应"、时机和节奏、舆论分寸、"接地气"等的理解和掌握，以提升宣传思想工作能力，提升媒介传播的公信力、引导力和传播力。

最后，媒介工作者的中国精神培育要侧重于对其讲好中国故事的能力培育。当前，媒介工作者作为培育和弘扬中国精神的重要力量，其所肩负的一个重要使命就是通过大众传媒来讲述中国故事、解读中国变化、总结中国经验、化解中国问题。因此，媒介工作者中国精神培育的关键就是要提升讲好中国故事的能力。故事承载着价值观，承载着中国精神，通过提升媒介工作者讲好中国故事的能力，可以使媒介以引人入胜的话语方式启人入"道"、使人悟"道"，达到培育和弘扬中国精神的目的。提升媒介工作者讲好中国故事的能力，需要在培育中强化媒介工作者在社会生产生活中发现故事的能力，引导媒介工作者以切近群众、切近生活的方式汲取精神养料、找寻故事线索、提炼故事主题。同时，也需要在培育中强化媒介工作者发掘中国特色、解读中国文化积淀、阐释中国文化优势、体现中国精神追求的能力。在培育媒介工作者素材收集能力的基础上，还需要在中国精神培育中强化媒介工作者把握和整合故事素材的能力，即基于现实的视角描述和评论中国故事的能力。具体而言，就是能够以媒介人特有的视角和方法，记录和传播能够对社会公众形成一定的震撼、一定的回味、一定的兴趣和一定的启示的中国故事，唯有如此才能够发挥媒介在培育和弘扬中国精神方面的威力和魅力。总体而言，具备讲好中国故事的能力，是媒介工作者中国精神培育的关键，而媒介工作者的政治素养、道德素养和能力素养则是讲好中国故事的前提和基础，只有将政治素养、道德素养、能力素养和讲述中国故事能力的培育有机结合，才能提高媒介工作者中国精神培育的针对性与实效性。

---

① 习近平. 论坚持党对一切工作的领导 [M]. 北京：人民出版社，2019：29.

4. 新经济组织从业人员中国精神培育的特殊性

新经济组织是随着我国社会主义市场经济的发展而出现的，是由我国内地（大陆）公民私人、港澳台商、外商全部或是绝对控制的经济组织。从新经济组织的所有制特征来看，其属于非公有制经济组织。根据国家统计分类目录，新经济组织包括个体工商户、私营企业、港澳台经济控制企业、外商经济企业、非国有控股的股份制或混合所有制企业。新经济组织从业者来自工人、农民、知识分子、干部等不同社会群体，并且由于不同的从业者成长过程、教育背景、利益、身份、行业及经营状况、资产拥有量不同，呈现出人员结构复杂、层次众多、分化明显的特征。在改革开放初期，新经济形式一度被视为主流经济的"异己力量"，但随着社会主义市场经济的发展，新经济形式在社会主义改革开放中释放出了巨大的经济能量，为推进社会主义现代化建设做出了重要贡献。在当前全面深化市场经济体制改革过程中，新经济组织不断释放强大的经济活力和创造力，是我国经济社会发展的重要基础。同时，新经济组织由于其强大的创新能力和实践探索能力，是当代改革创新的时代精神的具体写照。而新经济组织的从业者由于其构成的庞大和复杂性，也是当前中国精神培育的重点关涉群体。因此，加强新经济组织从业人员的中国精神培育既是激发改革创新时代精神的重要举措，也是凝聚多元复杂的市场主体的精神力量的关键步骤。新经济组织作为一个特殊的社会群体，其中国精神培育也应当具有一定的针对性和特殊性，这就需要在中国精神培育中侧重于培育新经济组织从业人员的企业家精神、爱国主义的民族精神、改革创新的时代精神。

首先，新经济工作者的中国精神培育需要侧重于企业家精神培育。企业家精神是一种基于现代社会生产方式的价值取向、精神品质和心理诉求。"企业家精神"这一概念最早由经济学家熊彼特（Schumpeter）提出，他认为创新是企业家获得追加利润的途径，而创新的载体是企业家。企业家作为经济发展的推动者，其精神表征着一种不断创新的精神，是社会发展的策动力量①。习近平总书记在企业家座谈会的讲话中指出："改革开放以来，一大批有胆识、勇创新的企业家茁壮成长，形成了具有鲜明时代特征、民族特色、世界水准的中国企业家队伍。"②

新经济组织从业人员是践行企业家精神的主体，而企业家精神也是当代中

① 赵存生，宇文利. 中国精神：弘扬和培育中华民族精神的理论与实践 [M]. 上海：上海人民出版社，2014：515.
② 习近平. 论把握新发展阶段、贯彻新发展理念、构建新发展格局 [M]. 北京：中央文献出版社，2021：359.

国精神的重要组成部分。因此，新经济组织从业者的中国精神培育必须要侧重于培育其企业家精神。具体而言，在中国精神培育中培育企业家精神，需要讲清楚在改革开放历程中中国企业家精神的时代践行，讲清楚中国企业家在改革开放过程中勇于拼搏、敢于探索的精神传统。同时也要在培育过程中阐明企业家精神中所包含的敬业精神、创新精神、契约精神、进取精神、诚信精神和奉献精神。此外，企业家精神与行之有效的制度安排息息相关。因此，需要在中国精神培育中阐释内生企业家精神的财产制度、知识产权制度、市场法规、公司治理、资本与效用制度、差别与竞争机制等，从而更好地培育新经济从业者的现代治理思维和法治思维。

其次，新经济工作者的中国精神培育要侧重于爱国主义的民族精神培育。爱国主义是中国精神的核心内涵，也是新经济工作者的重要情怀。自近代以来，以实业救国为代表的民族企业家的爱国主义精神，塑造了企业家独具特色、具有浓厚民族情结的爱国主义精神传统。当前在经济全球化和文化多元化的背景下，爱国主义的民族精神更是广大新经济工作者建设社会主义事业、维护民族和国家利益的强大精神后盾。因此，需要在新经济工作者的中国精神培育中侧重于爱国主义民族精神培育。具体而言，就是在中华优秀传统文化中充分发掘培育企业精神的优秀文化因子。例如，中华优秀传统文化中"以人为本"的价值取向、"和为贵"的合作竞争理念、自强不息的进取精神、诚实守信的职业道德、敬业乐群的团队意识、以天下为己任的社会责任感等。同时，需要在中国精神培育中进一步强化中华优秀传统文化中"修身、齐家、治国、平天下"的士大夫精神，并将其转化为"修身、兴企、报国、富天下"的新的企业家伦理精神，以此激发新经济工作者的爱国主义情怀。此外，新经济工作者的爱国主义培育也需要从当代企业家的爱国事迹中发掘爱国主义精神。新经济工作者身边或熟知的企业家爱国行为更加富有时代气息，能够更好地对接人们的认知习惯和精神理念，从而在培育过程中形成一种学习榜样、积极向上的精神内驱力，由此能够达到更好的培育效果。

最后，新经济工作者的中国精神培育要侧重于改革创新的时代精神培育。新经济组织表征着新的市场经济条件下的新活力和新动力，创新和效率是其核心理念。新经济组织工作者是时代创新的开拓者和践行者，而改革创新的时代精神也是中国精神的核心理念，"创新"是新经济工作者与中国精神的关键交融点。因此，新经济工作者的中国精神培育必须要注重改革创新时代精神培育。具体而言，就是需要在中国精神培育中讲清楚"十四五"时期中国所坚持的创新发展理念。即在培育过程中要讲清楚"创新是引领发展的第一动力"①，其决定着当前和今后中国的发展思路、发展方向和发展面貌，决定着中国发展的结构、速度、规模、质量与效益。同时，也需要讲清楚当前的改革创新是全面创新，即当前的创新是关涉生产力与生产关系、经济基础与上层建筑全方位、全要素、全系统的变革，也是理论创新、制度创新、文化创新和科技创新的综合效应。此外，还需要在培育过程中讲清楚"大众创业、万众创新"的新态势；讲清楚在中国改革开放历程中，新经济工作者以创新促发展的生动事例和精神体现。注重在培育过程中培育新经济工作者的创新意识、创新精神，培育新经济工作者的洞察力、决策力、领导力、组织协调能力和批判性思维等各项创业创新素质，进一步增强新经济工作者的创业创新的能力和信心。

二、中国精神培育的特殊地区

在不同的地区，由于文化风俗、地理环境不同、经济发展水平有差距等，因此对中国精神的理解和接受方式也不尽相同。这就需要中国精神培育在掌握培育的普遍性规律的同时，也要结合不同地区的地域特质，开展有针对性的培育。本书针对欠发达地区、民族宗教地区和红色革命老区三种特殊类型的地区，分析中国精神培育的特殊性，进而提出有针对性的培育意见和建议。

1. 欠发达地区中国精神培育的特殊性

在我国打赢脱贫攻坚战、实现全面建成小康社会历史性任务后，欠发达地区在"后脱贫时代"实现高质量发展受到众多关注。相对于发达地区和比较发达地区，欠发达地区最直接的表现就是在经济实力、发展水平、发展潜力、科技水平等物质发展领域相对落后；同时在深层次的思想观念上，也存在着明显的滞后性。例如，在欠发达地区往往充斥着安贫乐命的人生价值观、重农抑商的生产观、轻视知识的文化观、"不患寡而患不均"的分配观、终守故土的乡土观、多子多福的生育观以及重男轻女的性别观等落后保守的思想观念。这些滞后观念的存在，使欠发达地区形成了一种特殊的"贫困"——精神贫困。与思想观念和物质发展的关系相对应，精神贫困是相对于物质贫困而言的，其表现为人们的思想观念、精神状态、道德风尚、精神追求等落后于时代发展的客观要求。物质贫困往往会导致精神贫困，而精神贫困又会反过来固化和加剧

---

① 中共中央文献研究室. 习近平关于科技创新论述摘编 [M]. 北京：中央文献出版社，2016：7.

物质贫困。欠发达地区直接表征着物质贫困，而作为与物质贫困相伴相生的精神贫困也随之成为欠发达地区的文化标签。因此，欠发达地区中国精神培育的针对问题就是精神贫困，培育的关键方略就是精神脱贫。积极有效的中国精神培育，能够使欠发达地区的人们解放思想、更新观念，打破落后保守的风俗习惯对人的心理和精神的禁锢，进而准确全面地认识改革发展的时代精神，认识中国社会主义现代化的发展潮流。针对精神贫困问题，欠发达地区的中国精神培育需要从正确处理"传统"与"现代"的关系和促进精神脱贫两个方面来发力。

首先，欠发达地区的中国精神要正确处理"传统"与"现代"的关系。一般而言，越是贫困落后的地区，其"传统"的色彩越浓厚，在欠发达地区"传统"有其特殊的生命力。而基于"现代"的立场，传统性的社会情境是"'习俗支配'、阶层性、身份取向性及非生产性的"[①]。正是基于这一认识，人们往往对欠发达地区的"传统"以"腐朽"而概论。但我们知道，"传统"和"现代"并不是二元对立的。在现代化转型的过程中，"传统"有其落后、保守、封闭的一面，但也需要看到当代人的心灵模式和存在方式离不开"传统"，其作为一种"背景"性的知识和理念影响着人们的活动情境和角色类型。在现代化转型过程中，文化和精神的演进是主体选择的结果，但这种选择不是凭空创造出一个新的文化情境和精神模式，而是要在"传统"与"现代"的结合点上找到文化和精神转型的有效方法。正是基于此，欠发达地区的中国精神培育要坚持辩证统一，即既要看到欠发达地区"传统"的保守与落后的一面，有针对性地开展精神脱贫和国家认同的教育，也要看到欠发达地区"传统"风尚中所内蕴的规范力与号召力，积极引导欠发达地区人们的优秀传统观念的创造性转化和创新性发展。概言之，欠发达地区的中国精神培育必须要建立在对贫困地区传统文化的深入理解与反思的基础上，充分发掘该地区文化传统中的优秀精神理念，并结合时代精神，对其进行系统的改造与引导。这种培育思路不仅能够增进欠发达地区人们的熟悉感、认同感和亲近感，而且也能够使欠发达地区的中国精神培育以更加适宜于当前经济社会发展方式，实现对人的新的生活方式和精神理念的导引。

其次，欠发达地区的中国精神培育要侧重于精神脱贫。欠发达地区浓厚的"传统"氛围，不仅包括民风淳朴、道德伦理观念强烈的优秀传统精神；同时，在现代化的发展过程中，欠发达地区不可避免地存在着与现代文明相冲突

---

① EVERRTT E HAGEN. On the theory of social change [M]. Illinois：The Dorsey Press，1962：5.

的思想观念，例如观念陈旧、思想保守；安于现状、缺乏创新；受教育程度低，缺乏科学文化意识；"等、靠、要"思想严重等。这些思想观念造成了欠发达地区人们的精神贫困。针对这一问题，当前欠发达地区的中国精神培育就需要侧重人们的精神脱贫问题。具体而言，一是要在中国精神培育中讲清楚"'上下同心、尽锐出战、精准务实、开拓创新、攻坚克难、不负人民'的脱贫攻坚精神"，讲清楚"脱贫攻坚精神，是中国共产党性质宗旨、中国人民意志品质、中华民族精神的生动写照，是爱国主义、集体主义、社会主义思想的集中体现，是中国精神、中国价值、中国力量的充分彰显，赓续传承了伟大民族精神和时代精神"①，讲清楚中国在扶贫扶志方面的勇气和决心。二是要注重培育现代市场经济意识，即增强人们的商品观念、竞争意识、效益意识、质量意识、时间意识、消费意识和科技观念等。三是要注重培育人们的社会化观念，进一步增强欠发达地区人们的分工意识、合作意识、互促意识、开放意识和效能意识。四是要注重培育人们的改革创新意识，进一步增强人们对时代发展潮流的理解和认识，并能够结合欠发达地区的具体情境，实现发展创新。总体而言，欠发达地区的中国精神培育致力于"扶志"，其对这些地区的贫困开发起着关键而特殊的作用。正如美国社会学家英格尔斯（Inkeles）所指出的："如果一个国家的人民缺乏一种赋予这些制度以真实生命的广泛的现代心理基础……失败的畸形发展的悲剧的结局是不可避免的"②，而中国精神培育正是致力于欠发达地区的"广泛现代心理基础"的培育。

2. 民族地区中国精神培育的特殊性

中国是一个团结统一的多民族的国家。从各民族的地域分布上来看，呈现"大杂居、小聚居"的特点。正如费孝通指出"中国各民族的居住形态并不是区划整齐、界限分明的，而是相互插花、交错杂居的，这是中国各民族间长期交叉流动和相互交往的结果"③。在统一多民族"大杂居"的基础上，各少数民族也呈现"小聚居"的特点，即单一少数民族聚居或多民族聚居，其主要集中在中国西南、西北和东北的边疆地区，这些少数民族聚居生活的地区称为民族地区。在长期的历史发展过程中，各少数民族在聚居生活中创造了带有民族特点、反映该民族历史和社会生产生活的文化。这些文化包括了物质文化和精神文化，仅从少数民族的精神文化来看，又具体包含着语言、文字、宗教、节日、风俗、科技、哲学、文学等精神资源。这些精神资源包含着该民族认识

---

① 习近平. 习近平重要讲话单行本（2021年合订本）[M]. 北京：人民出版社，2021：51-52.
② 格尔斯. 人的现代化 [M]. 殷陆君，译. 成都：四川人民出版社，1985：7.
③ 费孝通. 中华民族多元一体格局 [M]. 北京：中央民族大学出版社，1999：7.

世界和改造世界过程中所体现出来的丰富而独特的世界观、人生观和价值观，其蕴含着丰富的中国精神资源。可以说，中国精神在几千年中华文明的形成和发展过程中，离不开少数民族的文化创设和精神给养。内涵丰富、形态各异、精彩纷呈的少数民族精神资源与中国精神相同相融、相互补充。各少数民族虽然具有不同的文化表现和精神表达形式，但其与中国精神在精神本质和价值关涉上是相通的，是中国精神的民族写照和具体呈现。因此，当前民族地区的中国精神培育在精神内核上仍然是整体性的中国精神，需要体现和贯穿以爱国主义为核心的民族精神和以改革创新为核心的时代精神。但在具体的培育形式和培育内容上应当是与民族地区的历史传统、文学艺术、地域特色、风俗习惯、宗教信仰等精神资源相对接，即以民族地区的特殊文化形式和精神资源承载中国精神的价值和理念，以此促进少数民族文化精神与中国精神的融通。

首先，民族地区的中国精神应当侧重"多元一体"的国家认同。中华民族的"多元一体"具有深厚的历史根基，正如有学者指出，中华文化是中华民族全体国民共同从祖先那里继承下来的并在社会历史进程中不断丰富和发展的文化的总和①。其中，"多元"和"一体"是中华文化的两个基本面向，但"一体"在价值秩序上具有优先性，"多元"始终是围绕着"一体"而展开的。在民族地区的中国精神培育中强化"多元一体"的国家认同，关键是要从历史的向度讲清楚中华民族"多元一体"的深厚历史渊源。习近平总书记总结指出："一部中国史，就是一部各民族交融汇聚成多元一体中华民族的历史，就是各民族共同缔造、发展、巩固统一的伟大祖国的历史。各民族之所以团结融合，多元之所以聚为一体，源自各民族文化上的兼收并蓄、经济上的相互依存、情感上的相互亲近，源自中华民族追求团结统一的内生动力。正因为如此，中华文明才具有无与伦比的包容性和吸纳力，才可久可大、根深叶茂。"②

具体而言，中华民族"多元一体"萌芽于夏、商、西周时期，经过春秋战国时期的丰富发展，并随着秦汉统一多民族国家的建立而完善、形成，成为中华民族精神的重要组成部分。此后，经过两汉时期，汉民族与少数民族、内地与边疆逐渐发展成为不可分割的统一体，形成"华夷一体"的观念。东汉以后，匈奴、鲜卑、羌、氐、羯等游牧民族大规模内迁，增进了民族融合。此后经过魏晋南北朝、隋、唐、元、明、清等历史朝代的发展，"华夷一体""共为中华"的"多元一体"思想深入人心。在中华民族反帝反封建的民族解放

---

① 武翠英，张晓明，张学进，等. 中国少数民族文化发展报告（2012）[M]. 北京：社会科学文献出版社，2013：36.

② 习近平. 在全国民族团结进步表彰大会上的讲话 [M]. 北京：人民出版社，2019：7.

斗争中，各民族进一步增强了民族团结力和凝聚力，展现出了强大的精神力量。可以说，正是建立在深厚历史渊源的基础上，中国精神培育中所展现的"多元一体"才更加富有雄辩力和感染力。同时，中国精神培育中的"多元一体"国家认同，还要讲清楚中国共产党的民族政策，这是理解当下"多元一体"国家认同的关键。具体而言，就是要讲清楚平等、团结、互助、和谐的社会主义民族关系，讲清楚中国共产党坚持民族平等、维护民族团结的重要举措。同时，也要在中国精神培育中讲清楚民族区域自治制度，讲清楚少数民族当家作主的制度安排。此外，还要讲清楚新时期中国共产党发展民族地区文化教育和科学技术，尊重少数民族语言文字、风俗习惯和宗教信仰的方式举措，以此增强当前民族地区的国家认同。

其次，民族地区的中国精神培育要注重少数民族的精神涵养。民族地区的中国精神培育有其特殊性，其关键体现在能够以民族地区独特的方式和内容来承载和表达中国精神。这就需要在中国精神培育中关注少数民族的民族文化和精神，即关注少数民族文物和非物质文化遗产，注重少数民族文化典籍。大力发掘和利用少数民族文化中与中国精神相一致、相符合的文化要素，使其融入中国精神培育的全过程，促进民族精神境界的提升。例如，西部民族地区既是"伏羲、炎黄的诞生地，华夏族的故乡"①，也是"唐蕃古道"和"丝绸之路"的关键通域；既包含着伊斯兰文化体系，也包含着藏传佛教文化体系；既有西北少数民族誓死抵抗外国势力侵略的可歌可泣的爱国故事，也有着诸如《玛纳斯》《格萨尔王传》《江格尔》等民族精神培育资源。习近平总书记在全国民族团结进步表彰大会上的讲话中总结指出："我国各民族创作了诗经、楚辞、汉赋、唐诗、宋词、元曲、明清小说等伟大作品，传承了格萨尔王、玛纳斯、江格尔等震撼人心的伟大史诗，建设了万里长城、都江堰、大运河、故宫、布达拉宫、坎儿井等伟大工程。中华文化之所以如此精彩纷呈、博大精深，就在于它兼收并蓄的包容特性。展开历史长卷，从赵武灵王胡服骑射，到北魏孝文帝汉化改革；从'洛阳家家学胡乐'到'万里羌人尽汉歌'；从边疆民族习用'上衣下裳''雅歌儒服'，到中原盛行'上衣下裤'、胡衣胡帽，以及今天随处可见的舞狮、胡琴、旗袍等，展现了各民族文化的互鉴融通。"②

对这些精神资源的充分发掘和利用，是提高民族地区中国精神培育实效性的关键。此外，民族地区的中国精神培育应当以民族特有的方式来开展。例

---

① 杨文炯. 传统与现代性的殊相：人类学视阈下的西北少数民族历史与文化 [M]. 北京：民族出版社，2002：30-33.

② 习近平. 在全国民族团结进步表彰大会上的讲话 [M]. 北京：人民出版社，2019：5-6.

如，在中国精神培育中充分、恰当地运用少数民族语言文字、风俗习惯、民族节日、文化艺术等载体开展中国精神培育，能够收到良好的培育效果。同时，通过图文并茂、浅显易懂的民俗文化读本，以及用诗词小说、民歌、故事等形式来表达民族传统美德，既能够促进优秀民族文化的传承和发扬，也能够以少数民族看得懂、记得住的培育形式滋养其心灵、陶冶其情操。

最后，民族地区的中国精神培育也要注重少数民族宗教信仰的导引。在我国，一些少数民族有自己独特的宗教信仰，而民族地区也往往呈现出宗教氛围浓郁、信教群众多、多宗教并存、信仰笃真等特征。针对这一现象，民族地区的中国精神培育要关注少数民族宗教信仰的引导问题。从本质上来看，宗教是一种依赖于社会经济基础而形成的社会意识，其包括了教义神学思想、精神文化形态、伦理道德规范、宗教组织和宗教徒的社会活动等。从信仰的角度来看，宗教对人的思想和行为有着特殊的规范力和影响力，宗教中的积极因素能够劝人向善，丰富人的精神世界，构建良好的社会秩序和社会精神风尚。因此，中国精神培育中宗教信仰导引的本质就是对宗教文化中的积极因素的培育和弘扬。总体来看，当前在少数民族中国精神培育中实施宗教信仰导引的关键就是"在'导'上想得深、看得透、把得准，做到'导'之有方、'导'之有力、'导'之有效"①。具体而言，需要在民族地区宗教文化中培育和弘扬中国精神的积极因素。例如，发扬穆斯林文化中的与人友善、当行则行、行止有度的"中道"思想，以及《古兰经》、"圣训"中的热爱大地、热爱家乡、热爱祖国等思想；发扬佛教文化中的"和合众缘""众生平等""六和敬""慈悲精神""止恶行善""报国土恩、报众生恩"等思想。同时，在培育主体方面，也要充分发挥在"政治上靠得住、宗教上有造诣、品德上能服众、关键时起作用"②的宗教权威人士的作用，通过其威望、德性和宗教造诣，提高民族地区中国精神培育的公信力和实效性。此外，针对当前边疆地区破坏民族团结和稳定的民族宗教问题，需要在中国精神培育中坚决抵制境外反华势力的宗教渗透，维护祖国统一和民族团结。

3. 革命老区中国精神培育的特殊性

所谓革命老区，是中国革命老根据地的简称，是指中国共产党在土地革命战争时期和抗日战争时期，以毛泽东为代表的老一辈无产阶级革命家带领广大

---

① 习近平. 发展中国特色社会主义宗教理论 全面提高新形势下宗教工作水平［N］. 人民日报，2016-04-24（001）.

② 习近平. 发展中国特色社会主义宗教理论 全面提高新形势下宗教工作水平［N］. 人民日报，2016-04-24（001）.

人民群众所创建的革命根据地。革命老区不仅见证了中国共产党社会主义革命之艰难与辉煌，也见证了中华民族实现民族独立和解放的不懈追求和努力，革命老区之于中国共产党、之于中华民族具有十分重要而特殊的地位。正如2015年习近平总书记在陕甘宁革命老区调研时指出："革命老区是党和人民军队的根，我们不能忘记自己是从哪里来的，永远都要从革命历史中汲取智慧和力量。"① 革命老区印证了一段光辉的民族历史，同时也是民族精神的真实写照。因此，革命老区之于中国精神及其培育是一座精神富矿，其蕴含着丰富的红色资源和革命精神。而在当前，由于革命老区相对偏远的地理区位，这些地区的经济发展水平和思想观念相对落后。而从革命老区的中国精神培育来看，虽然这些地区拥有丰富的精神资源，但仍然没有收到应有的培育效果。例如，有学者通过对革命老区的民族精神教育状况调研发现，革命老区存在以下现象：民族精神理性认知教育出现偏差，深层情感教育不足；民族自信心的培育和意志力锻炼不够，知行脱节；教育机制不够健全、制度保障有待完善。经济全球化和信息网络化条件下，多元文化激荡也对民族精神教育形成挑战②。正是在这一背景下，革命老区的中国精神培育要紧密结合其历史与时代特点，善于把握和利用其丰富的精神资源，提高中国精神培育的实效。

首先，革命老区中国精神培育要侧重红色文化资源的挖掘与整合。革命老区在中国共产党领导中国人民艰苦奋斗的光辉历程中，形成了丰富的革命精神，积淀了优良的革命传统。这些厚重的革命文化不仅是历史的积淀，而且也将以精神的形态穿越时空，持续不断地推动时代精神发展，激励和鼓舞人们的思想情感和精神追求。在新的历史情境中，革命老区的革命奋斗精神以红色文化资源的形式得以保存，而对这些红色文化资源的深入挖掘和整合，能够再现革命老区的光辉历程，彰显中华民族团结一致、艰苦奋斗的革命精神。这些精神资源将是革命老区培育和弘扬中国精神的优势条件。因此，挖掘和整合革命老区的红色文化资源是该地区中国精神培育的关键。具体而言，就是要详细记录和整理革命老区的红色文化资源。例如，在革命老区纪念馆、展览馆、革命遗址、民间收藏所留存的大量历史档案、图片和实物等物质资源，以及在民间歌曲、诗词、小说、故事中所留存的革命仁人志士的英雄事迹和高尚品德等非物质资源。在收集和掌握相关培育资源的基础上，要对红色文化资源深挖内

---

① 霍小光. 把革命老区发展时刻放在心上：习近平总书记主持召开陕甘宁革命老区脱贫致富座谈会侧记 [N]. 中国青年报，2015-02-17 (03).

② 张吉雄，王员. 革命老区公民民族精神状况的调查与研究 [J]. 江西师范大学学报，2008 (2)：23-24.

涵、深度开掘。以革命人物的精神展现为例，其并不是人物事迹和相关图片的简单罗列，而是结合具体的历史情境，深入挖掘革命人物的思想和行为产生的原因、形成过程和影响，同时也要理性客观地对革命人物及其事迹做出评价，并由此上升到民族和国家的立场，休现其在精神文化层面上对民族和国家的影响力。此外，在培育过程中也要注重红色资源的科学整合与统筹规划。革命老区的红色文化资源往往是以自发的点状分布为主，这就需要在中国精神培育中有效整合不同区域、不同时期、不同类型的红色文化资源，实现培育资源的点、线、面的立体化建构，使培育资源实现系统化和联动化。

其次，革命老区的中国精神培育也要注重红色资源的运用形式和效果。从革命老区中国精神培育的认知过程来看，其是一个由物质形式和非物质形式的红色资源认知向精神形式的革命精神认知转化的过程，即由革命展览馆、纪念馆、烈士陵园、革命遗迹、革命文物等物质形式的认知，以及歌舞、影视、戏剧、小说等非物质的文学艺术中的革命先进事迹认知，逐渐抽象和升华为对革命精神的体悟，例如对井冈山精神、延安精神、抗战精神等精神形式的体悟。正是基于这一培育认知过程，革命老区的中国精神培育就需要充分发挥该地区的红色资源优势，并通过具体有效的培育形式，使中国精神培育达到应有的效果。例如，在革命老区积极开展参观体验式、组织活动式和网络渗透式的培育方式。具体而言，充分利用革命老区红色文化资源丰富和革命精神浓厚的特点，开展实践性的、情景式的、体验式的培育活动，能够使人们更好地体验民族奋斗的艰难历程，感悟今天幸福和平的来之不易。组织活动包括征文、演讲比赛、诗歌朗诵、红色歌曲演唱等形式使人们通过亲自参与和亲身感受的培育活动形式，加深革命影响，体悟爱国情怀。网络体验式是针对当前信息网络化的时代状况和革命老区相对封闭落后的区域特殊状况，通过网络以生动、多元的形式向革命老区人民展示中国精神的丰富内涵，增强革命老区人民对中国精神的理解和认知。总体而言，革命老区的中国精神培育要立足于革命老区经济发展的实际和需要，立足于革命老区的历史和文化，充分掌握和利用革命老区得天独厚的革命精神资源，并通过富有时代感、贴近老区人民实际的培育方式和培育内容，开展有目的、有计划、有针对性的中国精神培育。

参考文献

埃德加·莫兰，1999. 迷失的范式人性研究［M］. 陈一壮，译. 北京：北京大学出版社.

埃德加·莫兰，2004. 复杂性理论与教育问题［M］. 陈一壮，译. 北京：北京大学出版社.

艾历克斯·英格尔斯，2012. 国民性：心理—社会的视角［M］. 王今一，译. 北京：社会科学文献出版社.

艾森斯塔德，1988. 现代化抗拒与变迁［M］. 张旅平，等译. 北京：中国人民大学出版社.

安东尼·吉登斯，2011. 现代性的后果［M］. 田禾，译. 南京：译林出版社.

柏路，2022. 精神生活共同富裕的时代意涵与价值遵循［J］. 马克思主义研究（2）：64-75.

班固，1962. 汉书（卷五十六）［M］. 北京：中华书局.

曹正善，熊川武，2012. 教育信任减负提质的智慧［M］. 上海：华东师范大学出版.

陈秉公，2006. 思想政治教育学原理［M］. 北京：高等教育出版社.

陈独秀，1984. 陈独秀文章选编［M］. 北京：生活·读书·新知三联书店.

陈力丹，2008. 精神交往：论马克思恩格斯的传播观［M］. 北京：中国人民大学出版社.

陈其泰，2022. 史学与民族精神［M］. 北京：华夏出版社.

陈确，2009. 陈确集·文集（卷5）［M］. 北京：中华书局.

陈旭麓，1992. 近代中国社会的新陈代谢［M］. 上海：上海人民出版社.

成伯清，2012. "中国体验"的意义和价值［J］. 学习与探索（3）：37-38.

戴维·蓝普顿，2010. 中国力量的三面：军力、财力和智力［M］. 姚芸竹，译. 北京：新华出版社.

丹纳，1986. 艺术哲学 [M]. 傅雷，译. 北京：人民文学出版社.

丹尼尔·贝尔，1997. 后工业社会的来临 [M]. 高铦，等译. 北京：新华出版社.

丹尼尔·贝尔，1989. 资本主义的文化矛盾 [M]. 北京：生活·读书·新知三联书店.

邓小平，1994. 邓小平文选：第二卷 [M]. 北京：人民出版社.

邓小平，1993. 邓小平文选：第三卷 [M]. 北京：人民出版社.

丁峰，2022. 中国精神的科学内涵和现实意义 [J]. 教学与研究（8）：118-126.

丁钢，2009. 历史与现实之间中国教育传统的理论探索 [M]. 桂林：广西师范大学出版社.

董振华，2015. 中国梦与中国精神 [M]. 北京：人民出版社.

杜威，1994. 我的教育信条 [M]. 赵祥麟，等译. 北京：人民教育出版社.

樊浩，2019. 中国社会大众伦理道德发展的文化共识：基于改革开放 40 年持续调查的数据 [J]. 中国社会科学（8）：24-44，204-205.

范宝舟，2019. 改革开放精神动力的唯物史观解读 [J]. 马克思主义与现实（5）：17-24.

范国睿，2000. 教育生态学 [M]. 北京：人民教育出版社.

费希特，2010. 对德意志民族的演讲 [M]. 梁志学，等译. 北京：商务印书馆.

费孝通，1999. 中华民族多元一体格局 [M]. 北京：中央民族大学出版社.

风笑天，2014. 社会变迁中的青年问题 [M]. 北京：北京大学出版社.

冯天瑜，杨华，2000. 中国文化发展轨迹 [M]. 上海：上海人民出版社.

冯友兰，2014. 中国哲学史：上 [M]. 北京：中华书局.

龚自珍，1975. 龚自珍全集 [M]. 上海：上海人民出版社.

辜鸿铭，2010. 中国人的精神 [M]. 李晨曦，译. 上海：上海三联书店.

郭沫若，1956. 十批判书 [M]. 北京：科学出版社.

韩愈，1997. 韩愈全集·原道 [M]. 上海：上海古籍出版社.

郝锦花，2009. 新旧学制更易与乡村社会变迁 [M]. 北京：人民出版社.

贺来，1998. 现实生活世界：乌托邦精神的真实根基 [M]. 长春：吉林教育出版社.

贺照田，2007. 当代中国精神的深层构造 [J]. 南风窗（18）：84-87.

黑格尔，1997. 精神现象学：上册 [M]. 贺麟，王玖兴，译. 北京：商务印书馆.

黑格尔，1999. 历史哲学 [M]. 王造时，译. 上海：上海书店出版社.

黑格尔，1959. 哲学史演讲录：第一卷 [M]. 贺麟，王太庆，译. 北京：商务印书馆.

胡海波，2015. 中国精神的实践本性与文化传统 [J]. 哲学研究（12）：114-121.

胡锦涛，2016. 胡锦涛文选：第三卷 [M]. 北京：人民出版社.

胡适，1998. 胡适文集：第三册 [M]. 北京：北京大学出版社.

胡伟希，1994. 民声：辛亥时论选 [M]. 沈阳：辽宁人民出版社.

胡潇，2004. 意识的起源与结构 [M]. 北京：中国社会科学出版社.

黄爱平，1993. 炎黄文化与民族精神 [M]. 北京：中国人民大学出版社.

黄楠森，2000. 人学原理 [M]. 南宁：广西人民出版社.

黄书光，2014. 变迁与转型：中国传统教化的近代命运 [M]. 上海：上海教育出版社.

黄兴涛，2000. 中国文化通史：民国卷 [M]. 北京：中共中央党校出版社.

吉尔·德拉诺瓦，2005. 民族与民族主义 [M]. 郑文彬，等译. 北京：生活·读书·新知三联书店.

江泽民，2006. 江泽民文选：第一卷 [M]. 北京：人民出版社.

江泽民，2006. 江泽民文选：第三卷 [M]. 北京：人民出版社.

姜奇平，2012. 新文明论概略：上 [M]. 北京：商务印书馆.

教军章，2009. 中国近代国民性问题研究的理论视阈及其价值 [M]. 北京：中国社会科学出版社.

金耀基，1999. 从传统到现代 [M]. 北京：中国人民大学出版社.

卡西尔，1985. 人论 [M]. 甘阳，译. 上海：上海译文出版社.

康有为，1987. 康有为全集：第一卷 [M]. 上海：上海古籍出版社.

孔多塞，1998. 人类精神进步纲要 [M]. 何兆武，等译. 北京：生活·读书·新知三联书店.

黎靖德，1997. 朱子语类 [M]. 长沙：岳麓书社.

李大钊，1984. 李大钊文集：上 [M]. 北京：人民出版社.

李大钊，1984. 李大钊文集：下 [M]. 北京：人民出版社.

李德顺，2015. 阐释中国精神的哲学路径 [J]. 马克思主义哲学论丛（1）：167-174.

李德顺，2013. 价值论：一种主体性的研究 [M]. 北京：中国人民大学出版社.

李建华，2011. 道德情感论 [M]. 北京：北京大学出版社.

李培林，2013. 社会转型与中国经验［M］. 北京：中国社会科学出版社.

李亦园，1992. 文化与行为［M］. 台北：台湾商务印书馆.

李约瑟，1975. 中国科学技术史：第1卷［M］. 北京：科学出版社.

李泽厚，2009. 美的历程［M］. 北京：生活·读书·新知三联书店.

李泽厚，1987. 中国现代思想史论［M］. 北京：东方出版社.

李忠军，2014. 论社会主义核心价值观、中国精神与社会主义意识形态［J］. 社会科学战线（3）：31-39.

李宗桂，2012. 中国传统文化探讨［M］. 广州：花城出版社.

梁启超，1984. 梁启超选集［M］. 上海：上海人民出版社.

梁启超，1998. 清代学术概论［M］. 上海：上海古籍出版社.

梁启超，1989. 饮冰室合集：专集之二［M］. 北京：中华书局.

梁启超，1989. 饮冰室合集：专集之四［M］. 北京：中华书局.

梁漱溟，2010. 东西文化及其哲学［M］. 北京：商务印书馆.

梁漱溟，1987. 中国文化要义［M］. 上海：学林出版社.

梁治平，2013. 寻求自然秩序的和谐：中国传统法律文化研究［M］. 北京：商务印书馆.

廖小琴，2022. 精神生活共同富裕的逻辑维度［J］. 马克思主义理论教学与研究，2（2）：41-48.

列文森，2000. 儒家中国及其命运［M］. 郑大华，等译. 北京：中国社会科学出版社.

林毅夫，蔡昉，李周，2012. 中国的奇迹：发展战略与经济改革［M］. 上海：格致出版社.

刘海飞，2022. 中国共产党人的精神谱系的形成原因、特征表现及现实价值［J］. 马克思主义研究（2）：31-40.

刘建军，2021. 论中国共产党人的信仰表述［J］. 马克思主义研究（3）：1-9，159.

刘景泉，张健，2013. 毛泽东与中国精神［J］. 南开学报（6）：1-11.

鲁迅，1981. 鲁迅全集：第一卷［M］. 北京：人民文学出版社.

陆杰荣，张丽，2014. 时代精神的权力及其微观转化探释［J］. 哲学研究（12）：3-9，123.

罗荣渠，2013. 现代化新论：中国的现代化之路［M］. 上海：华东师范大学出版社.

罗素，1983. 人类的知识［M］. 张金言，译. 北京：商务印书馆.

马克斯·韦伯，1981. 世界经济通史［M］. 姚曾广，译. 上海：上海译文出版社.

马歇尔·麦克卢汉, 2000. 理解媒介论人的延伸 [M]. 何道宽, 译. 北京: 商务印书馆.

马欣欣, 周向军, 2016. 论习近平关于中国精神的三个基本问题 [J]. 甘肃社会科学 (1): 18-22.

毛泽东, 1991. 毛泽东选集: 第一卷 [M]. 北京: 人民出版社.

毛泽东, 1991. 毛泽东选集: 第二卷 [M]. 北京: 人民出版社.

毛泽东, 1991. 毛泽东选集: 第四卷 [M]. 北京: 人民出版社.

牟成文, 2013. 论马克思的精神观 [J]. 马克思主义与现实 (5): 41-47.

牟宗三, 1985. 道德的理想主义 [M]. 台北: 学生书局.

尼可拉斯·卢曼, 2005. 信任一个社会复杂性的简化机制 [M]. 瞿铁鹏, 李强, 译. 上海: 上海世纪出版集团.

尼克拉斯·卢曼, 2020. 风险社会学 [M]. 孙一洲, 译. 南宁: 广西人民出版社.

诺曼·费尔克拉夫, 2003. 话语与社会变迁 [M]. 殷晓蓉, 译. 北京: 华夏出版社.

欧阳康, 2010. 民族精神: 精神家园的内核 [M]. 黑龙江: 黑龙江教育出版社.

庞立生, 2020. 历史唯物主义与精神生活 [M]. 北京: 人民出版社.

庞立生, 2022. 中华文化与中国精神的时代精华 [J]. 思想理论教育导刊 (4): 48-56.

裴德海, 2014. 中国梦视域下的中国精神 [M]. 安徽: 安徽教育出版社.

普列汉诺夫, 1988. 普列汉诺夫美学论文集: 第一卷 [M]. 曹葆华, 译. 北京: 人民出版社.

齐格蒙特·鲍曼, 2002. 流动的现代性 [M]. 欧阳景根, 译. 上海: 上海三联出版社.

钱穆, 2023. 民族与文化 [M]. 北京: 九州出版社.

钱穆, 1994. 中国文化导论 [M]. 北京: 商务印书馆.

秦在东, 2010. 社会主义精神质量逻辑关联与价值转换 [M]. 武汉: 华中师范大学出版社.

佘双好, 2015. 中国梦之中国精神 [M]. 湖北: 武汉大学出版社.

史宏波, 黎梦琴, 2021. 在强化中华民族集体记忆中弘扬中国精神 [J]. 马克思主义与现实 (6): 179-186.

史孝贵，1992. 古今家训新编 ［M］. 上海：华东师范大学出版社.

司马云杰，2021. 中国精神通史 ［M］. 郑州：河南人民出版社.

宋希仁，2012. 马克思恩格斯道德哲学研究 ［M］. 北京：中国社会科学出版社.

宋妍，2014. 加强大学生中国精神教育探究 ［J］. 思想理论教育导刊 （7）：87-90.

孙培青，1996. 中国教育管理史 ［M］. 北京：人民教育出版社.

孙正聿，2008. 辩证法与精神家园 ［J］. 天津社会科学 （3）：13-19.

孙中山，1985. 孙中山全集：第六卷 ［M］. 北京：中华书局.

谭嗣同，1981. 谭嗣同全集 ［M］. 北京：中华书局.

檀传宝，1999. 信仰教育与道德教育 ［M］. 北京：教育科学出版社.

汤姆·R. 伯恩斯，2000. 结构主义的视野：经济与社会的变迁 ［M］. 周长城，等译. 北京：社会科学文献出版社.

汤因比，1986. 历史研究 ［M］. 曹未风，等译. 上海：上海人民出版社.

童世骏，2012. 中国发展的精神因素 ［M］. 上海：上海人民出版社.

涂尔干，2003. 教育思想的演进 ［M］. 李康，译. 上海：上海人民出版社.

瓦·尼·萨多夫斯基，1984. 一般系统论原理 ［M］. 贾泽林，等译. 北京：人民出版社.

王尔敏，1977. 中国近代思想史论 ［M］. 台北：华世出版社.

王国维，1959. 观堂集林 ［M］. 北京：中华书局.

王坤庆，2009. 精神与教育：一种教育哲学视角的当代教育反思与建构 ［M］. 武汉：华中师范大学出版社.

王立胜，聂家华，2014. 毛泽东精神与新时期中国精神的建构 ［J］. 现代哲学 （5）：42-47.

王蒙，2019. 中国精神读本 ［M］. 杭州：浙江文艺出版社.

王绍霞，沈壮海，2021. 当代中国文化精神的提炼与弘扬 ［J］. 思想理论教育导刊 （6）：50-58.

王铁崖，1957. 中外旧约章汇编：第 1 册 ［M］. 北京：生活·读书·新知三联书店.

王先谦，1988. 荀子集释 ［M］. 北京：中华书局.

王阳明，1992. 王阳明全集 （卷三） ［M］. 上海：上海古籍出版社.

王长金，2006. 传统家训思想通论 ［M］. 长春：吉林人民出版社.

威廉·冯·洪堡特，1999. 论人类语言结构的差异及其对人类精神发展的影响 ［M］. 姚小平，译. 北京：商务印书馆.

魏崇辉, 2023. 党的十八大以来党和国家重要文献中中国精神概念的流变 [J]. 湖湘论坛, 36 (1): 13-24.

魏源, 1983. 魏源集: 上 [M]. 北京: 中华书局.

吴德刚, 2023. 伟大建党精神孕育与形成 [M]. 北京: 中共党史出版社.

吴潜涛, 2014. 中国精神教育读本 [M]. 北京: 人民出版社.

吴向东, 2009. 重构现代性当代社会主义价值观研究 [M]. 北京: 北京师范大学出版社.

吴晓明, 2012. 当代中国的精神建设及其思想资源 [J]. 中国社会科学 (5): 4-20, 205.

习近平, 2022. 高举中国特色社会主义伟大旗帜 为全面建设社会主义现代化国家而团结奋斗: 在中国共产党第二十次全国代表大会上的报告 [M]. 北京: 人民出版社.

习近平, 2022. 更好把握和运用党的百年奋斗历史经验 [J]. 求是 (13).

习近平, 2014. 习近平谈治国理政: 第一卷 [M]. 北京: 外文出版社.

习近平, 2017. 习近平谈治国理政: 第二卷 [M]. 北京: 外文出版社.

习近平, 2020. 习近平谈治国理政: 第三卷 [M]. 北京: 外文出版社.

习近平, 2022. 习近平谈治国理政: 第四卷 [M]. 北京: 外文出版社.

忻剑飞, 2013. 世界的中国观: 近二千年来世界对中国的认识史纲 [M]. 上海: 学林出版社.

邢云文, 2011. 时代精神历史解读与当代阐释 [M]. 北京: 中央编译出版社.

熊明安, 熊焰, 2013. 中国古代教学活动简史 [M]. 重庆: 重庆出版社.

徐复观, 2001. 中国人性论史: 先秦篇 [M]. 上海: 生活·读书·新知三联书店.

徐蓉, 宋城长, 2013. 论建构中国精神的三重维度 [J]. 思想理论教育 (23): 39-43.

许明龙, 2007. 欧洲十八世纪中国热 [M]. 北京: 外语教学与研究出版社.

雅斯贝尔斯, 1989. 历史的起源与目标 [M]. 魏楚雄, 俞新天, 译. 北京: 华夏出版社.

雅斯贝尔斯, 1991. 什么是教育 [M]. 邹进, 译. 北京: 生活·读书·新知三联书店.

严复, 1986. 严复集 [M]. 北京: 中华书局.

颜之推, 1999. 颜氏家训 [M]. 长沙: 岳麓出版社.

杨伯峻, 1980. 论语译注 [M]. 北京: 中华书局.

杨伯峻，1960. 孟子译注［M］. 北京：中华书局.

杨耕，2009. 东方的崛起：关于中国式现代化的哲学反思［M］. 北京：北京师范大学出版社.

杨国荣，2014. 伦理生活与道德实践［J］. 学术月刊（3）：49-56.

杨可心，崔秋锁，2015. 追梦的中国人需要怎样的中国精神［J］. 毛泽东邓小平理论研究（4）：46-50，92.

杨叔子，2009. 培育和弘扬民族精神研究［M］. 北京：经济科学出版社.

杨文炯，2002. 传统与现代性的殊相：人类学视阈下的西北少数民族历史与文化［M］. 北京：民族出版社.

俞启定，施克灿，2000. 中国教育制度通史：第一卷［M］. 济南：山东教育出版社.

俞吾金，2009. 意识形态论［M］. 北京：人民出版社.

俞祖华，2012. 民族主义与中华民族精神的现代转型［M］. 北京：社会科学文献出版社.

宇文利，2007. 中华民族精神现当代发展新论［M］. 北京：北京大学出版社.

喻岳衡，1991. 历代名人家训［M］. 长沙：岳麓书社.

袁祖社，2017."中国价值"的文化发现及其实践意义［J］. 中国社会科学（8）：24-42，203-204.

袁祖社，2013."中国精神"的文化：实践自觉［J］. 教育文化论坛（1）：135.

约翰·亨利·纽曼，2001. 大学的理想［M］. 徐辉，顾建新，何曙荣，译. 杭州：浙江教育出版社.

詹小美，2007. 民族精神论［M］. 广州：中山大学出版社.

张岱年，程宜山，2015. 中国文化精神［M］. 北京：北京大学出版社.

张岱年，1991. 中国思维偏向［M］. 北京：中国社会科学出版社.

张岱年，2003. 中国文化的基本精神［J］. 齐鲁学刊（5）：5-8.

张健，2011. 论人的精神世界［M］. 郑州：河南人民出版社.

张三元，李齐，2014. 资本主义文化矛盾与中国精神的弘扬［J］. 马克思主义研究（12）：118-127.

张世欣，2010. 中国古代思想道德教育史［M］. 杭州：浙江大学出版社.

张廷玉，1974. 明史（卷289）［M］. 北京：中华书局.

张耀灿，郑永廷，2006. 现代思想政治教育学［M］. 北京：人民出版社.

张荫麟，1993. 张荫麟文集［M］. 北京：科学教育出版社.

张载，1978. 张载集［M］. 北京：中华书局.

章太炎，1977. 章太炎政论选集［M］. 北京：中华书局.

章学诚，1925. 校雠通义（四部备要本一卷）［M］. 北京：中华书局.

赵存生，宇文利，2014. 中国精神：弘扬和培育中华民族精神的理论与实践［M］. 上海：上海人民出版社.

郑杭生，杨敏，2006. 社会实践结构性巨变对理论创新的积极作用［J］. 中国人民大学学报（6）：55-64.

郑杭生，2012. 论"传统"的现代性变迁：一种社会学视野［J］. 学习与实践（1）：5-12.

郑师渠，2009. 中华民族精神研究［M］. 北京：北京师范大学出版社.

郑永廷，罗珊，2012. 中国精神生活发展与规律研究［M］. 广州：中山大学出版社.

中央教育科学研究所，1986. 老解放区教育资料（抗日战争时期·上册）［M］. 北京：教育科学出版社.

中共中央马克思恩格斯列宁斯大林著作编译局，2002. 马克思恩格斯全集：第三卷［M］. 北京：人民出版社.

中共中央马克思恩格斯列宁斯大林著作编译局，2012. 马克思恩格斯选集：第一卷［M］. 北京：人民出版社.

中共中央马克思恩格斯列宁斯大林著作编译局，2012. 马克思恩格斯选集：第二卷［M］. 北京：人民出版社.

中共中央马克思恩格斯列宁斯大林著作编译局，2012. 马克思恩格斯选集：第三卷［M］. 北京；人民出版社.

中共中央马克思恩格斯列宁斯大林著作编译局，2012. 马克思恩格斯选集：第四卷［M］. 北京：人民出版社.

中共中央马克思恩格斯列宁斯大林著作编译局，1987. 列宁全集：第十二卷［M］. 北京：人民出版社.

中共中央马克思恩格斯列宁斯大林著作编译局，1995. 列宁选集：第三卷［M］. 北京：人民出版社.

中共中央马克思恩格斯列宁斯大林著作编译局，1995. 列宁选集：第四卷［M］. 北京人民出版社.

中共中央马克思恩格斯列宁斯大林著作编译局，2009. 列宁专题文集：论资本主义［M］. 北京：人民出版社.

中共中央文献研究室，2014. 十八大以来重要文献选编：上［M］. 北京：中央文献出版社.

中共中央文献研究室，1988. 十二大以来重要文献选编：下 ［M］. 北京：人民出版社.

中共中央文献研究室，2008. 十六大以来重要文献选编：下 ［M］. 北京：人民出版社.

中共中央文献研究室，2009. 十七大以来重要文献选编：下 ［M］. 北京：中央文献出版社.

中共中央文献研究室，1999. 十四大以来重要文献选编：下 ［M］. 北京：人民出版社.

中共中央文献研究室，2003. 十五大以来重要文献选编：下 ［M］. 北京：人民出版社.

中共中央党史和文献研究院，2019. 十九大以来重要文献选编：上 ［M］. 北京：人民出版社.

中共中央党史和文献研究院，2021. 十九大以来重要文献选编：中 ［M］. 北京：人民出版社.

中共中央党史和文献研究院，2022. 习近平关于社会主义精神文明建设论述摘编 ［M］. 北京：中央文献出版社.

中共中央党史和文献研究院，2017. 习近平关于社会主义文化建设论述摘编 ［M］. 北京：中央文献出版社.

中共中央党史和文献研究院，2013. 习近平关于实现中华民族伟大复兴的中国梦论述摘编 ［M］. 北京：中央文献出版社.

中共中央党史和文献研究院，2021. 习近平关于注重家庭家教家风建设论述摘编 ［M］. 北京：中央文献出版社.

中共中央党史和文献研究院，2022. 中国共产党的一百年 ［M］. 北京：中共党史出版社.

中央档案馆，1991. 中共中央文件选集：第十一册 ［M］. 北京：中共中央党校出版社.

中央档案馆，1991. 中共中央文件选集：第七册 ［M］. 北京：中共中央党校出版社.

中国现代化战略研究课题组，2009. 中国现代化报告文化现代化研究 ［M］. 北京：北京大学出版社.

中华人民共和国国家统计局，2022. 中国统计年鉴（2022）［M. 北京：中国统计出版社.

《中华人民共和国学校思想政治理论课重要文献选编》编写组，2022. 中华人民共和国学校思想政治理论课重要文献选编（上下册）[M].北京：人民出版社.

周晓虹，2013.再论中国体验内涵、特征与研究意义 [J].社会学评论，1（1）：14-21.

周晓虹，2017.中国体验全球化、社会转型与中国人社会心态的嬗变 [M].北京：社会科学文献出版社.

邹广文，2014.中国精神：民族性与时代性 [J].中国特色社会主义研究（2）：16-21.

邹绍清，2022.论中华文明的精神特 [J].马克思主义研究（7）：35-43.

邹诗鹏，2007.现时代精神生活的物化处境及其批判 [J].中国社会科学（5）：54-63，206.

邹诗鹏，2014.民族国家构架下的国家精神 [J].哲学研究（7）：30-36.

翟学伟，2011.中国人的脸面观形式主义的心理动因与社会表征 [M].北京：北京大学出版社.

翟学伟，2021.中国人的人情与面子框架、概念与关联 [J].浙江学刊（5）：53-64.

曾国藩，2016.曾国藩家书 [M].北京：中华书局.

附录 A　新时代中国精神的媒介叙事
——以《人民日报》（2017—2019）的报道为例①

　　《人民日报》作为中国发行量最大的综合性日报和最具权威性的宣传思想平台，其对中国精神的宣传报道，清晰地展现了新时代中国精神的发展轨迹和时代特征。本书以党的十九大召开至 2019 年年底这一时段《人民日报》对中国精神的宣传报道为考察对象，分析新时代条件下中国精神的变与不变。总体而言，2017—2019 年，《人民日报》对中国精神的宣传报道可以用"高频"和"重磅"来概括。

　　从报道频次来看，对《人民日报》图文数据库检索可以发现，以"中国精神"为标题词的相关报道有 78 篇，以中国精神所包含的"民族精神"和"时代精神"为标题词的相关报道分别有 61 篇和 153 篇。由于中国精神涉及内容广泛，严格以"中国精神""民族精神""时代精神"为标题词的检索并不能完全反映真实的报道情况，于是以更为宽泛的"精神"为标题词进行检索，共有 1 500 篇相关报道。本文将以"精神"为标题词的 1 500 篇报道及相关主题文章作为研究样本，分析新时代条件下《人民日报》精神叙事逻辑。

　　从报道力度来看，《人民日报》对中国精神的报道多见于理论版、评论版和要闻等版面中，文章形式以深度理论分析、专题评论或鲜活人物案例呈现为主，报道的力度大、范围广、着力准、触点深，深刻地展现了新时代的爱国奋斗精神，使中国精神媒介叙事既有理论深度又有实践广度，完整地呈现了中国精神的新时代样态，明确了当前今后中国精神的培育方略。

一、聚焦历史性变革的精神升华

　　中国特色社会主义进入新时代，如何清晰完整地展现新时代成就与变革的时代气息和精神特质，是当前《人民日报》宣传报道的主要聚焦点。党的

---

　　①　本文原载于《山西师大学报（社会科学版）》2020 年 6 期。

十九大精神集中展现了新时代党和国家发生的根本性、深层次的变革，这成为《人民日报》宣传报道中国精神的主要着力点。在以《人民日报》为代表的主流媒体的推动下，贯彻落实党的十九大精神成为时代最强音。截至 2019 年 12 月底，《人民日报》刊发以"党的十九大精神"为题的文章就有 341 篇，这些文章清晰地展现了《人民日报》讲述新时代中国精神的特点与风格。

（一）全景式展现新时代的精神风貌

为清晰完整地展现新时代的精神风貌，《人民日报》主要采用了理论阐释、高端访谈、基层深度关注、海外传播、优秀文艺作品推介、图片报道、党员论坛、观察员评论、先进事例报道等多样化的报道形式，开拓了媒介叙事的理论视野、实践视野和国际视野，全景式地展现党的十九大以来的新气象。

党的十九大召开后，《人民日报》以"认真学习宣传贯彻党的十九大精神"为主题，连续刊发 125 篇专题文章，其中既有深度分析新时代中国特色社会主义实践的理论文章，也有通俗易懂、生动活泼的故事讲述。例如，作为党的十九大精神的权威解读，《人民日报》连续刊发 10 篇专题评论员文章，围绕中国特色社会主义生命力、新时代、新历史使命、新思想、新征程、总体布局、强军之路、人类贡献、党的建设、民族伟大复兴十个主题，系统地解答了新时代中国特色社会主义的旗帜、道路、任务和精神状态等重大时代问题，彰显了新时代中国精神的新的精神要素和精神轮廓。

除了对党的十九大精神的权威解读，《人民日报》也以通俗易懂、生动活泼的故事讲述来展现新时代的精神风貌。在"认真学习宣传贯彻党的十九大精神"的 125 篇主题报道中，有 78 篇就是以接地气的基层故事讲述形式，鲜活生动地呈现了新时代中国基层爱国奋斗的精神风貌，例如《潮起东方万象新》《虾稻田里说丰年》《大陈岛上话小康》《甩掉穷帽子 拓展新路子》《"复兴号"上讲复兴》《不负时代 不负青春》《车间"摆一摆"共话新时代》等，生动体现了新时代的精神具象。

此外，党的十九大以来，《人民日报》对"讲好中国故事，传播好中国声音"进行了大规模报道，尤其是对"对外宣介团"和"中共代表团"的海外宣介活动进行了跟踪报道，详细记述了中国方案、中国理念、中国精神在世界 80 个国家和地区的影响和传播，彰显了新时代中国特色社会主义的世界意义。

（二）全方位解读新时代的精神升华

在新时代历史性变革的背景下，《人民日报》也致力于从理论层面上概括新时代中国特色社会主义的历史新飞跃和精神新境界，这主要呈现为五个方面。

一是新时代的历史新定位。对此，《人民日报》使用了"历史方位的重大政治判断""新的历史起点""划时代的里程碑意义"等表述，强烈地表达了"新时代"对于当前中国改革发展的重大意义，明晰了当前和今后中国特色社会主义精神文明建设的历史方位，赋予了中国精神以新的时代内涵。

二是理论新建构。围绕着习近平新时代中国特色社会主义思想的提出，《人民日报》以"划时代的重大理论创新""马克思主义中国化的又一次历史性飞跃""党的十九大报告的灵魂""理论新建树"等表述，阐述了在当前广泛而深刻的社会变革和实践创新背景下新的重大思想理论的产生。

三是发展新目标。《人民日报》以"中华民族的最高利益和根本利益""实现中华民族伟大复兴中国梦的路线图""夺取新时代中国特色社会主义伟大胜利的行动纲领"等表述，深远地指出了新时代中国特色社会主义的宏伟蓝图和战略安排，使实现中华民族伟大复兴成为时代强音，凝聚起磅礴的精神力量。

四是矛盾新变化。在《人民日报》的相关报道中使用了"重大政治论断""关系全局的历史性变化""集中反映出我国社会发展新的阶段性特征""社会主要矛盾理论的与时俱进和重大创新"等表述，深刻指出新时代经济社会发展的内在规律和矛盾变化的客观性，为新时代培育和弘扬中国精神明确了新的现实依据。

五是党建新要求。《人民日报》以"新的伟大工程的顶层设计、战略部署""党对执政规律的认识新高度""'建设什么样的党、怎样建设党'这一重大历史性课题的进一步回答""抓住了党的建设的关键"等表述，深刻指出新时代党的建设伟大工程在实现伟大梦想、推进伟大事业、进行伟大斗争过程中的决定性作用，强调了党的领导是中国特色社会主义最本质的特征和中国特色社会主义制度的最大优势，强化了新时代党的思想引领力和精神凝聚力。

（三）多维度展开新时代的精神叙事

马克思曾指出："不是在每个时代中寻找某种范畴，而是始终站在现实历史的基础上，不是从观念出发来解释实践，而是从物质实践出发来解释各种观念形态。"[①] 党的十九大以来，《人民日报》立足于新时代中国特色社会主义所发生的深层次、根本性的变革，聚焦于贯彻落实党的十九大精神，全方位、多层次、立体化地展现了新时代中国精神的新样态和新境界，从而以媒介叙事的

---

① 中共中央马克思恩格斯列宁斯大林著作编译局. 马克思恩格斯选集：第一卷 [M]. 北京：人民出版社，2012：172.

权威性和广泛性，极大程度上解决了新时代条件下中国精神"何以呈现"和"怎样呈现"的问题。

党的十九大以来，《人民日报》从报道主题、报道形式、受众群体、特色展现、报道实效等维度，呈现出新时代媒介叙事的特点。具体而言，在报道主题方面，《人民日报》确立贯彻落实党的十九大精神这一鲜明主题；在报道形式上注重将讲理论与讲故事相结合、深度调研与生动讲述相结合、国内宣讲与国外宣介相结合、宏观建构与微观展现相结合、立足当下和展望未来相结合等，采用多样化的宣传报道形式；在受众群体上，不仅涵盖国内各领域、行业和阶层，也包括世界各国主要政党、政治组织、智库、媒体和民众，既致力于以人民群众喜闻乐见的形式讲述新时代精神，也致力于打造融通中外的新概念、新范畴、新表述，讲好中国故事；在特色展现上，突出了新时代中国精神的民族特色、时代特色、实践特色和理论特色；在报道实效上，针对不同群体，采取了精准化、分众式的宣传报道方式，例如推出展现不同年龄阶段（青少年、中年、老年）精神风貌的报道，刊发不同民族、不同地区、不同行业爱国奋斗的专题报道等，体现了宣传报道的时、度、效。总体而言，《人民日报》的新时代叙事，集中呈现了新时代中国特色社会主义的历史性变革和新的精神特质，极大地促进了中国精神在新的历史条件下的凝练与升华。

二、展现中华文明的精神文脉

党的十九大以来，《人民日报》不仅聚焦于新时代变革的精神彰显，而且也注重从中华文化传统中传承精神基因，发掘历史精神的时代价值。《人民日报》对传统精神的宣传报道在文题上采用了富有感召力的表达方式，较多的文章标题使用了"让……""以……""……是……"等表达句式，如《让民族精神大厦巍然耸立》，同样，"让……"的表达句式还体现在《人民日报》对"红船精神"、英雄精神、五四精神、长征精神、红军精神、雷锋精神、改革精神、红色基因等的宣传报道中；"以……"的典型表达如《以奋斗精神赢得新胜利》，同样，《人民日报》对首创精神、奉献精神、英雄精神、民族精神、"日新"精神的报道也采用了该句式；"……是……"的典型表达如《伟大民族精神是我们前进的根本力量》。此外，类似的表达句式还有"把……""为……"等，例如《把"红船精神"融入创新发展》《为强起来注入精神力量》。上述的文题表达方式多见于《人民日报》的评论员文章，这种表达以更加富有感染力、号召力和凝聚力的方式，清晰地解答了新时代我们需要什么样的精神和怎样对待我们的传统的问题，有利于增进民众的认同感和归属感，促进新时代历史条件下的精神传承、精神发扬和精神提振。

从对中华文明精神文脉的报道聚焦来看，《人民日报》主要围绕两个方面来展开。一是对五千年中华民族精神的历史总结和阐发；二是对百年来中国共产党精神谱系的建构，尤其是注重从五四精神、"红船精神"、长征精神和改革精神等近代以来中国精神的时代具象中阐述中国精神的历史经验和时代价值，从而明确了新时代培育和弘扬中国精神的历史根基。

（一）讲述中国精神的历史传统和时代价值

围绕着这一主题，《人民日报》既有对具体历史精神和文化典籍的精神发掘与传承，也有对中华民族精神的系统总结与阐发，在新时代的历史方位中完整地呈现了中国精神的深沉性、持久性和民族性。

具体而言，对具体历史精神和文化典籍的精神发掘与传承，主要从四个方面来呈现。一是文化遗产的精神发掘。自党的十九大以来，《人民日报》共刊发以"文化遗产"为主题的文章42篇，与之前的报道相比，在使用"善待""保护""传承"等关键词的同时，《人民日报》更加注重强调文化遗产"活起来""活化利用""绽放新光彩""价值和精神""精神之魂"等新意涵，注重发掘文化遗产中蕴含的民族记忆和特有的精神基因。二是国学典籍的精神发扬。《人民日报》专门就《论语》《孟子》《大学》《中庸》《老子》《礼记》等国学典籍中所蕴含的仁爱精神、人本精神、厚德载物、刚健自强、经世务实、天人合一、和而不同等人文精神进行了阐释，阐明了中国文化精神的特质和中国精神的深厚底蕴。三是历史发展的精神凝练。《人民日报》侧重于从五千年中华文明史中多维度地展开民族精神记忆，主要的精神叙事维度有民族起源、民族英雄传奇、民族创造、民族性格、人伦情感等，凝练出中华文化的精神标识。四是具体传统事物的精神赓续。《人民日报》在注重历史精神宏大叙事的同时也强调见微知著，例如近两年《人民日报》专门就历史中的愚公移山精神、晋商精神、西南联大精神和井冈山精神等进行了阐释，并从工匠精神、创新精神和历史文脉等新的时代话语中找到了传统精神的当代"出场"方式。

2018年3月，习近平总书记在第十三届全国人大第一次会议的讲话中分别从伟人创造精神、伟大奋斗精神、伟大团结精神、伟大梦想精神四个方面深刻阐释了伟大民族精神[1]。这是对中华民族精神的新的提炼和升华，不仅彰显着时代精神的发展要求，而且也是对当代中国精神的新的注解。基于此，《人

---

[1] 习近平. 在第十三届全国人民代表大会第一次会议上的讲话 [M]. 北京：人民出版社，2018：3-5.

民日报》先后在 34 篇文章中专门论及中华民族的创造精神、奋斗精神、团结精神和梦想精神，对民族精神进行了集中阐发和深入解读。从宣传报道的方式来看，这些报道既有对创造精神、奋斗精神、团结精神、梦想精神的具体阐释，也有对中华民族精神的整合性、包容力、向心力和创新力的思想升华和精神凝练；既有对中国精神的深沉性和持久性历史回顾，也有对中国精神的开拓性和创新性的时代前瞻；既有五千年民族团结奋进的宏观精神解读，也有中国人民勤劳勇敢的具体精神写照，从而形象生动地描绘了中华民族共有精神家园的美好图景，激发出新时代条件下中华民族凝心聚力、砥砺前行的精神力量。

（二）聚焦中国共产党百年精神谱系和发展经验

《人民日报》在发掘传统中国精神的时代价值过程中，尤为注重中国共产党和中国人民百年奋进的精神谱系建构和发展经验总结。党的十九大以来，围绕着中国共产党建党以来的百年精神谱系，尤其是新中国成立 70 年来发展的精神轨迹，《人民日报》全面深刻地呈现了中国精神的百年历史逻辑和时代价值。

自 2018 年 10 月以来，《人民日报》开设了"弘扬民族精神、奋斗精神"专栏，先后刊发了 28 篇专题文章，这些专题文章讲述了晚清抗击殖民侵略、实业救国、资产阶级革命等近代救亡图存的爱国主义精神，重点呈现了中国共产党成立以来的无产阶级工人运动、抗日民族团结、社会主义革命等具体历史事件中的民族精神和奋斗精神，尤其是展现了新中国成立以来，在祖国的边疆荒原及平凡的工作岗位上奋战在一线的社会主义建设者的精神风貌，在载人航天、保家卫国、抗击自然灾害等重大历史事件中所体现出来的爱国主义情怀等，全面系统地讲述了中华民族在由追求独立解放向实现繁荣富强的伟大进程中，所表现出的坚韧不拔的民族精神和爱国奋斗的团结精神。此后，自 2019 年 1 月以来，《人民日报》（理论版）开设"中国共产党精神谱系"专题，以中国共产党领导中国人民追求民族独立解放的革命历程为线索，分别对红船精神、井冈山精神、苏区精神、长征精神、延安精神、沂蒙精神、西柏坡精神等进行了系列专题报道，以精神谱系的形式连缀起中国共产党革命奋斗的内在理路，系统地展现了中国共产党的实践轨迹和精神脉络。

2019 年，围绕着新中国成立 70 周年的历史契机，《人民日报》对新中国 70 年铸就的伟大精神和发展动因展开了专题报道。2019 年 4 月，《人民日报》（理论版）以"新中国 70 年铸就的伟大精神"为主题，分 5 期分别对新中国建设历程中的"两路"精神、大庆精神和铁人精神、焦裕禄精神、红旗渠精神、"两弹一星"精神等进行了专题报道，讲述了在经济基础极为薄弱的条件下，中国共产党领导中国人民在社会主义建设过程中表现出的斗志昂扬、忘我工作、勇于创新的精神风貌。2019 年 9 月，《人民日报》发表系列评论员文章，分别围绕着"引领复兴征程的强大力量""'人民至上'汇聚强大合力""探寻适合自己的道路和办法""发展能力展现制度优势""'民主集中'调动一切积极性""'辩证思维'赋能良政善治""'伟大精神'凝聚磅礴力量"7 个专题，深度解读了新中国 70 年发展动因，深刻阐释了新中国 70 年由站起来、富起来到强起来的制度逻辑和精神动因，从而在学理层面上系统回答了"新中国为什么能够走出一条非凡之路"的时代之问。

此外，党的十九大以来，《人民日报》围绕着宣传报道中国共产党的初心和使命、改革开放 40 年、五四运动 100 年、奋斗新时代的历史契机，重点对"红船精神"、改革精神、五四精神和长征精神进行了阐释，从中国共产党和中国人民百年奋进的时代具象中总结中国精神的历史经验和时代价值。围绕着党的十九大报告提出的"不忘初心、牢记使命"的时代要求，《人民日报》对中国共产党为中国人民谋幸福、为中华民族谋复兴的开端，即中国革命的精神之源——"红船精神"，进行了大规模、集中性的宣传报道，分专题阐释了"红船精神"所体现的首创精神、奋斗精神、奉献精神和红色基因，并将"红船精神"与新时代中国共产党的历史使命相结合，以伟大精神推动伟大实践，从而深刻回答了中国共产党"从哪里出发、为什么出发"的时代之问。

2018 年，在纪念改革开放 40 周年的历史节点上，《人民日报》分别就改革开放中的特区精神、"日新"精神，以及敢闯敢试、敢为人先的改革精神进行了专题阐述，并以"新时代改革开放再出发"为专题，先后刊发 12 篇专题文章，系统论述了改革开放精神是当代中国人民最鲜明的精神标识，在新时代条件下需要更加焕发民族的变革和开放精神。2019 年，借助着五四运动 100 年的历史契机，《人民日报》对五四精神的内涵及五四精神与中国道路，尤其是五四精神的新时代价值，进行了集中阐释，强调了五四运动的思想启蒙和精神烛照，在五四精神的历史意义中彰显了中华民族的精神品质和价值追求。围绕着奋斗新时代，2019 年《人民日报》以"我在长征路上"为主题，刊发 26 篇专题文章，从具体的访谈见闻中感悟伟大的长征精神，并以传承和发扬长征精神为契机，突出了中华儿女奋进新时代伟大征程的信心和勇气。

三、注重新时代发展的精神赓续

新时代中国精神的媒介叙事落脚于"怎么办"的问题，即如何以时代精神凝聚和涵养中国精神。对此，可以从《人民日报》的宣传报道中清晰地梳理出当前的基本方略，其主要包括弘扬爱国奋斗的主旋律、塑造新时代的精神风貌、注重中国精神的文艺表达、聚焦落后地区的精神短板和坚守精神文明的底线思维五个方面。

（一）弘扬爱国奋斗的主旋律

党的十九大以来，习近平总书记对新时代的爱国奋斗精神做出了一系列重要指示，强调新时代是奋斗者的时代，要将爱国之情、报国之志融入改革发展的伟大事业当中、融入人民创造历史的伟大奋斗当中。当前，弘扬爱国奋斗精神是新时代中国特色社会主义建设的主旋律，也是新时代《人民日报》宣传报道的高频词汇。2017 年 10 月 18 日至 2019 年 12 月 18 日，《人民日报》以"爱国"为主题的报道文章有 171 篇，以"奋斗"为主题的报道文章有 784 篇，爱国奋斗精神成为时代强音。

为将爱国奋斗精神贯彻落实到具体的行业领域中，2018 年 8 月，《人民日报》全文转发了中共中央组织部、中共中央宣传部《关于在广大知识分子中深入开展"弘扬爱国奋斗精神、建功立业新时代"活动的通知》，并先后以《砥砺家国情怀 激发使命担当》《政治引领聚人心》《立足岗位书写报国之志》三论为题，系统阐释了"弘扬爱国奋斗精神、建功立业新时代"的时代内涵和意义。此后，《人民日报》以"弘扬爱国奋斗精神、建功立业新时代"为专题，刊发报道文章 36 篇，全面报道了新时代我国信息科学技术、航天科技、水利工程、农牧业科学、医疗卫生、地理科学、教育教学等领域的科学工作者在原始创造能力提升、对口支援及脱贫攻坚等方面所展现的家国情怀和奋斗精神，集中展现了广大知识分子弘扬爱国奋斗精神、建功立业新时代的决心。

新时代的爱国奋斗精神不仅要体现在科学工作中，而且要体现在社会主义改革发展的各个行业、领域和战线中。例如，在教育领域中，2018 年 9 月，《人民日报》就新时代"如何培养社会主义建设者和接班人"的问题，连续刊发 6 篇专题文章，其中 2 篇文章专题讨论了青少年教育中的爱国主义情怀和奋斗精神，强调爱国奋斗精神是教育工作和青少年成长中的关键要素。总体而言，站在新时代的历史起点上，"把党的十九大报告所描绘的美好蓝图变为现实，是一场新的长征，需要我们更好弘扬爱国奋斗精神，让奋斗成为新时代中国特色社会主义建设的主旋律"①。

（二）塑造新时代的精神风貌

新时代培育和弘扬中国精神，一个迫切需要回答的问题就是"应当具有

---

① 本报评论员. 砥砺家国情怀 激发使命担当［N］. 人民日报，2018-08-01（002）.

什么样的精神风貌和精神状态"。围绕着这一问题,《人民日报》主要从精神形象的建构、精神品质的塑造和社会精神风尚的营造三个方面,提出新时代涵养中国精神的社会方略。

在新时代精神形象的建构方面,《人民日报》通过事例报道、榜样宣传、理论阐释、专题评论等方式,重点对中国共产党人的精神、科学家精神、企业家精神等进行了阐发,彰显了新时代中国共产党人勇于自我革命、不断奋进、坚定理想信念、对党忠诚、严守纪律的精神形象,弘扬了以黄大年、南仁东、钟扬、李保国等为代表的新时代科学家胸怀祖国、严谨治学、勇攀高峰、团结协作的精神形象,宣传了新时代企业家们创业创新、爱国敬业、拼搏进取、勇担社会责任、敢为天下先的精神形象。

在新时代精神品质塑造方面,党的十九大召开后的两年时间里,《人民日报》专题阐述的新时代精神品质就有忧乐精神、担当精神、团结精神、原创精神、工匠精神、"砖头精神"、坚韧执着精神、勇于创新精神、甘于奉献精神、追求真理精神等,回答了新时代应当具备什么样的精神品质的问题,《人民日报》所刻画的这些精神品质集中呈现了中国精神的时代图景。在全景式地展现新时代精神品质的同时,《人民日报》还将这些精神品质动态性地寓于人的精神成长之中,从而将新时代的精神品质与个体精神家园的建构有机结合,促进了中国精神的微观建构。

在社会精神风尚的营造方面,《人民日报》就"如何提升我们的社会文明"的问题,先后刊发了6篇系列文章,分别从精神文明构建、法制意识涵养、规则意识培育、社会公德守护、公共意识提升、社会文明管理六个方面,系统提出新时代社会精神文明建设的基本思路。围绕着党的十九大精神的贯彻落实经验和新时代道德实践的榜样发挥,《人民日报》着重讲述了党的十九大精神基层宣讲的内容、方法和特点,强调了以道德模范的榜样作用引领亿万群众生动实践,为新时代改革发展提供源源不断的精神动力和道德滋养。此外,《人民日报》还以发扬体育精神为契机,凝聚全社会的爱国主义、集体主义、团结协作和开拓创新的精神气。

(三)注重中国精神的文艺表达

文以载道,文以传世,文艺是一种特殊的精神生产,精神是文艺的灵魂。习近平总书记在文艺工作座谈会上明确阐释了文艺和中国精神之间的内在关联,强调"举精神之旗、立精神支柱、建精神家园,都离不开文艺……中国精神是社会主义文艺的灵魂"①。正是基于此，如何以当前的文艺工作进一步培育和弘扬中国精神，是党的十九大以来《人民日报》宣传报道中国精神的一个主要致思方向。概括而言，《人民日报》主要从文艺创造、文化产业、文化事业和艺术美育四个方面，阐述了新时代中国精神的文艺表达方略。

从新时代的文艺创作方面来看，《人民日报》主要突出了文艺作品中的爱国主义情怀的表达，强调优秀文艺作品的深刻性来自对历史和现实的深刻把握，来自对爱国主义精神的深度挖掘，文艺创作要把握时代脉搏，牢记以人民为中心，坚持崇德尚艺。同时，围绕着美术创作，2018 年《人民日报》以"图画中国·主题性美术创作的当代性"为主题先后刊发了 9 篇专题文章，分别从民族自强精神的视觉表征、创造共融互生的意义空间、正确运用个体之能与集体之力、以史诗建构精神高度、弘扬抒情传统、把握历史画的牵引力、升华"主题性"的人文意义、乡土叙事的"生态转向"、民族精神塑造与视觉史诗书写等方面，全面深刻地回答了新时代的美术创作应当如何表达民族精神和时代精神的问题。

从文化产业发展方面来看，《人民日报》突出了以人民为中心的文化产业发展导向，强调文化产业要立足于中国现实，弘扬社会主义核心价值观，讲好中国故事，尤其是要打造民族的文化产业品牌，"为品牌注入中华文化独特的精神品质、价值符号和人文价值观，培育出有特色、有价值、有底蕴的中国文化品牌"②。

从新时代的文化事业建构方面来看，《人民日报》的相关报道突出了当前文化事业的社会效益和重心下移的问题。强调当前文化体制改革不能"唯市场论"，要将社会效益摆在首位，同时也要注重文化事业的"重心下移、共建共享"，推进基本公共文化服务标准化均等化，尤其是要大力促进优质公共文化资源和服务向边远贫困落后地区延伸。

此外，《人民日报》还从艺术美育方面，强调美的历程深刻内在于人类精神历程，教育在追求人的理智、意志和情感等精神活动的统一过程中，应当倡导审美和艺术的功用，经由美育抵达精神高地。

（四）聚焦落后地区的精神短板

2020 年实现贫困人口全部脱贫，是全面建成小康社会的底线任务和标志性指标。坚决打赢脱贫攻坚战，确保全面建成小康社会，成为新时代我国改革

---

① 习近平. 在文艺工作座谈会上的讲话 [M]. 北京：人民出版社，2015：6-21.
② 臧花. 为人民提供丰富的精神食粮 [N]. 人民日报，2017-11-27（07）.

发展的时代宣言书。扶贫先扶志，治贫先治愚。正如习近平总书记指出的：
"脱贫困首要并不是摆脱物质的贫困，而是摆脱意识和思路的贫困。扶贫必扶
智，治贫先治愚。贫穷并不可怕，怕的是智力不足、头脑空空，怕的是知识匮
乏、精神委顿。"① 正是基于此，《人民日报》聚焦于当前深度贫困地区的精神
贫困和内生动力不足的问题，主要从新时代农民精神风貌提升和补齐贫困地区
精准脱贫的"精神短板"两个方面，将改革创新的时代精神和爱国主义的民
族精神贯彻落实到农村基层，极大地激发了贫困地区人民群众脱贫攻坚的信心
和勇气。

2018 年 1 月和 9 月，《人民日报》分别全文转发了《中共中央国务院关于
实施乡村振兴战略的意见》和《乡村振兴战略规划（2018—2022 年）》，围
绕着乡村振兴战略任务中的农村思想道德建设、农村优秀传统文化传承发展、
农村公共文化建设和移风易俗行动等方面，《人民日报》集中阐释了新时代加
强农村精神文明建设和提升农民精神风貌的基本方略。

同时，随着我国脱贫攻坚工作的不断深入，《人民日报》聚焦于深度贫困
地区的精神贫困和内生动力不足的问题，致力于将扶贫与扶志、扶智有机结
合。2018 年，《人民日报》以"补齐精神短板 助力精准扶贫"为主题，先后
刊发 6 篇系列主题文章，分别介绍了贵州、陕西、四川、广西、湖南、云南等
地通过开办新时代农民讲习所、培育新民风、开办夜校、精神扶贫、对症扶
志、山歌鼓劲等方式，补齐贫困地区精准脱贫的"精神短板"的新思路和新
举措。此外，《人民日报》也以扶志和扶智为主题，强调扶贫要同扶智、扶志
结合起来，补精神之钙，添脱贫动力，从而内外形成合力，增强贫困群众自我
发展能力。

（五）坚守精神文明的底线思维

新时代培育和弘扬中国精神，不仅要有宏阔的战略思维和整体的系统思
维，而且也要具备坚守社会主义精神文明的底线思维，防范化解意识形态领域
的风险和挑战。《人民日报》对中国精神的阐发坚持了辩证思维，不仅从正面
宣传报道了新时代的民族精神与时代精神，而且也着眼于当前社会主义精神文
明建设中的种种风险和挑战，对文化泛娱乐化、网络环境问题、精神懈怠、极
端主义意识形态等进行了深刻剖析和批判，强调以发扬新时代的斗争精神来化
解各种风险挑战。

针对文化泛娱乐化的问题，2017 年《人民日报》撰文强调要警惕文化泛

---

① 中共中央党史和文献研究院. 习近平扶贫论述摘编 [M]. 北京：中央文献出版社，2018：137.

娱乐化侵蚀精神家园，指出娱乐至上的文化泛娱乐化，冲击了"我们是谁"的主体身份认同，冲淡了"我们从哪里来"的民族历史记忆，消解了"我们到哪里去"的价值引领，因此，必须要增强文化自觉，共同守护我们的精神家园。针对当前的网络环境问题，《人民日报》撰文指出互联网催生的新媒介和新业态塑造了新的文化和产业，深刻影响着人们的思想、行为和生活方式，而互联网的使用主体及产出内容纷繁芜杂、良莠不齐，因此当前互联网的建设要以满足人民对于优质精神文化产品和良好舆论、信息生态的需求为立足点，科学有序管理，形成风清气朗的网络环境。

针对社会建设中的精神懈怠问题，《人民日报》在2018年4月22日刊发3篇专栏文章，指出当前精神懈怠的主要表现为理想信念不坚定、享乐主义伤意志、明哲保身怕担当三个方面，对此，在思想上要以马克思主义改造世界观、人生观、价值观，以习近平新时代中国特色社会主义思想武装头脑，以中国精神激励斗志，以中华优秀传统文化净化心灵、涵养情操，在机制上要抓好党性教育，形成监督合力，完善考核机制。

此外，针对边疆民族地区的极端主义意识形态问题，《人民日报》强调去极端化，要以社会主义核心价值观增强抵御渗透能力，以国家通用语言文字架起精神文化桥梁，学习国家法律法规，学习职业技能，提倡移风易俗，建设健康和谐的社会氛围。

当前我国处于发展关键期、改革攻坚期，我国在经历历史性变革的同时也需要应对众多的矛盾和挑战，"进行具有许多新的历史特点的伟大斗争"①。正是基于此，《人民日报》重点阐释和报道了新时代的伟大斗争精神，并对新时代进行伟大斗争的方向、原则、立场、方法等进行了深刻阐释，从而为新时代条件下防范和化解社会主义精神文明建设的风险和挑战明确了思路和方法，进一步明确了培育和弘扬中国精神的底线思维和忧患意识。

---

① 习近平. 习近平谈治国理政：第二卷 [M]. 北京：外文出版社，2017：415.

附录 B 唯物史观视域下的精神生活共同富裕[①]

    2021 年 8 月，习近平总书记在中央财经委员会第十次会议上的讲话中首次提出"精神生活共同富裕"的新论断，并将精神生活共同富裕与物质生活共同富裕一道作为共同富裕的基本内涵，作为社会主义本质要求的体现和中国式现代化的重要特征。促进人民精神生活富裕不仅是我国迈向第二个百年奋斗目标新征程的关键实践命题，而且也是习近平新时代中国特色社会主义思想中的重要理论命题，是辩证唯物主义和历史唯物主义世界观和方法论的生动体现。对于精神生活共同富裕，可以从不同视角做出解读，但唯物史观作为"我们共产党人认识把握历史的根本方法"[②]，无疑是理解精神生活共同富裕这一时代命题最为根本的视角和方法。事实上，精神生活共同富裕是对马克思唯物史观的典型时代注解，创新和发展了马克思、恩格斯关于精神生活、物质实践及人的全面发展等唯物史观核心命题。同时，基于唯物史观的理论视角，也能够从根本上把握精神生活共同富裕的本质特征和方法论意义。

一、精神生活共同富裕本质上回应着人的精神需要

    从本质而言，精神生活共同富裕深刻体现着人的精神特质、精神需要及精神追求。在创立唯物史观之初，马克思、恩格斯就分析指出，人是区别于动物自然本能性的需要，具有超越于物欲需要的品质，能够通过自觉性的精神活动和交往，展现人的自我意识和精神意志。即"动物和它的生命活动是直接同一的。动物不把自己同自己的生命活动区别开来，它就是这种生命活动，人则

---

    ① 本文原载于《社会主义核心价值观研究》2022 年 3 期。

    ② 习近平. 在党史学习教育动员大会上的讲话［M］. 北京：人民出版社，2021：24.

使自己的生命活动本身变成自己的意志和意识的对象，他的生命活动是有意识的”①。进而言之，精神活动和精神追求展现出了人的存在的本体论意义，如果缺少了复杂而精妙的精神活动，人的存在也终将沦为"动物的机能"②。

人的精神需要并非一个不变的"常数"，而是具有多样化、开放性，以及具有自我超越性的需要体系。较低层次的精神需求"囿于粗陋的实际需要的感觉"③，是人的物欲需要的附属品。正如对一个忍饥挨饿的人来说，一顿饱餐所带来的满足感是其心理需要的直接体现，但人的精神需要并不止步于此，当本能性的、物欲的心理需要得到满足后，又会形成较高层次的精神需要。在这一阶段，人"以全部感觉在对象世界中肯定自己"④，将自我存在的需要转化为在实践过程中在对象世界中自我肯定和自我发展的需要。较高层次的精神需要超越了人的物质层面的直接需要以及由此带来的心理满足感，开始将自己的生命活动展现为自我的意志和意识对象。人的精神需要和精神活动，使人成为"一个有激情的存在物。激情、热情是人强烈追求自己的对象的本质力量"⑤。为了获得更高层次的自我肯定和自我满足，人的生命历程中展现出了信心、勇气、激情、信仰等精神追求和价值导向，它或是人的激情、热情的感性展现，抑或是更深层次的理念、知识、价值的理性沉淀，其中人的精神信仰成为人的生命历程中一以贯之的、具有稳态性的价值追求。可以看出，人的较高层次精神需要的形成，使人的主体性的精神存在开始处于种种价值追求的张力之中，人在精神层面上开始展现出自我认识、自我发展和自我超越的生命形式。

正是主体性精神存在与超越性价值追求的内在张力，使得人的精神生活呈现出三重样态，即人的"心理生活—文化生活—信仰生活"。其中，心理生活是人的精神生活的直观体验，既是个体层面精神生活的直观反映，也是特定时空阈限下人们共同的精神群像；文化生活是精神生活的内容承载，既表现为精

---

① 中共中央马克思恩格斯列宁斯大林著作编译局. 马克思恩格斯全集：第四十二卷 [M]. 北京：人民出版社，1979：96.

② 中共中央马克思恩格斯列宁斯大林著作编译局. 马克思恩格斯全集：第四十二卷 [M]. 北京：人民出版社，1979：94.

③ 中共中央马克思恩格斯列宁斯大林著作编译局. 马克思恩格斯全集：第四十二卷 [M]. 北京：人民出版社，1979：126.

④ 中共中央马克思恩格斯列宁斯大林著作编译局. 马克思恩格斯全集：第四十二卷 [M]. 北京：人民出版社，1979：125.

⑤ 中共中央马克思恩格斯列宁斯大林著作编译局. 马克思恩格斯全集：第四十二卷 [M]. 北京：人民出版社，1979：169.

神生活的内容积聚，也表现为社会生产生活中的以文化人，二者有机统一；信仰生活表征着精神生活的意义探求，是通过心理生活和文化生活找寻心灵寄托和价值归属的过程。"心理生活—文化生活—信仰生活"既在纵向层面揭示了精神生活的生成逻辑，也在横向层面揭示了精神生活的基本样态。但是，作为社会意识的典型表现，精神生活并不仅仅表现为积极和进步的一面，也存在着消极和落后的一面。例如，现实生活中存在的"饭圈""躺平""泛娱乐化""拜物主义""消费主义""虚无主义"等现象，就说明当前精神生活和物质生活的不平衡性矛盾，以及精神生活发展的不充分性，也反映出提升人们精神生活品质的必要性和紧迫性。

可以看出，精神生活既关乎个体精神品质，也关乎社会和国家整体性精神面貌；既关涉当下人民的美好生活，也指向未来，有着明确价值朝向；既有着积极进步的一面，也有着消极落后的一面。因此，如何实现精神生活在微观与宏观、当下与未来的有机统一，以及如何培育和弘扬积极进步的精神生活，着力解决精神生活发展不平衡不充分的问题，是当前建构美好精神生活的关键。由此，实现精神生活共同富裕便是满足人的精神生活需要的关键命题。所谓精神生活共同富裕，有学者指出是"人民在精神生活领域对美好社会的理想信念、向上向善的价值理念、积极健康的道德观念和优秀传统文化的广泛认同并用以指导自身行为的精神状态"①。也有学者基于精神生活的意义追寻和信仰之跃，认为精神生活共同富裕呈现出三重样态，即"自尊自信、理性平和、积极向上的心理生活，和谐多样、优雅文明、开放包容的文化生活，意义充盈、凝魂聚气、崇高笃行的信仰生活"②。从人的精神需要到精神生活，再到精神生活共同富裕，精神生活的"共同"和"富裕"，凸显了积极进步的精神生活形态对于提升人的精神生活品质的独特意义。

总体来看，精神生活共同富裕中的"共同"，就突出了精神富裕的"全体人民性"。这里有两个方面值得注意，一方面，精神生活共同富裕指涉着全体人民的精神需要，而非单个人或某一群体的精神需要，因此促进精神生活共同富裕也必须突出全局性的视野，统筹协调新的历史阶段下的物质生活共同富裕和精神生活共同富裕，着眼于实现中华民族伟大复兴、促进人的全面发展总体性目标，明确促进精神生活共同富裕的顶层设计。另一方面，精神生活共同富裕的全体人民性，并非"整齐划一的平均主义"，事实上当前人们精神生活既

---

① 辛世俊，王丹. 试论人民精神生活共同富裕的内涵与实践路径 [J]. 社会主义核心价值观研究，2021，7（6）：5-14.

② 柏路. 精神生活共同富裕的时代意涵与价值遵循 [J]. 马克思主义研究，2022（2）：64.

有着多样化、多层次、多方面的特点，也存在着发展不平衡不充分的问题，这既意味着人们对精神生活有着更高品质和更好服务的需求，也意味着促进精神生活共同富裕过程中要突出精准化、特色化、差异性和创新性的特点。从动态的视角来看，精神生活共同富裕体现着共同富裕的循序渐进原则，习近平总书记在谈及共同富裕时，专门强调了实现共同富裕的"长期性、艰巨性、复杂性"，强调必须"脚踏实地、久久为功"①。精神生活共同富裕表达了新时代美好生活的精神维度，但精神生活的主观性、复杂性和多样性，使得精神生活共同富裕不可能一蹴而就，不同群体、不同地域实现精神生活共同富裕的时间和程度也会存在差异，需要循序渐进。

精神生活共同富裕作为人的较高层次精神追求的生动展现，其"富裕"至少包含着两个方面：一是人们享有精神文化资源的富裕程度，即社会精神资源的总供给和全体人民的享有程度；二是全体人民新的精神需求是否得到满足，精神境界是否提高。这两个方面在逻辑上是相通的，即社会精神资源的供给是要满足全体人民新的更高的精神需求，以共同富裕为导向全面提升人民群众精神生活的质量。由此而言，精神生活共同富裕是有着明确问题指向的，即聚焦于富有时代特点的国民性，既致力于培育和弘扬诚信、爱国、敬业、包容、友善等积极的精神体验，也注重强化价值引领，促进舆论引导，澄清模糊认识，致力于化解诸如拜金主义、道德冷漠、浮躁情绪等消极社会心态，从而"丰富人们精神世界、增强人民精神力量、满足人民精神需求"②。同时，精神生活视角下的"富裕"，不是"躺赢""内卷"，而是着力于激发人民勤劳创新致富的内生动力，通过构建合理的制度环境和文化氛围，使人们树立"幸福生活都是奋斗出来的，共同富裕要靠勤劳智慧来创造"③的精神信念。

二、精神生活共同富裕体现着鲜明的新时代实践特征

作为观念上层建筑的典型表现，要从根本上把握精神生活共同富裕，就必须坚持唯物史观的基本方法论，即从物质实践出发透析繁芜丛杂精神生活景观。正如马克思指出的，"不是在每个时代中寻找某种范畴，而是始终站在现实历史的基础上，不是从观念出发来解释实践，而是从物质实践出发来解释观

---

① 习近平. 习近平谈治国理政：第四卷 [M]. 北京：外文出版社，2022：143，147.
② 习近平. 习近平谈治国理政：第一卷 [M]. 北京：外文出版社，2014：154.
③ 习近平. 习近平谈治国理政：第四卷 [M]. 北京：外文出版社，2022：142.

念的形成"①。事实上，人的精神生活并非孤立和抽象的，而是根源于现实历史基础上的物质实践，是人的物质生活和物质交往的产物。透过繁芜丛杂的精神生活景观，其掩盖着的"事实"即是人们的物质生产与生活实践。马克思、恩格斯在阐述唯物史观基本原理时，着重强调人的精神和意识一开始便受到物质"纠缠"，从最开始的"直接可感知环境"的狭隘意识，到基于分工的物质劳动和精神劳动的分离，能够看出人的精神生活并非虚幻和纯粹的，而是具有明确的实践范畴和现实指向性，而且精神生活的变化也是随着实践基础的变化而变化的，即"是随着人们的生活条件、人们的社会关系和人们的社会存在的改变而改变的"②。

精神生活从现实实践中产生和发展，形成了一种与物质生活相对应的崭新生活形式，由此而获得"相对独立的外观"，并构建出日渐复杂的结构体系和发展逻辑，展现出精神生活的特殊规律性。但需要指出的是，精神生活的相对独立性与物质生产生活对精神生活的决定性并不冲突。唯物史观认为，物质生产生活对精神生活并非"直接决定"，而是在"归根到底"意义上发挥作用，在精神生活获得相对独立性的外观后，物质生产生活是从根本上、间接性地"决定着现有思想材料的改变和进一步发展的方式"③，而"思想材料"本身也会体现为自发意义上的"思想、观念、意识的生产"④，进而形成自觉意义上的政治、法律、艺术、哲学、宗教、道德等"更高地悬浮于空中的意识形态的领域"⑤。随着社会经济的不断发展进步，在人的精神生活体系中自觉意义上的意识形态形式在社会发展中发挥的作用愈益重要，成为精神生活的核心内容。

正如精神生活始终无法脱离物质的"纠缠"，精神生活共同富裕也是无法脱离物质共同富裕而单独立论的。事实上，精神生活共同富裕和物质生活共同富裕是理解社会主义本质和中国式现代化的双重视角。中国的改革开放和现代

---

① 中共中央马克思恩格斯列宁斯大林著作编译局. 马克思恩格斯全集：第三卷 [M]. 北京：人民出版社，1960：43.

② 中共中央马克思恩格斯列宁斯大林著作编译局. 马克思恩格斯全集：第四卷 [M]. 北京：人民出版社，1960：488.

③ 中共中央马克思恩格斯列宁斯大林著作编译局. 马克思恩格斯文集：第十卷 [M]. 北京：人民出版社，2009：600.

④ 中共中央马克思恩格斯列宁斯大林著作编译局. 马克思恩格斯全集：第三卷 [M]. 北京：人民出版社，1960：29.

⑤ 中共中央马克思恩格斯列宁斯大林著作编译局. 马克思恩格斯文集：第十卷 [M]. 北京：人民出版社，2009：598.

化转型是一个系统而复杂的过程，其中不仅包括了经济、政治及社会层面上的显性、制度化的革新，而且也包括了文化、观念、精神等隐性的、价值性的嬗变。众所周知，中国的改革开放和现代化发展创造了举世瞩目的伟大成就，在这一过程中，"共同富裕"就成为社会主义本质的高度概括和社会主义制度优越性的集中显现，其中物质生活共同富裕就体现着中国特色社会主义的实践指向、物质成就和分配正义。以此为基础，"精神生产随着物质生产的改造而改造"①，物质实践的快速发展在深刻改变着社会心理和精神体验的同时，也凸显出精神文明建设的重要性和紧迫性，因此促进物质文明和精神文明"相辅相成、协调发展"②成为推进改革开放和现代化建设的关键举措。能够看出，物质文明和精神文明的协调发展，彰显了共同富裕的社会主义本质要求，即社会主义不是物质贫乏，也非精神空虚，而是物质文明和精神文明的有机统一。

"精神生活共同富裕"这一新论断，是在中国特社会主义制度更加成熟、更加定型的实践背景下提出的。相较于物质生活共同富裕，精神生活共同富裕则更加侧重于新时代的精神风貌和文化样态的呈现，在精神和价值层面实现了对共同富裕的补缺和升华，并从社会物质生产生活的实践表象深入到人的精神存在这一哲学内核，从而从物质实践和精神文化的辩证视角赋予了共同富裕以完整的意义和价值。中国特色社会主义进入新时代，新的主要矛盾突出了"人民日益增长的美好生活需要"，其中既包括了美好物质生活的需要，也包括了美好精神生活的需要。满足全体人民多样化、多层次、多方面的精神需要，成为扎实推进共同富裕的实践指向。当前，我国打赢脱贫攻坚战，全面建成了小康社会，在实现第一个百年奋斗目标、迈向社会主义现代化强国的新征程上，精神生活共同富裕表征着中国特色社会主义的全面发展、全面进步，也彰显了唯物史观关于物质生活与精神生活辩证统一的中国语境。可以说，精神生活共同富裕是新时代中国特色社会主义建设的精神特质，也是中国式现代化建设的文化特征。精神生活共同富裕体现了明确的实践阶段特征，即在我国完成一个百年奋斗目标，为促进共同富裕打下良好基础的背景下，第二个百年奋斗目标征程是精神生活共同富裕的时空范畴，是这一时期实现人民幸福的文化着力点，是现代化强国建设中的价值映照和精神气质。

新的时代条件下，全体人民有着"新的更高的精神需求"。对此，习近平总书记在中央财经委员会第十次会议的讲话中，做出了"多样化、多层次、

---

① 中共中央马克思恩格斯列宁斯大林著作编译局. 马克思恩格斯文集：第二卷［M］. 北京：人民出版社，2009：51.

② 胡锦涛. 胡锦涛文选：第三卷［M］. 北京：人民出版社，2016：163-164.

多方面"①的新概括。可以说，不断满足人民群众"多样化、多层次、多方面"的精神需求，是唯物史观语境中人的主体性精神存在的时代展现，更是促进精神生活共同富裕的现实诉求。当前信息化、数字化和智能化的快速发展，在极大地促进着我国生产力发展和产业结构升级的同时，也深刻地改变着人民群众的物质生活和精神生活，"多样化"成为人们精神需要的时代标签。例如，人们精神文化需求中"个性化""智能化"和"沉浸式"的特点更加明显，由此催生出对定制式、精准化和菜单式的精神文化服务多样化的需求，也形成了对情景式、沉浸体验式的精神文化形式多样化的需求，更产生了对数字化、智能化的精神文化载体多样化的需求。品质高端、科技赋能、创新加持的多样化精神文化需求，成为促进精神共同富裕所要解决的时代命题。同时，随着改革开放和中国特色社会主义现代化的不断深入，不同群体、不同地域及不同行业的社会成员由于资源禀赋、知识结构和社会阅历的差异，对精神文化的需求也有着较多的不同，"多层次"成为当前人们精神生活需求的另一特点。在种种精神文化需求中，传统与现代、经典与流行、民族与世界、高雅与通俗等不同层次、不同品位的精神文化需要交融并存。与此同时，也存在着低俗媚俗的文化景象，以及一些落后地区的精神贫困问题，城乡之间、区域之间、行业之间、个体之间的精神文化水平仍存在一定差距。精神生活共同富裕强调全体人民精神生活的普遍富足，强调多层次精神需求的普遍满足和社会主义先进文化对精神文化的引领作用，是对人民群众"多层次"精神文化需求的时代回应。此外，新时代条件下人民群众精神生活的"多方面"的特点也更加明显，即展现出人们对社会主义民主、法治、安全、公正、和谐等更高的期待，由此而衍生出的求知需求、审美需求、娱乐需求、道德需求，以及人的幸福感、获得感、安全感、权利、尊严等精神生活新要素更加受到人们的珍视，精神文化需要中的"美好"意蕴更加凸显。由此，促进精神生活共同富裕，是实现全体人民共同期盼的美好生活的关键向度。

三、以人的全面发展为导向促进精神生活共同富裕

立足于新时代，精神生活共同富裕是一个不断满足全体人民"新的更高的精神需求"的实践命题。由此，促进精神生活共同富裕的实践意义及方法论在当下显得尤为重要。在谈及如何促进精神生活共同富裕时，习近平总书记

---

① 习近平. 习近平谈治国理政：第四卷 [M]. 北京：外文出版社，2022：146.

首要强调了"促进共同富裕与促进人的全面发展是高度统一的"①。同样，在党的十九届六中全会报告中也明确指出要"推动人的全面发展、全体人民共同富裕取得更为明显的实质性进展"。人的全面发展作为社会主义理论和实践所追求的根本价值目标，这里"高度统一"和"实质性进展"就充分说明，新时代条件下，作为社会主义本质要求和中国式现代化重要特征的共同富裕，其丰富内涵和多重特性展现出人的全面发展的时代特点，彰显出共同富裕包括精神生活共同富裕的现实性与超越性、阶段性与目标性、实践性与价值性，从而明确了当前促进精神生活共同富裕的价值出发点、落脚点和目标。

从马克思、恩格斯创立唯物史观伊始，人的全面发展就是"新世界观"的价值目标，也成为此后科学社会主义理论和实践所追求的价值目标。从《1844年经济学哲学手稿》中马克思最早提出人要"以一种全面的方式……占有自己的全面的本质"②，之后马克思、恩格斯始终将人的全面发展作为批判旧的资产阶级理论和制度，创立并践行新的社会主义理论和实践的根本价值导向。在这一过程中，通过社会生产力的发展，促进"一切社会成员有富足的生活""体力和智力获得充分的自由的发展和运用"③，即促进共同富裕，是促进人的全面发展应有之义和必由之路。同样，列宁在思考俄国社会主义建设经验时，也深刻指出"只有社会主义才可能广泛推行和真正支配根据科学原则进行的产品的社会生产和分配……使所有的劳动者过最美好、最幸福的生活……而马克思主义的全部困难和它的全部力量也就在于了解这个真理"④。这里的"使所有的劳动者过最美好、最幸福的生活"就是共同富裕，是社会主义条件下促进人的全面发展的现实路径。

中国共产党的百年奋斗史，是为人民谋幸福、为中华民族谋复兴的辉煌史，也是不断将人的发展需要与具体时代特点相结合，促进人的全面发展的实践探索史。尤其是改革开放40多年来我国社会主义现代化建设，为促进共同富裕奠定了良好基础。当前在扎实推进共同富裕的新的历史阶段，满足人民对美好生活的新的期待，促进人民物质生活和精神生活的共同富裕，既是解决新时代社会主要矛盾的关键路径，也是彰显人的全面发展这一社会主义根本价值

---

① 习近平. 习近平谈治国理政 [M]. 北京：外文出版社，2022：146.
② 中共中央马克思恩格斯列宁斯大林著作编译局. 马克思恩格斯文集：第一卷 [M]. 北京：人民出版社，2009：189.
③ 中共中央马克思恩格斯列宁斯大林著作编译局. 马克思恩格斯文集：第九卷 [M]. 北京：人民出版社，2009：299.
④ 中共中央马克思恩格斯列宁斯大林著作编译局. 列宁选集：第三卷 [M]. 北京：人民出版社，1995：546.

目标的时代方法论。唯物史观视野下，人的全面发展是一项历史性、实践性的活动，"是由工业状况、商业状况、农业状况、交往关系的状况促成的"①，精神生活共同富裕作为促进人的全面发展的时代活动，具有明确的实践意向性和价值导向性，由此精神生活共同富裕的现实实践与人的全面发展的价值目标呈现出矛盾运动的逻辑关联。即一方面精神生活共同富裕内在地嵌入当前具体历史发展的进程中，与新时代人的生产生活直接相关；另一方面，在价值层面又超越于具体的时代情境，从人的全面发展的终极意义上考量共同富裕的实践趋向和人的发展旨趣。

首先，精神生活共同富裕与新时代人的生产生活直接相关，其建构路径深刻体现着"物质变精神、精神变物质"②的辩证法。由前文能够看出，促进精神生活共同富裕这一命题，根植于新时代中国特色社会主义的发展实践。但需要注意的是，唯物史观视野下的物质生活和精神生活之间并非"决定—被决定"的单向性关系，而是基于人的实践的"生成—能动"的双向互动关系。因此，马克思、恩格斯对精神生活的考察，并没有简单地拘泥于"物质决定论"，也不是从"思维的怪圈"中探究精神的理据，恰恰相反，马克思、恩格斯正是通过对唯心主义"纯粹理性"和旧唯物主义的"直观"的批判中，揭示了精神生活的"物质事实"，明确了物质生活和精神生活的辩证统一关系。即一方面物质生活在满足人的生存需要的同时，也在人的实践活动中促进着精神的产生和发展；另一方面，精神在满足人的需要的同时，也规约着人的物质需要，并转化为物质创造的精神动因。由此能够看出，促进精神生活的共同富裕的关键在于新时代中国特色社会主义的高质量发展。坚持基本经济制度，推进发展的平衡性、协调性和包容性，构建人人享有的合理分配格局，促进公共服务均等化，以及推进乡村振兴等重大实践举措，是促进精神共同富裕的实践基础。

同时，如何使精神力量转化为物质力量？即精神生活共同富裕如何提升新时代人的生产生活品质的问题。唯物史观给出的答案就是："理论一经掌握群众，也会变成物质力量。理论只要说服人，就能掌握群众；而理论只要彻底，就能说服人。所谓彻底，就是抓住事物的根本。"③从这里可以看出，作为

---

① 中共中央马克思恩格斯列宁斯大林著作编译局. 马克思恩格斯文集：第一卷 ［M］. 北京：人民出版社，2009：527.

② 习近平. 辩证唯物主义是中国共产党人的世界观和方法论 ［J］. 求是，2019 (1)：1-4.

③ 中共中央马克思恩格斯列宁斯大林著作编译局. 马克思恩格斯文集：第一卷 ［M］. 北京：人民出版社，2009：11.

"理论"范畴的精神生活共同富裕应当能动地体现实践的规律性,彰显真理的力量。在此过程中,社会主义核心价值观作为当代中国精神的集中体现,凝结着全体人民的价值追求,尤其是"在决战脱贫攻坚和决胜全面建设小康社会的实践中,在抗击新冠疫情的伟大斗争中,展示了社会主义核心价值观的新成就、新贡献,实现了社会主义核心价值观引领时代发展的新突破"①,因此在促进精神生活共同富裕过程中,增强社会主义核心价值观的引领作用彰显出特别的意义。具体而言,以社会主义核心价值观为引领,以当前人民精神生活领域的短板为着力点,强化爱国主义、集体主义和社会主义的教育引导,大力发展社会主义文化事业,不断完善公共文化服务体系,增强信息网络化条件下的舆论引导等举措,能够有效营造勤劳、智慧、创新、奋斗的精神文化氛围,使精神生活共同富裕和物质生活共同富裕同频共振、相得益彰,从而彰显共同富裕的"人人共建、人人享有"的特点。此外,需要注意的是精神生活共同富裕是共同富裕的核心范畴,是新的历史阶段人们共同期盼的美好生活的重要组成部分,也是促进共同富裕过程中的重点和难点。相较于物质生活共同富裕的显性、制度化,精神生活共同富裕更加隐性、主观化,因此与物质生活共同富裕直接、客观的评价标准不同,精神共同富裕更加侧重于全体人民的获得感和满足感,侧重于国民素养和社会文明程度的提升,侧重于实现中华民族伟大复兴的凝聚力和向心力等,重在发挥积极精神生活的合力作用,构建新时代的社会主义精神文明。

其次,精神生活共同富裕以人的全面发展为导向,展现出明确的价值导向性。"促进精神生活共同富裕"时代命题的提出,既体现了共同富裕的全面性,也体现了人的全面发展的多重需要,还从精神文化的视角回应了当前阶段提升人的存在品性的必要性和方法论。精神生活共同富裕所表征的美好生活需要,不仅包括了更高水平的物质生活需要,而且也涵盖了民主、法治、公正、安全、和谐等新的时代要素,这也意味着精神生活共同富裕在更为宽广的社会空间领域,体现和促进了人的全面发展这一价值目标。同时,精神生活共同富裕倡导勤劳致富、奋斗、创新的价值观,注重普惠公平的条件的创造和人的自我发展能力提升,构建人人奋斗、人人创造、人人享有的良好社会氛围,避免"躺平""内卷",这充分体现了在当前扎实推进共同富裕的新的历史阶段,全体人民应当以什么样的精神状态来实现美好生活。进而,精神生活由自发到自

---

① 吴潜涛. 培育和践行社会主义核心价值观的时代反思 [J]. 北京社会科学,2021(6):15-18.

觉，尤其是不断促进精神生活共同富裕的过程，也是时代精神和民族精神的凝聚和升华的过程，人的情感体验和精神交往不断凝聚升华为时代的文化理念和精神景观，集中展现出一个时代的精神气息，这也充分彰显了人的全面发展的时代精神样态。总体而言，精神生活共同富裕彰显了新的历史阶段下的人的主体性、创造性和文明性，从精神文明的视角体现了共同富裕"以人民为中心"的时代意涵，使人的全面发展成为追求共同富裕的价值出发点和落脚点。

附录 C 精神生活共同富裕刻度、短板及实现路径[①]

精神生活共同富裕是习近平总书记在 2021 年 8 月中央财经委员会第十次会议讲话中提出的新论断。精神生活共同富裕的提出，彰显着共同富裕的完整意义和价值，也深刻体现了中国式现代化的精神文化特质，更表征着迈向社会主义现代化强国新征程中的精神文明风貌。从过程来看，精神生活共同富裕聚焦于满足人民对美好精神生活的需求，着力补齐精神生活的短板；从目的来看，精神生活共同富裕展现了实现共同富裕目标下全体人民积极饱满、昂扬向上的精神状态，与人的全面发展高度统一。由"过程"到"目的"，体现出促进精神生活共同富裕是一个问题导向的实践命题，但区别于物质生活的显性和制度化，精神生活领域更加内隐、主观和弥散，因此促进精神生活共同富裕，就要在问题的认识论和方法论层面取得新的突破，即如何发现精神生活领域的问题以及促进精神生活共同富裕要怎样解决问题？这里首先就涉及精神生活共同富裕的刻度，即精神生活共同富裕在实践操作层面的指标和评价，由此来进一步明确促进精神生活共同富裕存在的主要短板，从而提出实现精神生活共同富裕的实践路径。

一、精神生活共同富裕的刻度

触及精神生活共同富裕的刻度，将面临一个极为关键的问题，即如何看待精神生活的主观性、内隐性和弥散性特点，也正是因为存在这一特性，精神生活共同富裕也很难像物质生活共同富裕那样可以通过客观而标准化的方式直接进行衡量。表面来看，将精神生活共同富裕落实到实践可操作层面似乎困难重重，但这并不意味着精神生活共同富裕是不可捉摸的，精神生活"有刻度、有特征"这已在学界形成共识，而且学者们对如何把握精神生活共同富裕刻

---

① 本文原载于《探索》2022 年 5 期。

度也进行了较多探讨。

（一）已有的理论和实践成果

区别于工具性的客观主义评价标准，传统功利主义和福利主义在评价人的生活水准时，就引入了"主观效用"的评价标准，在这里效用被定义为快乐、幸福、满意、需求满足及主观选择等测量指标。在这一思路下，个体福利被归结成一种心理特征，而物质生活只是实现人的心理成就的方式和手段。可以看出，主观效用论将人的精神体验和文化观念纳入生活水准的评价体系中，深化和拓展了对人的现实生活的理解，但其自身也往往存在着价值排他性、对弱势者价值评估偏差、动机复杂性解释不足、对固化社会差异和人际效用体现不足等问题，因此其并不能作为"主观域"的单极思维存在，而是更多地被视为"客观标准"的主观参照量或补充。

"主观效用"涉及精神生活的质量，围绕这一问题，国内开展了较多的调查研究工作，其中具有代表性的就是华东师范大学童世骏课题组在全国 20 个城市开展的"当代中国人精神生活调查研究"。该研究认为精神生活可以分为三个类型：一是相对于肉体生活的"心理生活"，表征着精神生活是否健康，可以细化为愉悦度、生活烦恼度、自我认知状况等指标；二是相对于经济生活的"文化生活"，表征着精神生活是否丰富，可以被细化为日常文化活动、阅读与媒体接触、教育期望、生活节奏、家庭收入支配等指标；三是相对于日常生活的"心灵生活"，表征着精神生活是否充实，可以被细化为信仰状况和价值观状况[①]。

精神生活共同富裕不仅包括个体精神生活的质量问题，而且也体现着社会精神文化资源的供给和全体人民的享有程度。因此，涉及精神生活共同富裕的指标和评价问题，较多的学者主张采取主客观相结合的办法。例如有学者就认为衡量精神生活共同富裕的指标要以"客观"为主，同时兼顾"主观"。具体而言，对于"精神生活需求状况、精神文化活动状况、精神发展程度、精神状态"等直观性的精神文化景观宜采取客观指标，而对于"精神生活感受"宜根据个体参照标准把握主观差异性[②]。也有学者专门强调了精神生活共同富裕的突出指标和层次结构，指出"安全感、获得感、幸福感"是精神生活共同富裕的关键指标，其中"安全感"属于基础层次，"获得感"属于较高层次，"幸福感"属于最高层次，这三者共同构成精神生活共同富裕的层次

---

① 童世骏. 当代中国人精神生活研究 [M]. 北京：经济科学出版社，2009：133-134.

② 廖小琴. 思想政治教育促进精神生活共同富裕的逻辑理路 [J]. 思想理论教育，2022（6）：25-31.

结构①。这一划分方法依然坚持了精神生活共同富裕的"客观标准"与"主观体验"的统一。例如，在"安全感"层次既有客观性的经济社会稳定发展状况，也有安全感的情绪体验和精神状态；在"获得感"层次主要涉及精神资源的公共供给和公平享有，更加侧重于客观评价标准；在"幸福感"层次强调人民精神需求得到满足后的主观体验，因此评价标准更加主观。

还有一种思路就是考虑到精神文化体验的特殊性，在精神生活共同富裕的刻度中突出了"民众主动参与指标"。将民众享有的精神文化资源和文化发展机会细化为文化获得、文化参与、文化享受、文化发展四个方面的指标，并通过纵向历史性比较和横向差异性比较，来测量社会精神文化资源的供给程度、民众主动参与程度和使用程度②。将"民众主动性"纳入精神生活共同富裕测量指标，就说明仅仅有精神文化资源的供给量和占有量，并不能完全体现精神生活共同富裕，事实上，形式主义的"文化面子工程"或行政强制的文化灌输是适得其反的。因此在精神生活共同富裕的测评中就需要突出民众主动参与性和文化体验性，即精神文化资源要有效转化为民众内在素养。关于这一点有学者也专门强调，"一个人、一个民族，即便面对再多精神遗产、据有再多精神产品，当这些精神内容没有转化为其内在素质时，便始终是外在于他的，不能成为其精神富裕的一部分，不能转化为精神力量"③。

此外，在共同富裕的地方实践中，随着《中共中央 国务院关于支持浙江高质量发展建设共同富裕示范区的意见》的实施，"实现精神富裕"成为共同富裕的浙江实践中的关键指标，并且在实践操作层面上进行了探索。例如，2021年12月浙江德清率先出台了《县域精神富有评价指南》，该指南分别从理想信念（理论学习与宣传、精神与价值观）、道德品行（社会公德、职业道德、家庭美德、个人品德）、文化生活（文化消费、文化设施、文化活动、文化活力）、社会风尚（公民素养、社会文明、文明实践、社会心态）4个维度和14个一级指标，以定量和定性相结合的方式，构建了精神富有的评价指标。该指南虽然是地方性技术规范，但也在一定程度上体现了精神富有的共性指标，能够为促进精神生活共同富裕提供可参考的设计思路和实践经验。

（二）精神生活共同富裕刻度"三个层次、两个维度"

结合已有的理论和实践成果，以及精神生活共同富裕内在特点，笔者认

---

① 项久雨，马亚军.人民精神生活共同富裕的时代内涵、层次结构与实现进路 [J]. 思想理论教育，2022（6）：11-16.

② 傅才武，高为.精神生活共同富裕的基本内涵与指标体系 [J]. 山东大学学报（哲学社会科学版），2022（3）：11-24.

③ 沈壮海.促进人民精神生活共同富裕 [N].光明日报，2022-04-29（11）.

为，精神生活共同富裕的刻度至少需要从"三个层次、两个维度"来构建。所谓"三个层次"，即物质生活层、公共文化层和精神生活层。"两个维度"即精神生活共同富裕的空间维度（纵向差异性）和时间维度（横向发展性），是将"三个层次"置于空间差异性和时间发展性两个纵横坐标之中。

1. "三个层次"：物质生活层、公共文化层和精神生活层

具体而言，精神生活共同富裕的测度必须坚持唯物史观的根本立场和方法论，从物质实践出发来理解繁芜复杂的精神生活景观。正如精神生活无法脱离物质"纠缠"，精神生活共同富裕也无法脱离物质生活共同富裕而单独立论。因此，精神生活共同富裕的测度需要综合考量居民就业和收入水平、人力资本、社会交往、社会保障、卫生健康等要素，从物质生活情境中发掘精神生活的影响因素，尤其是需要从现实生活中把握实现精神生活共同富裕存在的问题和不足。

同时，从社会精神生活领域来看，作为一项公共政策的精神生活共同富裕也具有一定的客观性，这主要涉及社会精神资源的总供给以及全体人民能够相对公平地获得精神文化资源和文化发展机会的程度，具体可以从文化经费、文化设施、文化产业、文化特色活动、文化发展机会等方面来细化。对公共精神文化资源的投入与分配情况的测度，也一定程度上能反映精神生活共同富裕的推进状况和存在的政策短板。总体而言，作为精神生活共同富裕的物质生活刻度和公共文化刻度，由于这两个层面在内容上的客观性和要素量化操作方法的成熟性，因此可以采用客观性的测度方法。

此外，在精神生活层面，由于精神生活的主观性与内隐性，因此精神生活共同富裕的测度也需要把握其主观性，主要采用主客观相结合的方法。这里可以具体划分为精神生活、精神体验、精神信仰三个层次。精神生活主要涉及文化消费、文化活动参与、文化创造等方面；精神体验主要涉及民众安全感、获得感及幸福感；精神信仰主要包括价值观状况和信仰状况。这从测度方法来看，精神生活中的消费度、参与度及创造性相对客观，也易于采用客观性的方法。而由精神体验和精神信仰衍生出的情感、责任、荣誉、认同、尊严、理想、道德等精神生活要素，易于采取主观性测度方法。当然，在部分社会调查研究中也采用"主观客观化"的测量方法，例如21世纪初在国内学界就兴起"幸福指数"调查研究热潮，这使以往"以个人感受为基础的幸福体验"转变为一种"被量化的幸福指标"[1]，但在精神生活领域，客观并不能完全替代主观，观察、比较、描述、归纳等主观性方法对分析精神生活依然发挥着不可替代的作用。

2. "两个维度"：空间差异性和时间发展性

精神生活共同富裕有着强烈的时代特点，需要将"三个层次"置于空间

---

① 周晓虹. 中国体验：全球化、社会转型与中国人社会心态的嬗变 [M]. 北京：社会科学文献出版社，2017：89.

差异性和时间发展性两个纵横维度之中，以实现对精神生活共同富裕全面、动态、立体化的理解。具体而言，在空间意义上，体现精神生活共同富裕的"全面性"，即精神生活共同富裕的"全体人民性"，这就意味着精神生活共同富裕更加突出精神生活的全局性视野，强调全体人民精神需要的满足，而非单个或少数人。当前精神生活共同富裕在空间意义上的差异性主要体现在区域、城乡、群体之间，因此由区域、城乡、群体构成的空间维度可以综合反映民众物质生活、公共文化、精神生活三个层次的差异性。

同时，精神生活共同富裕有着明确的新时代实践特点，着眼于中华民族伟大复兴和促进人的全面发展的长线历史视野，有着明确的价值朝向。因此精神生活共同富裕在纵向时间轴上必须展现出"动态适应性"，即精神生活共同富裕"三个层次"的发展力、创新力和主体性彰显，具体在物质生活层面表现为以可行能力发展为导向的生活水准提高，在公共文化层面表现为文化供给的创新力和适应性，在精神生活层面表现为内生动力激发和主体性彰显（见图 C.1）。

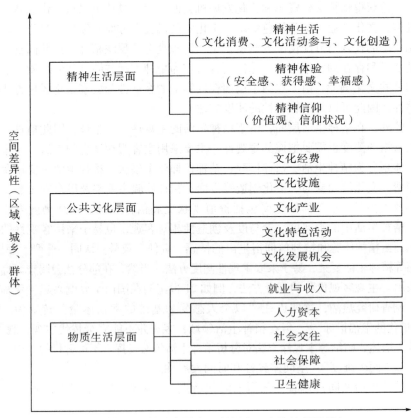

图 C.1　精神生活共同富裕刻度示意图

二、精神生活共同富裕的短板

精神生活共同富裕的刻度能够清晰地标量出实现精神生活共同富裕存在问题的范围及可能性。这就需要从空间的"全面性"和时间的"适应性"两个维度，分别探究实现精神生活共同富裕在物质生活层、公共文化层和精神生活层的现实掣肘。

（一）物质生活的现实掣肘问题

前文讲到，精神生活共同富裕并非"空中楼阁"，而是有着深厚的现实根基，精神生活领域的种种现象和问题，归根到底都能够在物质实践中得到答案，这是唯物史观的根本方法论。正如马克思所言："不是在每个时代中寻找某种范畴，而是始终站在现实历史的基础上，不是从观念出发来解释实践，而是从物质实践出发来解释观念的形成。"① 从空间维度的物质生活来看，发展的不平衡成为制约人民日益增长的美好生活需要实现的主要因素，其具体表现为区域差距、城乡差距及居民收入差距，这种"一条腿长、一条腿短"的失衡问题不仅造成了物质生活的差距，也普遍影响着社会情绪和社会心态，进而成为促进精神生活共同富裕的现实阻障。从时间维度来看，发展的不充分现状与共同富裕下的美好生活目标有着差距，尤其是与共同富裕直接相关的可行能力发展要素存在认识不足和边缘化的问题。

首先，从区域、城乡、居民收入的空间差距来看，在区域方面，有学者对我国东部、中部、西部的共同富裕指数进行了测算，指出各区域平均共同富裕指数分别为 0.612、0.553、0.492，共同富裕指数最高的浙江（0.976）比最低的西藏（0.314）高达 3 倍之多②。同样，2021 年我国居民人均可支配收入排在前三位的上海、北京、浙江与后三位的西藏、贵州、甘肃也是相差 3 倍左右。区域发展差距影响着区域间精神文化资源的差距以及民众整体性思想观念的差异，这也客观上削弱了区域间精神文明整体性共建共享的实现程度。在城乡方面，2021 年我国城镇居民人均可支配收入为 47 412 元，而农村为 18 931 元，二者之间相差 2.5 倍。同时，农村地区在健康服务、社会保障、教育就业机会、养老服务等方面也是远落后于城镇地区。生活水平的落后，使得部分农民思想观念中存在着保守、愚昧、闭塞、迷信的成分，农村地区精神生活也表

---

① 中共中央马克思恩格斯列宁斯大林著作编译局. 马克思恩格斯全集：第三卷 [M]. 北京：人民出版社，1960：43.

② 席恒，王睿，祝毅，等. 共同富裕指数：中国现状与推进路径 [J]. 海南大学学报（人文社会科学版），2022，40（5）：45-57.

现出文化环境差、法治观念淡薄、文化参与度低、文化建设形式单一等问题。在收入差距方面，2021 年我国高收入群体（前 20%）和低收入群体（后 20%）可支配收入比高达 10.30。从反映居民收入差距的基尼系数来看，我国已经超过 0.4 的国际警戒线。我国也存在着居民劳动报酬在国内生产总值中占比较低、财产性收入在居民收入中占比较低、中等收入群体占比较低等分配结构失衡的问题，尤其是新冠疫情对居民收入形成广泛持久的影响。这一系列的收入差距问题，反映在社会心理层面，容易滋生仇富心理、社会怨恨、相对剥夺感、炫富心理等偏激心态，这也反映出深层次的"精神贫困"问题。

其次，基于时间发展性的维度，则更加突出共同富裕的包容性、可持续性的价值目标导向。共同富裕所关涉的物质生活并非全然是物质财富和经济利益，而且也涉及人力资本积累和生活情境，注重"主体性得到充分尊重、创造性得到充分发挥、本质性得到充分展现"①的人的可行能力发展，致力于构建人人参与、人人享有的发展环境。从这重意义来看，精神生活共同富裕也不仅关涉"收入增长"，更体现在可持续性的"能力发展"上。但从目前状况来看，"已实现的生活内容"和共同富裕目标下的"可实现的生活内容"存在着认识不足和发展差距。从"已实现的生活内容"的认识论来看，较多的关注点和工作内容围绕"经济收入"而展开，例如考察人的生活水准的两种主流方法——"直接方法"（从商品占有量分析消费组合是否满足需要）和"收入方法"（财富收入与满足最低需要的收入水平的比较）在社会生活中被广泛应用，但对收入因素以外的"有价值的生活"却存在着认识不足的问题，尤其是与实现共同富裕相关的资源禀赋、环境氛围、社会角色、功能性活动等存在着被"边缘化"的倾向。从物质生活的可行能力发展的视角来看，我国也存在着发展不充分的问题，以教育为例，2018 年我国拥有大专及以上学历的人口仅占 14%，就业人员中高技能人才仅占到 6.2%②。尤其是我国农村地区人力资本的短板效应更为明显，"寒门再难出贵子"的话题引发广泛社会关注。因此基于可行能力的视角，对"生活内容"的认识和发展必须扩到更为宽广深厚的"能力域"，推动共同富裕取得更为实质的进展。

（二）公共文化的效能不足问题

党的十八大以来，我国加大了对公共文化的投入和建设力度，初步建成了覆盖城乡、保基本、促公平的现代公共文化服务体系，但公共文化也客观上受

① 张娜娜. 共同富裕视角下的社会主义分配正义［EB/OL］.（2022-02-25）［2023-04-15］. https：//www.gmw.cn/xueshu/2022-02/25/content_35546274.htm.

② 张车伟. 中国人口与劳动问题报告［M］. 北京：社会科学文献出版社，2020：79.

制于发展的不平衡不充分，表现出空间维度的发展不平衡问题，以及时间维度的发展创新力不足、文化资源的供给与需求错位等问题。

从空间维度来看，主要表现为区域和城乡文化资源的空间不均衡问题。有学者分别从公共文化人力资源、公共文化财政资源、公共文化物质资源三个维度构建了公共文化资源配置的评价指标体系，并通过实证研究指出，我国公共文化资源配置存在着明显的非均衡性，配置水平较高的省份与较低的省份之间的差距正逐渐扩大，且区域性极化现象较为突出①。根据中国统计年鉴（2021年）公布数据，广东、江苏、浙江、北京、上海等省份拥有规模以上文化及相关产业法人单位数（包括文化制造业、文化批发和零售业、文化服务业）分别为9 925家、8 191家、5 406家、5 119家、3 548家，而地处西部地区的西藏、青海、宁夏、甘肃等省份分别为32家、52家、73家、190家，区域之间相差悬殊。同样，城乡之间的公共文化资源配置也存在着不均衡的问题，有学者对浙江省城乡公共文化资源进行了调查研究，指出城市和农村文化设施的拥有量、活动空间及实际利用方面差距明显，尤其是农村地区在文化运营经费及文化人才方面更为不足②。农村地区普遍存在着文化资源供给不足、文化设施落后、文化服务效能低下等问题，形成了城乡之间文化发展的巨大鸿沟。

从时间维度来看，文化发展创新力不足，存在文化资源的供给与需求错位的问题。当前，随着国家公共文化资源投入持续增长及文化服务覆盖率大幅提升，提升公共文化服务效能的必要性和紧迫性进一步凸显。公共文化服务作为精神文明建设的重要组成部分，根本而言是服务于"人"，其成效也取决于多大程度上融入人的精神生活、进入人的精神世界。而目前的情况是，文化资源供给存在着结构性问题，很多地方看似文化供给的指标和种类在增加，但文化应景性、重复性问题明显，文化精品相对较少，且文化叙事方式单一。尤其是数字化智能化技术的快速发展，深刻改变着文化叙事的内容结构、业态模式和载体渠道，这也客观上增加了人们对更高品质精神生活的需求。但当前公共文化供给过程中仍然表现出一定的滞后性，主要表现为"文化+科技+金融"的创新要素动能不足，对利用大数据、虚拟现实、物联网、人工智能等新技术打造新型文化业态的敏感度不足，文化产业自主创新、资源整合、成果转化的体制机制不够健全。特别是在一些基层社区和农村，公共文化资源相对陈旧，且

① 杜荷花. 我国公共文化服务资源配置的时空分异研究［J］. 图书情报工作, 2020, 64（7）：56-66.

② 李义杰. 共同富裕背景下出版供给公平：基于城乡居民精神文化生活感受差异的再思考［J］. 中国出版, 2022（4）：16-20.

缺乏必要的养护、升级和有效利用，这导致大量文化场所和设施长期闲置，文化阵地功能并没有得到充分发挥。能够看出，新的传播境遇中，虽然公共文化供给仍具有权威性和思想性，但部分民众精神文化需求更偏重准、快、新、微，这使得一些与民众需求"脱节"的文化服务容易受到"冷落"，民众"弱参与"和文化体验不足成为亟待解决的问题。

（三）精神生活的消极落后问题

精神生活共同富裕的短板不仅涉及客观性的公共政策层面，而且也关涉主观性的精神生活领域。事实上，围绕精神生活的众多实证调研，其主要目的也在于发现和总结不同精神生活情境中存在的问题，以提高解决问题的针对性和实效性。由于精神生活是一个总体性的向度，其既包括了积极进步的一面，也包括了消极落后的一面。由此而言，促进精神生活共同富裕既需要致力于培育和弘扬新时代条件下的积极进步精神体验，更需要直面精神生活领域种种消极落后的社会心态。弘扬积极进步的精神体验和化解消极落后的社会心态是精神文明建构的基本逻辑。那么，如何理解当前精神生活领域存在的消极落后问题呢？循着促进精神生活共同富裕的空间和时间两个维度，分别表现出地域环境下的精神贫困问题和发展变迁中的精神困顿问题。

首先，从精神生活的空间维度来看，在农村及边远地区仍然存在着精神贫困的问题。当前我国在打赢脱贫攻坚战、实现全面建成小康社会历史性任务后，农村地区进入"后脱贫时代"，在这一新阶段农村精神贫困问题成为相对贫困治理中的一大难题，其主要表现为"志气贫困"和"智识贫困"两个方面。所谓"志气贫困"，是指由于贫困文化和习得性无助的沿袭所形成的认知失调，主要表现为安于现状、消极懈怠、冷漠观望、听天由命等消极心态，从而在生产生活中意志薄弱、角色模糊、"等靠要"思想严重，内生动力不足；所谓"智识贫困"，主要指农民致富的可行能力不足，具体表现为缺乏必要的社会参与能力、知识技术应用能力及竞争进取能力等，而且"智识贫困"和"志气贫困"往往相伴而生，构成相对贫困的精神短板。可以说，实现共同富裕的短板在农村农民，而农村农民共同富裕短板的一个主要方面就是精神贫困。有学者就分析了当前西部地区精神贫困的主要原因、表现及变化，认为西部地区外部环境的约束性是引致心理层面的精神贫困的主要原因，而精神贫困又会进一步引致行为层面的低控制状态，这又会进一步加剧精神贫困，这种"心理—行为"机制主要表现为短视性、依赖性和社会性贫困文化。而在脱贫后，一些地方脱贫人口的依赖性却被进一步强化，"轻积累、重消费"的短视性尚没有得到有效治理，脱贫人口的内生发展能力不足①。这一系列问题，说明精神贫困问题依然是当前和今后促进精神生活共同富裕的阻滞因素。

其次，从精神生活的时间维度来看，短时期内快速社会变迁所引致的心理体验也包括着消极的一面。有学者在总结中国人价值观和社会心态变化新趋势时指出，经过 40 多年的改革开放，中国人价值观和社会心态在变得愈加理智而成熟、开放和多元、主动和积极、具有世界意识的同时，也存在着焦虑、浮躁、物欲、炫富等消极社会心态，中国人精神世界嬗变的二元性或两极化特征明显②。同时，"躺平""摆烂""佛系""内卷""炫富""躺赢""精神内卷"等话语的流行，也在一定程度上反映了当前精神生活领域存在着消极负面的社会心态，这与共同富裕所倡导的"勤劳创新致富"的理念是相悖的。此外，随着当前信息网络化和智能技术的快速发展，深刻改变着人们精神生活的内容和形式，从文字到影像再到沉浸全息，从真相到后真相，从理性反思到情绪宣泄，从愉悦心灵到刺激享乐，精神生活的碎片化、泛娱乐化、浅层化倾向明显，由此形成了诸如泛娱乐主义、消费主义、虚无主义、享乐主义等错误思潮，从而对促进精神生活共同富裕构成了新的挑战。

三、精神生活共同富裕的实现路径

精神生活共同富裕最终要落实在"如何实现"的实践方法论层面。以存在的问题短板为导向，分别着眼于精神生活共同富裕的物质基础、供给侧和需求侧，主要可以从发挥物质生活可行能力的基础功能、推动公共文化服务的供给侧结构性改革、增强精神生活问题的价值和制度回应三个方面来着力。

（一）发挥物质生活可行能力的基础功能

共同富裕"是人民群众物质生活和精神生活都富裕"③，实现精神生活共同富裕必然以物质生活共同富裕为基础。前文讲道，促进精神生活共同富裕的"物质"基础并非只有经济因素，而是需要坚持一种更具有综合性的"能力"视角，正如可行能力理论的提出者阿马蒂亚·森所言："收入、财富和其他影响因素在一起时是重要的，但其作用必须被整合到更广阔、更全面的成功与剥

① 汪三贵，黄奕杰，马兰. 西部地区脱贫人口内生动力的特征变化、治理实践与巩固拓展路径 [J]. 华南师范大学学报（社会科学版），2022（3）：6-8.
② 周晓虹. 中国体验：全球化、社会转型与中国人社会心态的嬗变 [M]. 北京：社会科学文献出版社，2017：367-369.
③ 习近平. 习近平谈治国理政：第四卷 [M]. 北京：外文出版社，2022：142.

夺的图景中去。"① 事实上，"能力"是人们能够实现不同生活内容的自由集，可行能力表达了在共同富裕目标导向下人们由"已实现的生活内容"向"可实现的生活内容"的发展，而包含着更多生活内容的"自由集"，不仅是物质生活的极大丰富，而且也是精神生活的百花齐放。基于可行能力的视角，对缩小区域、城乡、群体物质生活差距，进而促进精神生活共同富裕，具有更好的解释力和实践效能。例如，教育因素、职业技能、地域情境、生活氛围、社会角色、健康因素、文化因素、代际传承等，都是构成物质生活的功能性要素，而且在不同的空间情境中对精神生活产生着不同程度的影响。从可行能力的视角能够更加全面真实地掌握影响生活水准的功能性活动，也能够在更完整意义上探究物质生活差异性对实现精神生活共同富裕的影响。

基于可行能力的实践效能，要促进共同富裕目标、经济社会高质量发展、民众可行能力提升三者的有机结合。着力从制度层面破除阻滞区域、城乡要素流动的壁垒，促进基本共同服务均等化和生活质量等值化。推动区域间要素有序流动，建立健全与共同富裕相适应的区域间利益共享和补偿机制，优化财政支付转移制度，尤其是注重向落后地区的基础性、普惠性、兜底性民生建设倾斜。例如，进一步完善社会保障的政策覆盖、资金筹措及待遇补偿机制，健全教育均等、就业公平、医疗公正的公共政策调节机制等，都是提升物质生活可行能力的关键举措。以共同富裕下的可行能力提升为导向，要注重社会底线性需求和特殊群体的保障性分配，注重经济发展的效率性与全体人民实现共同富裕美好生活的机会公平、规则公平和权利公平的有机统一，同时也要注重尊严、荣誉、道德、权利等与人的精神生活直接相关的权益获得感。将高质量发展由经济利益平衡拓展至更为广阔深厚的社会发展、人力资本、文化价值层面。以公平普惠的条件创设和可行能力增强，彰显共同富裕中人的主体性和创造性，促进共同富裕和人的全面发展的统一，实现人的精神生活共同富裕。

此外，需要强调的是，可行能力的视角并不是否定收入因素对生活质量的主要影响作用，在经济性利益分配中坚持"调高、扩中、提低"，"构建初次分配、再分配、三次分配协调配套的基础性制度安排"②，体现经济利益分配的公正性，依然是实现物质和精神共同富裕的主要途径，但可行能力的视角并非仅限于经济收入因素，而是从"有价值的生活"的综合多元要素作用来看待共同富裕下的人的生活，尤其是精神生活在共同富裕框架中彰显出特别意义

---

① 阿马蒂亚·森. 以自由看待发展 [M]. 任赜，等译. 北京：中国人民大学出版社，2013：15.
② 习近平. 习近平谈治国理政：第四卷 [M]. 北京：外文出版社，2022：144.

时，综合性的"能力域"对实现精神生活共同富裕的基础意义更加明显。

（二）推动公共文化服务的供给侧结构性改革

公共文化服务是促进精神生活共同富裕的文化供给端。公共文化服务的效能直接关乎社会精神资源的供给与分配，也直接影响着精神生活共同富裕的质量。同样，从需求端来看，民众参与公共文化的主动性程度也是衡量公共文化效能的关键标尺，而公共文化资源在多大程度上满足民众需求，直接影响着民众参与公共文化的主动性。因此，以当前公共文化发展不平衡不充分和创新力不足为问题导向，以促进公共文化的供需匹配为着力点，推进公共文化服务向薄弱区域下沉、向数智化发展，是实现精神生活共同富裕的关键举措。

针对区域间公共文化服务的差异性问题，需要坚持"底线公平"[①] 原则，即根据"五年计划"的周期，确定半均增长幅度，将保障和改善全体人民精神生活建立在高质量发展和财力可支持的基础之上。加大对中西部地区公共文化建设的支持力度，激励和引导中西部地区文化和旅游消费支出，鼓励通过对口支援或市场机制的形式实现公共文化资源的跨区域流动，促进区域间公共文化资源的均等化发展。这一过程中，需要重点关注公共文化资源的投入结构和使用效能，对标《国家基本公共服务标准（2021 版）》，结合各地区发展实际情况，细化、量化公共文化服务标准，突出公共文化的民众主动参与性指标，将区域间公共文化服务平衡发展落到实处。针对城乡间公共文化差异性问题，需要区别城乡公共文化服务的差异性和公共文化的差异性。对于公共文化服务的差异性，要促进城乡间公共文化服务协同发展，促进城乡公共文化空间的数字化转型。对于城乡公共文化的差异性，应当在乡村振兴战略实施背景下尊重城乡义化差异，并将其有效转化为文化特色，形成精神生活共同富裕的地方经验。同时，在城乡交流中要强化文化下乡与文化进城的协同互补效应。此外，在发展城乡公共文化过程中，需要结合地方特色有效发掘农民实现精神富裕的内生动力。对此有学者专门梳理了激发农民精神生活富裕的地方实践经验，例如河南商丘杨善庙村的"挖掘传统优秀文化，激发留守群体活力"，山东东平县陈流泽村的"激活培育草根组织，促进精神生活健康"，山东平原县的"创设完善联络员制度，链接精神生活供需"等做法[②]，都是激活农民主体性、促进农民精神生活共同富裕的典型案例。

受新型冠状病毒感染疫情影响，民众文化参与和文化体验的形式与空间发

---

① 傅才武，高为. 精神生活共同富裕的基本内涵与指标体系 [J]. 山东大学学报（哲学社会科学版），2022（3）：11-24.

② 郝亚光. 促进农民精神生活共同富裕的地方实践评析 [J]. 国家治理，2021（45）：29-33.

生了深刻变化，公共文化服务的线上需求和数字化形式明显增多，例如《数字中国发展报告（2021年）》显示，我国数字文化新业态特征较为明显的16个行业小类营业收入两年平均增幅就达到20.5%①。同时，随着数字化与人工智能技术的快速发展与普及，智能化成为现代治理体系的核心理念和技术支撑，这也深刻改变着人们的生活方式和文化习性。在文化需求深刻变化和数智技术不断发展成熟背景下，促进公共文化服务的数字化、智能化转型也势在必行。从公共文化数字化的内容呈现来看，文化品质化是数字文化时代的主要趋向，例如《觉醒年代》《功勋》《山海情》《唐宫夜宴》等作品在网络平台的爆火，再次证明了"内容为王"依然是数字化时代文化建构的根本原则，也说明了表达真实、真情、真理也是公共文化内容建构的基本朝向。同时，要以数字化、智能化推动文化叙事和文化体验的场景革命。利用新数字技术全息呈现、高逼真、跨时空、数字孪生、多途径交互的特点，促进公共文化在渠道上充分利用现代融媒技术实现传播下沉和深度体验，开创新的公共文化空间和传播业态；在形式上以通俗活泼的方式使公共文化与大众求知需求、娱乐需求及审美需求有机结合，实现文化资源的全方位、多层次、立体化呈现。如"5G+8K"技术的舞台影像化应用、数字文化IP+实体场景的沉浸式体验、"云文化"、戏曲+互联网、数字文物漫游展览等场景应用，可以促进公共文化场景"线上""线下"深度融合，而且也在新的文化体验情境中强化人民精神生活的价值连贯性和文化传承性。

（三）增强精神生活问题的价值和制度回应

无论是空间维度的精神生活落后问题抑或是时间维度的精神生活困顿问题，其内在逻辑并非单维度的，而是时代变迁语境下的多维度复合性问题，这也折射出当前精神生活的复杂性，因此不应以绝对化、标签化来看待精神生活的种种问题，而是需要整体把握并关切民众思想状况，既要着力于精神困境的价值纾解，也要以制度回应民众生活诉求。正如有学者指出："现代性社会及其精神生活的重构，不仅有赖于物质生活条件的极大改善，更依赖于特定社会制度的创新与核心价值体系的建设。"②

首先，要强化精神生活的价值导引。习近平总书记在谈及促进共同富裕的原则时就指出要"鼓励勤劳创新致富"，强调"幸福生活都是奋斗出来的，共

<hr />

① 国家互联网信息办公室. 数字中国发展报告（2021年）[EB/OL]. (2022-08-02) [2023-04-21]. http://www.cac.gov.cn/2022-08/02/c_1661066515613920.htm.

② 庞立生. 历史唯物主义与精神生活的现代性处境 [J]. 哲学研究，2012 (2)：3-8，128.

同富裕要靠勤劳智慧来创造"①。能够看出，勤劳智慧、创新奋斗既是实现共同富裕应有的精神姿态，也是改观精神生活消极落后状态的价值观之钥。更深层次来看，勤劳智慧、创新奋斗内生于坚定的理想信念，因此精神生活的价值导引，首要的是补足理想信念这一精神之"钙"，强化马克思主义信仰、社会主义和共产主义信念、中国特色社会主义共同理想，这对提振共同富裕的精神气发挥着决定性作用。同时，社会主义核心价值观作为"当代中国精神的集中体现，凝结着全体人民共同的价值追求"②，对实现精神生活共同富裕具有"目标锚定、过程匡正、关系协调等价值引领功用"③。要在社会主义核心价值观传播中求真、求美、求精，既要从宏观层面展现中华民族勤劳勇敢、砥砺奋进的深厚的历史底蕴和宏阔的时代气息，也要从微观层面生动刻画爱国奋斗、建功立业的身边榜样和时代典范，弘扬精神生活的人性光辉和人民情怀，彰显勤劳创新对实现共同富裕和人的全面发展的时代价值。

其次，要促进精神生活问题诉求的制度回应。无论是农村偏远地区的精神贫困或是社会变迁中的精神消沉问题，都客观上反映着人们的存在性焦虑，是现实矛盾的心理投射，也是种种情境下的被动适应性和柔性抗拒的表现，正如有学者认为"躺平主义"就是"应对劳动困境的一种'暂时性'的心理调节机制和'战术性'的行为调整策略"④。因此，我们也应当理性看待精神生活的消极落后问题。在实现共同富裕目标导向下，不仅要强加精神生活的价值导引，更要从制度层面回应并关切民众的精神生活诉求。在制度设计的逻辑上要防止阶层固化，注重公平普惠条件的创设和阶层流动通道的畅通，构建人人参与、人人尽力、人人享有制度环境。同时，完善以利益分配调节机制、社会激励机制、权益维护机制、社会评价机制为核心的社会支持系统，是促进机会公平和分配正义的关键，也是增强民众获得感、安全感、幸福感的制度保障。此外，在社会劳动分工专业化和复杂化的当下，精神生活的提振不仅需要较高的文化素养和精湛的专业技能所带来的获得感和认同感，而且也有赖于劳动权益的法治保障，尤其是对平等劳动关系和人性化劳动环境的塑造，能够有效保障人的劳动的体面和尊严，进而彰显人的主体性、本质性和创造性，激发实现共

① 习近平. 习近平谈治国理政：第四卷［M］. 北京：外文出版社，2022：142.
② 习近平. 习近平谈治国理政：第三卷［M］. 北京：外文出版社，2020：33.
③ 夏锋. 社会主义核心价值观引领人民精神生活共同富裕的意义、机制与路径探赜［J］. 山东师范大学学报（社会科学版），2022，67（4）：14-24.
④ 马超，王岩. "躺平主义"的群像特征、时代成因及其应对策略［J］. 思想理论教育，2022（4）：107-111.

同富裕的内生动力，当然这也是实现精神生活共同富裕的应有之义。

四、结束语

虽然精神生活共同富裕提出时间较短，但在当前扎实推进共同富裕的新阶段，由于其在共同富裕理论和实践框架中的独特意义，以及对社会主义精神文明建设的新的导向作用，因此一经提出便成为一个极为热门的话题。目前，较多的学术研究聚焦于新时代促进精神生活共同富裕这一新命题的出场逻辑，这为厘清精神生活共同富裕的内涵和边界奠定了良好的研究基础。同时，中央和地方推动共同富裕的积极探索，也为促进精神生活共同富裕积累了较为丰富的实践经验。但也应当看到，精神生活具有内隐、主观和弥散等特点，目前对于如何促进精神生活共同富裕尚且认识不足，尤其是当问题的关注点由"是什么"深化为"怎么办"时，这一领域很显然有着更为广阔的学术空间。

基于已有的精神生活共同富裕理论和实践成果，本文在精神生活共同富裕的实现方法论中引入"刻度"这一概念，并从"三个层次、两个维度"将刻度明确化。刻度的基本逻辑是"三个层次"寓于空间差异性和时间发展性两个纵横坐标之中，这也形成了精神生活共同富裕存在短板的分析范式，即对照"三个层次"，研判实现精神生活共同富裕面临的问题域，而空间的差异性和时间的发展性"两个维度"，又使得"问题"的时空样态更加清晰。以问题为导向，实现精神生活共同富裕也将更加具有针对性和实效性，主要可以从物质生活可行能力的基础功能、公共文化服务供给侧结构性改革、精神生活问题的价值和制度回应三个方面来发力。总体而言，实现精神生活共同富裕是一个动态、持续的过程，"三个层次"也会在新的时空境遇中产生新的要素、展现新的样态，因此对实现精神生活共同富裕的学术关注也需要持续跟进，促进精神生活共同富裕的实践性生成和理论性归结有机统一。